全国高职高专院校财经类专业规划教材
全国财政职业教育教学指导委员会审定

金融科技概论

主　编　王帅　王文昭
副主编　张强

中国财经出版传媒集团
中国财政经济出版社

图书在版编目（CIP）数据

金融科技概论 / 王帅，王文昭主编. --北京：中国财政经济出版社，2023.8（2025.7重印）
全国高职高专院校财经类专业规划教材
ISBN 978-7-5223-2233-9

Ⅰ.①金… Ⅱ.①王… ②王… Ⅲ.①金融-科学技术-高等职业教育-教材 Ⅳ.①F830

中国版本图书馆 CIP 数据核字（2023）第 098070 号

责任编辑：李　媛　　　　　责任校对：张　凡
封面设计：孙俪铭

金融科技概论
JINRONG KEJI GAILUN

中国财政经济出版社 出版
URL：http：//www.cfeph.cn
E-mail：cfeph@cfeph.cn

社址：北京市海淀区阜成路甲 28 号　邮政编码：100142
营销中心电话：010-88191522　编辑部门电话：010-88190653
天猫网店：中国财政经济出版社旗舰店
网址：https：//zgczjjcbs.tmall.com
北京密兴印刷有限公司印刷　各地新华书店经销
成品尺寸：185mm×260mm　16 开　12.25 印张　282 000 字
2023 年 9 月第 1 版　2025 年 7 月北京第 3 次印刷
定价：32.00 元
ISBN 978-7-5223-2233-9
（图书出现印装问题，本社负责调换，电话：010-88190548）
本社质量投诉电话：010-88190744
打击盗版举报热线：010-88191661　QQ：2242791300

前 言

Preface

党的二十大报告指出："要推动战略性新兴产业融合集群发展，构建新一代信息技术、人工智能、生物技术、新能源、新材料、高端装备、绿色环保等一批新的增长引擎。构建优质高效的服务业新体系，推动现代服务业同先进制造业、现代农业深度融合。"金融作为现代服务业的一种，被称为现代经济的核心，而金融与科技的结合对于降低传统金融成本，提高效率，更好地服务于经济社会有重要意义。

《金融科技概论》教材内容坚持"金融为民、科技向善"，通过对于金融科技领域的知识介绍，培养学生对于金融科技业态的理论认识和业务分析能力，使学生掌握一定的实际操作技能，并且使学生能够感受到金融科技对社会生活带来的影响，从而把握科技与金融相融合发展的趋势。本教材属于信息技术与金融领域的交叉型基础理论教材，同时穿插有一定量的操作实训，需要综合大量的经济金融知识以及基本的信息技术、网络通信技术的原理和方法来理解和分析金融科技的发展及其各类模式中的创新应用。本教材在对金融科技应用于传统金融及新兴业态的各种模式介绍的同时，也对我国的金融科技监管做了一定程度的最新的介绍，有助于全面理解和把握金融科技的业态定位及其发展方向。本教材主要培养学生对金融科技各类型业务的认知能力、操作应用和管理能力以及信息技术在金融领域的创新思维能力。

本教材以"职业化"为特色，以问题为导向，以案例为载体，从培养学生职业素质、专业能力、社会能力、方法能力、学习能力出发，以服务专业、服务后续课程、服务应用、服务市场为宗旨，理论与实践结合，理论知识以必须够用为度，加强实践技能的训练，培养学生发现问题、分析问题、解决问题的职业技能。

本教材具有以下特色：

第一，契合《职业教育专业目录（2021年）》中"金融科技应用"新专业的设置要求，建设了大量包含微课、动画、虚拟仿真等类型丰富的数字化教学资源，精选其中具有典型性、实用性的教学资源，以二维码形式标注在教材中，实现信息时代时时、处处、人人学习的需求。

第二，融合现代信息技术与金融业务，关注金融科技领域的新趋势、新变化、新政策，融入企业真实案例，将金融科技最新的变化体现在教材编写中。

第三，从高等职业教育应用型金融科技人才培养的实际情况出发，兼顾高等职业学校学生理论知识的可接受程度，教材内容简洁明了，通俗易懂，具有较强的可阅读性、实用性、趣味性和新颖性。确保内容新颖易学、够用、实用、可拓展，力求体现“以就业为导向，以能力为本位”的精神。

第四，每章设有知识目标、能力目标、素养目标、内容简介、案例导入、基础知识、知识链接和课后习题，体现知识、技能和素养培养与学习并重的理念。

本教材配有丰富的教学资源，学生需刮开封底二维码图标，用手机扫描激活增值服务，即可查看并下载。

本教材由王帅、王文昭担任主编，张强担任副主编，具体编写分工如下：项目一、项目二由王文昭编写；项目三、项目四、项目五、项目六由王帅编写；项目七、项目八由张强编写。

金融科技是金融与信息技术交叉的学科领域，二者的融合还在不断深化，业务还在不断向前发展。本教材在编写过程中，参考了大量文献资料，吸收了最新的研究成果，在此向有关作者表示感谢。由于作者水平及时间有限，本教材还有很多不足之处，敬请广大专家和读者批评指正。

编　者

2023年3月

课程标准　　授课计划　　教学设计

目 录
Contents

项目一 金融科技导学

项目一 PPT

【知识目标】掌握金融科技的概念、底层技术和应用领域；了解金融科技的发展历程和现状；理解发展金融科技的意义。

【能力目标】能够分析传统金融、互联网金融和金融科技的区别；能够结合金融科技业务实际发展了解业内动态；能对金融科技的发展进行简单分析。

【素养目标】通过各国金融科技发展现状的对比，强化社会主义核心价值观和爱国主义精神；培养学生的开放精神、全球视野和民族自信。

模块一 金融科技概述

【内容简介】

本模块主要介绍了金融科技的起源和概念；金融科技与传统金融、互联网金融的区别；金融科技的底层技术与应用领域；发展金融科技的意义。

【案例导入】

金融科技让生活附上超能力

2020年9月24日，全球高级别金融科技大会——外滩大会在上海正式拉开帷幕。声音支付、宠物识别、防诈骗AI机器人等众多金融黑科技亮相，为人们的生活附上“超能力”。

在创新展区内，参观者可体验科技在日常生活中意想不到的应用。在加油站不方便用手机支付怎么办？声纹支付帮助您。互联网汽车可以将车主的声音、支付宝账号和车进行绑定，通过声纹识别进行支付。据了解，每个人的声音都有具体的特点，通过技术识别可以非常准确地定位到一个人。声纹支付，相当于输入密码或按指纹或刷脸，是一种新的个人身份识别、验证技术，并且不会被感冒、喉咙沙哑等因素干扰。

如何证明你的狗是你的狗？鼻纹识别可以帮助您。宠物的鼻纹跟人的指纹是一样的，具有唯一的识别性。打开小程序，通过拍照上传，识别宠物只需 1 秒钟，精确度达到 99%。该技术目前已应用到宠物保险领域，第二个场景会开放给社会，比如通过鼻纹确认狗狗是否是买家网上购买的那一只狗。

此外，智能反欺诈挑战台也吸引了不少人的目光。如何识别诈骗，又如何提醒当事人是世界级难题。工作人员介绍说，AI 安全机器人背后的原理简单来说就是通过后台的风控引擎根据用户账户使用情况，对疑似诈骗的转账业务迅速做出判断，并且在用户支付之前 AI 安全机器人会来电提醒。

据悉，首届外滩大会由 1 场主论坛、40 场分论坛和多场文娱活动组成，为期三天，是上海加快推进国际金融科技中心建设的重要举措，将成为上海又一张在金融科技领域的新名片。

资料来源：https：//v - wb. youku. com/v_show/id_XNDg3NDg1NzQ5Ng = =. html

请思考：生活中还有哪些金融科技的应用？请试着举例说明。

【基础知识】

一、金融科技的起源与定义

视频：金融科技的内涵

在新一轮科技革命和产业变革的背景下，大数据、区块链、人工智能等信息技术与金融业务深度融合，为金融发展提供了源源不断的创新活力。金融科技改变了传统金融的服务方式、提升了传统金融业务服务实体经济的能力，为推动经济高质量发展创造了条件，已经成为金融业发展的制高点和重要方向。

金融科技源于英文 FinTech 一词，是由 Finance 和 Technology 两个术语构成的复合名词，意思是金融和技术的结合。随着 5G 等通信技术和大数据、云计算、人工智能等信息技术对金融业的渗透，科技对金融业的影响逐渐显现，金融科技成为新时期国家重要的实力体现。

金融科技（FinTech）一词最早由贝廷格（Bettinger，1972）提出，原意是指“将银行的专业知识与现代管理科技以及计算机相结合”，这个定义结合了银行的专业知识、现代管理技术和计算机技术。20 世纪 90 年代，花旗集团董事长约翰·里德在智能卡论坛上也使用了金融科技这一概念，并发起了名为“Financial Services Technology Consortium（金融服务技术联盟）”的项目，“FinTech”成为该项目的名称，金融科技成为金融与技术融合形成的新概念。这一时期，金融科技发展主要由传统金融业主导，利用信息技术推进流程电子化，美国一些大型投资银行相继成立了金融科技部门，金融科技成为金融领域中常用的专业词汇。2011 年之前，金融科技主要是美国硅谷和英国伦敦的互联网技术创业公司将一些信息技术应用于非银行支付交易的流程改进和安全提升。之后，这些科技初创公司将车联网、大数据、人工智能等各种前沿的信息与计算机技术应用到证券经纪交易、银行信贷、保险、资产管理等零售金融业务领域，形成了不依附于传统金融机构与体系的金融科技力量并独自发展起来。

2013 年 6 月，余额宝等互联网基金的出现，使“互联网金融”这一新词进入我国大众视野。2016 年以后，随着人工智能、区块链、大数据等技术的发展，互联网金融逐步被数字金融、金融科技等词汇取代。作为新兴的前沿领域，金融科技的内涵长期以来并没有统一规范的定义。2016 年 3 月，金融稳定理事会（FSB）首次发布了关于金融科技的专题报告，其中对“金融科技”进行了初步定义，即金融科技是指技术驱动的金融创新，这些金融创新可能会产生新的商业模式、技术应用、业务流程或创新产品，从而对金融市场、金融机构或金融服务的供给侧产生重大影响。此后，金融稳定理事会提出的金融科技概念逐渐达成了全球共识。2019 年中国人民银行印发的《金融科技（FinTech）发展规划（2019—2021）》沿用了上述概念，指出金融科技是技术驱动的金融创新，旨在运用现代科技成果推动金融发展提质增效。《中国金融科技生态白皮书（2019）》中认为理解金融科技需要广义和狭义两个维度，广义的金融科技是指以金融行业应用需求为导向，利用一切科学技术（包括但不限于信息通信科技）为金融行业发展提供科技能力支撑，进而提升金融服务能力，降低金融服务成本。狭义的金融科技主要是聚焦在互联网、物联网、云计算、大数据、人工智能和区块链等一系列新型信息通信技术在金融领域的创新应用。其中，云计算、大数据、人工智能和区块链等属于当前金融科技应用的关键技术领域，而技术供给与行业需求的结合则形成了金融科技产业。

由此，我们可以定义，金融科技是技术驱动的金融创新，是运用大数据、云计算、人工智能等新兴前沿技术，对传统金融服务或业务进行改造和创新所产生的新兴金融产品、金融服务或金融模式。金融科技的核心是利用现代科技成果优化或创新金融产品、经营模式和业务流程。

二、传统金融、互联网金融和金融科技的区别

（一）互联网金融的概念

2012 年，谢平[①]在《互联网金融模式研究》中定义，互联网金融是受互联网技术、互联网精神的影响，从传统银行、证券、保险、交易所等金融中介到无中介瓦尔拉斯一般均衡之间的所有金融交易和组织形式。这一定义得到了学术界的普遍认同，互联网金融的形式既不同于商业银行的间接融资，也不同于资本市场的直接融资的第三种金融模式。在这种金融模式下，支付便捷、超级集中支付系统和个体移动支付统一，信息处理和风险评估通过网络化方式进行，市场信息不对称程度非常低；资金供需双方在资金期限匹配、风险分担等方面的成本降低，可以直接进行交易，越过银行、券商和交易所等金融中介，达到与现在直接融资和间接融资一样的资源配置效率，在促进经济增长的同时，大幅降低交易成本。互联网金融强调了去中介化的属性，接近一般均衡定理中的无金融中介状态。

2015 年，中国人民银行等十部委发布的《关于促进互联网金融健康发展的指导意见》（银发〔2015〕221 号，简称《指导意见》）中对互联网金融进行了官方定义，互联网金融是传统金融机构与互联网企业利用互联网技术和信息通信技术实现资金融通、支付、投资和信息中介服务的新型金融业务模式。

《指导意见》中还根据分类监管的原则，界定了互联网金融各业态的业务边界及准入

---

① 谢平：（1955 年至今）曾任中国投资有限责任公司副总经理。中国金融学会学术委员会委员、社科院金融研究中心研究员、中国人民银行研究生部教授、中国人民银行金融研究所所长。

条件，将互联网金融分为了互联网支付、网络借贷、股权众筹融资、互联网基金销售、互联网保险、互联网信托和互联网消费金融几大业态。

拓展阅读：《关于促进互联网金融健康发展的指导意见》

为鼓励金融创新，促进互联网金融健康发展，明确监管责任，规范市场秩序，经党中央、国务院同意，中国人民银行、工业和信息化部、公安部、财政部、国家工商总局、国务院法制办、中国银行业监督管理委员会、中国证券监督管理委员会、中国保险监督管理委员会、国家互联网信息办公室日前联合印发了《关于促进互联网金融健康发展的指导意见》（银发〔2015〕221号，以下简称《指导意见》）。

《指导意见》按照“鼓励创新、防范风险、趋利避害、健康发展”的总体要求，提出了一系列鼓励创新、支持互联网金融稳步发展的政策措施，积极鼓励互联网金融平台、产品和服务创新，鼓励从业机构相互合作，拓宽从业机构融资渠道，坚持简政放权和落实、完善财税政策，推动信用基础设施建设和配套服务体系建设。

《指导意见》按照“依法监管、适度监管、分类监管、协同监管、创新监管”的原则，确立了互联网支付、网络借贷、股权众筹融资、互联网基金销售、互联网保险、互联网信托和互联网消费金融等互联网金融主要业态的监管职责分工，落实了监管责任，明确了业务边界。

《指导意见》坚持以市场为导向发展互联网金融，遵循服务好实体经济、服从宏观调控和维护金融稳定的总体目标，切实保障消费者合法权益，维护公平竞争的市场秩序，在互联网行业管理，客户资金第三方存管制度，信息披露、风险提示和合格投资者制度，消费者权益保护，网络与信息安全，反洗钱和防范金融犯罪，加强互联网金融行业自律以及监管协调与数据统计监测等方面提出了具体要求。

（二）互联网金融与金融互联网

互联网金融和金融互联网由于概念上的模糊性，经常引起争议，例如阿里巴巴前董事长马云认为：“未来金融有两大机会，一个是金融互联网，即金融行业走向互联网；二是互联网金融，纯粹的外行领导，其实很多行业的创新都是外行进来才引发的。”这种观点实际是将金融互联网和互联网金融的主体分成了两大阵营，金融互联网是对传统金融业务的延伸，是传统金融机构利用计算机系统、电子渠道改变原有的交易、服务渠道，例如网上银行以及基于银行建立起来的电商平台。

实际上，是否具备互联网精神，能否形成以客户需求为导向并注重客户体验等要素，是互联网金融和金融互联网的本质区别。互联网金融和金融互联网都是互联网在金融领域的应用，但互联网金融更注重运用互联网思维，强调客户需求的重要性，以客户体验为重点研发和销售金融产品，而金融互联网则是以传统金融理念和思维为导向，将产品和服务实现全面的互联网化，但在发展理念和思维方式上与互联网金融有较大差异。

（三）金融科技与科技金融

金融科技和科技金融也是比较容易混淆的两个概念。金融科技是指技术推动的金融创新，强调科技对于金融领域的创新和改造。凡是“科技与金融相结合”的产品、服务、模式和流程等均可属于金融科技的范畴。金融科技的支撑技术主要有大数据、云计算、人工智能、区块链等；金融科技的产品与服务有智能投顾、开放银行、数字货币等；金融科技的模式有金融科技企业、综合金融服务平台等。金融科技创新有助于推动金融与科技的深度耦合，赋能金融行业，促进实体经济的发展。而科技金融属于产业金融的范畴，是指通过金融手段推动科技企业创新发展，重点在于金融对于科技企业、产业的促进和推动作用。科技金融通过创新金融产品和渠道，服务于科技产业发展，例如投贷联动、股权众筹融资等。因此，金融科技是通过科技创新提升金融行业服务实体经济的能力，使金融行业体制增效；而科技金融则是通过金融产品和手段满足科技企业和创新创业主体的融资需求，科技金融落脚于金融，金融创新服务于科技。金融科技和科技金融的主要区别见表 1-1。

表 1-1　金融科技和科技金融的主要区别

概念	核心要义	实现方式	典型产品与应用
金融科技	通过科技创新服务金融行业，本质是“科技”	人工智能等前沿技术在金融行业的应用，提升金融整体效率和服务实体经济能力	智能投顾、大数据征信、移动支付、区块链 ABS
科技金融	通过金融创新服务科技行业，本质是“金融”	研发和提供适合科技型企业的金融创新产品，满足科技创新创业的金融服务需求	投贷联动、科技保险、知识产权融资、科技众筹

（四）传统金融、互联网金融和金融科技

从技术层面看，互联网金融是将互联网技术应用到金融行业，即“互联网 + 金融”，而金融科技是将科技应用到金融行业，这里的科技包括了互联网，但是金融科技的外延有所扩展。金融科技是互联网金融在监管环境变化和技术驱动下迭代升级的产物。此外，金融科技的进入门槛更高，更强调有效监管和风险防控。

从产品和服务形式上看，传统金融多从供给端出发，依据产品设计人员对市场的判断设计金融产品；互联网金融多从需求端出发，以用户需求为导向设计金融产品；金融科技则是从供给端和需求端两个方向均可开发产品，借助数据监控和智能开发工具，快速迭代金融产品，高频率推陈出新，从而快速找到适应市场需求的产品和服务模式。

从服务对象来看，传统金融主要借助人的力量消除市场上的信息差，效率较低，服务人群范围较窄；互联网金融借助互联网力量，减少信息不对称，降低交易成本，服务人群扩大；金融科技不仅可以服务于金融需求方，同时可以服务于金融机构本身，借助大数据、人工智能、区块链等技术，提升客户体验的同时，也可以提高金融机构的交易、管理效率，真正达到金融的体制增效。

从服务维度来看，传统金融侧重金融服务维度，围绕传统的“存、贷、汇”业务进行展业；互联网金融丰富了金融服务类型，通过互联网化改造提升了服务体验和服务效率，在支付清算、投资管理等领域优化了使用流程，但重心仍在金融服务。而金融科技充分发挥技术的力量，用大数据、物联网、移动计算、人工智能、SDK/API 等技术深度改造金融服务流程，并拓展出更多的金融服务类别和可能性，更加侧重技术服务维度。

从机构主体的维度来看，传统金融主要是金融机构参与其中，为客户提供专业而适当的金融服务。在互联网金融模式下，互联网公司和通信机构等“非传统”机构加入竞争，

使得金融业态更加多元，服务更加多样，金融加入科技元素后，爆发出前所未有的生命力和新的创新方向。在金融科技模式下，科技对金融更深层次的参与和改造使得区块链、人工智能、身份认证等新兴科技公司加入金融赛道。此外，由于金融科技深度依赖云计算、5G 等基础设施，传统的基础设施部门也越来越深入地参与到金融科技的发展中。伴随着金融科技的快速发展，金融业的风险特点也在发生快速转变，对应的监管方式和监管模式也从宏观审慎监管逐步发展为科技监管（RegTech），监管机构借助科技的力量向监管智能化方向发展，以适应和匹配金融科技的发展。因此，由于金融科技模式下科技对金融进行了深度改造，由科技力量推动金融深化改革和发展，金融科技的参与机构主体也更加丰富和多元。

综合以上分析可见，金融科技与传统金融、互联网金融有着显著的不同，它们分别代表金融演进的三个阶段和层次。传统金融以“人”的力量为主，通过人力提供金融服务，信息传递效率较低，服务人群较窄；互联网金融借助互联网的力量，对传统的金融销售渠道产生了巨大冲击，大大提升了信息传输效率，拓展了金融服务人群，但技术仍起辅助作用，金融服务的核心和侧重点未产生本质改变；而金融科技阶段，大数据、人工智能等技术使金融朝智能化方向发展，技术深度改变了金融展业方式、风控手段等，成为推动金融发展的主要力量，由此产生了智能投顾、数字货币、开放银行等崭新的金融业态。

三、金融科技的特征

（一）基于新兴科技的应用

大数据、云计算、区块链、人工智能等信息技术的发展为金融行业的创新提供了技术支持，科技与金融业务深度融合，为金融发展提供了源源不断的创新活力。可以说金融科技的发展是基于新兴科技的运用，新兴科技是金融科技的后端支撑。云计算的集中存储和按需调用模式，有效提升了金融行业 IT 系统能力；大数据是金融行业的基础资源，基于大数据的计算分析是目前金融服务开展的核心能力支撑；人工智能能够有效提升金融智能化水平，降低服务成本，助力普惠金融；区块链技术公开、不可篡改和去中心化的技术属性，具备改变金融基础服务模式的巨大潜力。新兴科技共同构成了金融科技的底层技术，金融科技得益于这些技术的应用才能不断推陈出新，提质增效，赋能实体经济。

（二）具有高创新性

金融科技是一个高度创新的行业，技术的创新与应用是金融行业不断优化革新的源泉。金融科技通过技术应用，实现金融业务和服务的创新，打造新的生产方式和服务模式，提高金融行业运行效率。前沿技术与理念在金融领域的应用迭代，能够快速推出、实验、升级优化金融产品，使得金融服务更加智能、普惠、高效，因此金融科技具有高度创新性，金融科技所展现出的巨大生产力和蓬勃生命力，正是其不断拓展业务边界、精进创新的结果。

（三）技术与业务高度融合

金融科技是用新兴技术的手段解决金融的问题，金融和科技相辅相成，缺一不可。金融业务是技术的应用场景，技术是金融需求的解决和优化手段。同时，金融科技的大发展得益于技术和业务的高度融合，大数据、人工智能等技术不是停留在将金融业务电子化的浅层优化，而是从业务逻辑和问题解决方式上深度切入业务流程，从底层架构和信息流转方式上优化金融业务，提升生产效率。

（四）后端技术交叉度高

大数据、云计算等新兴技术并不是孤立存在的，他们之间高度关联，互相协同，共同构成了金融科技的技术基础。大数据、云计算、人工智能、区块链四者相互关联，形成一个有机整体，共同开启了金融科技的新时代，推动金融行业向智能化发展。在智能投顾、智能客服、智能风控等场景下，均需要有大数据的信息输入，存储在云端，接着通过人工智能的各种算法进行分析，挖掘出数据中包含的信息，进而做出投资、风控、问答等决策，为用户提供便捷而普惠的金融服务。

（五）金融科技公司具有轻资产性

金融科技公司只需要很少的固定资产或固定成本就可以展业，因此金融科技公司大多具有轻资产性。较低的成本随着业务规模的扩大，边际效应递减，可以在低利润率的条件下支持大规模的发展。同时，也正是因为其资产轻，不像传统金融那样"笨重"，使得其战略选择、组织架构、业务发展更加灵活，易于创新改造。

四、金融科技底层技术与应用领域

金融科技的底层技术主要包括人工智能、区块链、云计算、大数据等技术，一般用"ABCD"来概括，随着边缘计算和5G的兴起和发展，现在也将边缘计算E列入了金融科技的底层技术，见表1-2。

表1-2 金融科技底层技术与应用领域

底层技术	英文缩写	应用领域
人工智能	A：Artificial Intelligence（AI）	智能投顾、智能风控、智能催收、智能客服
区块链	B：Blockchain	区块链保险、区块链+供应链金融、区块链资产证券化 分布式计算
云计算	C：Cloud Computing	金融云、私有云
大数据	D：Big Data	大数据征信、大数据风控、用户画像、精准营销
边缘计算与5G	E：Edge Computing and 5G	5G智慧银行、物联网金融、开放银行

人工智能、区块链、云计算、大数据、边缘计算与5G等底层技术创新及其在金融场景中的应用，提升了金融服务质效，完善了风险防控机制，解决了普惠金融的痛点，成为驱动金融创新的重要技术支撑。

（一）人工智能（Artificial Intelligence）

人工智能（Artificial Intelligence）是研究、开发用于模拟、延伸和扩展人的智能的理论、方法、技术及应用系统的一门新的技术科学。人工智能是一门集自然科学、社会科学和技术科学于一体的交叉式边缘学科，它涉及的学科内容包括哲学、认知科学、数学、神经生理学、心理学、计算机科学、信息论、控制论、不定性论、仿生学、社会结构学与科学发展观等。

人工智能技术主要包括机器学习、深度学习、知识图谱、自然语言处理、人机交互和计算机视觉。作为引领新一轮科技革命和产业变革的战略性前沿技术，人工智能具有机器学习、跨界融合、人机协同、群智开放、自主操控等创新特征，其与金融业的深度融合，全方位赋能金融科技创新，开启智能金融新时代。

人工智能应用的领域非常广泛，如机器翻译、智能控制、专家系统、机器人学、语言和图像理解、遗传编程机器人工厂、自动程序设计、航天应用、庞大的信息处理、储存与管理、执行化合生命体无法执行的或复杂或规模庞大的任务等。日常生活中，人工智能的应用也非常普及，如智能家居、无人驾驶、智能翻译、智能客服等。人工智能同样在金融领域也可以大放异彩，如智能投顾、智能风控、智能催收、银行智能客服等。

（二）区块链（Blockchain）

狭义的区块链是按照时间顺序，将数据区块以顺序相连的方式组合成的链式数据结构，并以密码学方式保证的不可篡改和不可伪造的分布式账本。广义的区块链技术是利用块链式数据结构验证与存储数据，利用分布式节点共识算法生成和更新数据，利用密码学的方式保证数据传输和访问的安全、利用由自动化脚本代码组成的智能合约，编程和操作数据的全新的分布式基础架构与计算范式。区块链技术的本质是将非对称加密算法、共识机制、分布式存储等相关技术进行融合而形成的一种分布式数据库解决方案。

区块链具有：①开放共识；②去中心、去信任；③交易透明、双方匿名；④不可篡改、可追溯的特征。区块链按照不同的开放程度分为公有链、联盟链和私有链。

近年来，区块链技术得到全球性的关注，发展迅速，广泛应用于金融服务、医疗健康、文化娱乐、物联网、教育等多个场景。区块链作为一种底层协议或技术方案可以有效地解决信任问题，实现价值的自由传递，在数字货币、金融资产的交易结算、数字政务、存证防伪数据服务等领域具有广阔前景。

在数字票据领域，基于区块链构建的数字票据体系呈现去中心化特点，票据业务的各参与方可以通过区块链的共识机制达成信任。同时，区块链的分布式结构使得数据票据系统具有强大的容错性，有效缓释系统的中心化风险。基于区块链的时间戳机制，数据票据保证信息完整且整体交易流程透明，能够有效避免伪造票据、一票多卖等问题。除此之外，区块链还可应用于征信管理、供应链金融、跨境支付、数字货币等领域，区块链技术在实现信用创造机制的重构、提升效率降低成本、实现个人隐私保护、促进行业信息共享等方面都发挥了重要的积极作用。

（三）云计算（Cloud Computing）

云计算（Cloud Computing）是一种IT资源的交付和使用模式，是指通过互联网以按需、易扩展的方式提供硬件、平台、软件及动态易扩展的虚拟化服务等资源。云计算基础设施由数据中心基础设施、物理资源和虚拟资源组成。云计算操作系统由资源管理系统和任务调度系统构成。云计算按照服务的组织、交付方式的不同分为公有云、私有云和混合云三种类型。云计算的服务模式可分为三种：基础设施即服务（IaaS）、平台即服务（PaaS）和软件即服务（SaaS）。

1. 基础设施即服务（IaaS）

基础设施即服务指向云计算提供商的个人或组织提供虚拟化计算资源，如虚拟机、存储、网络和操作系统。

2. 平台即服务（PaaS）

平台即服务是为开发人员提供通过全球互联网构建应用程序和服务的平台。PaaS 为开发、测试和管理软件应用程序提供按需开发环境。

3. 软件即服务（SaaS）

软件即服务是通过互联网提供按需软件付费应用程序，云计算提供商托管和管理软件应用程序，并允许其用户连接到应用程序并通过全球互联网访问应用程序。

云计算代表了信息产业的规模化、专业化、精细化、自助化的趋势，可以说是继计算机、互联网后在信息时代的又一次新的革新。较为简单的云计算技术已经普遍服务于现如今的互联网服务中，最为常见的就是网络搜索引擎和网络邮箱。除此之外，云计算还可应用在存储、医疗、金融、教育等多个领域。

医疗云，是指在云计算、移动技术、多媒体、5G 通信、大数据以及物联网等新技术基础上，结合医疗技术，使用云计算来创建医疗健康服务云平台，实现了医疗资源的共享和医疗范围的扩大。因为云计算技术的运用与结合，医疗云提高了医疗机构的效率，方便居民就医。

金融云，是指利用云计算的模型，将信息、金融和服务等功能分散到庞大分支机构构成的互联网"云"中，旨在为银行、保险和基金等金融机构提供互联网处理和运行服务，同时共享互联网资源，从而解决现有问题并且达到高效、低成本的目标。

教育云，实质上是指教育信息化的一种发展模式。具体来说，教育云可以将所需要的任何教育硬件资源虚拟化，然后将其传入互联网中，以向教育机构和学生老师提供一个方便快捷的平台，如 MOOC、学习通等在线开放课程平台等。

（四）大数据（Big Data）

大数据，或称巨量资料，指的是所涉及的资料量规模巨大到无法透过主流软件工具，在合理时间内达到撷取、管理、处理，并整理成为帮助企业经营决策更积极目的的资讯。

研究机构高德纳（Gartner）给大数据的定义是指只有运用新的处理模式才能具有更强的洞察力、决策力和流程优化能力的海量、多样化和高增长率的信息资产。作为信息资产，大数据具有体量大（Volume）、种类多（Variety）、更新速度快（Velocity）、准确性（Veracity）和价值密度低（Value）的 5V 特征。

大数据技术的价值不在于掌握庞大的数据信息，而在于对这些含有意义的数据进行专业化处理。大数据技术能够提供数据集成、数据存储、数据计算、数据管理和数据分析等功能，并具备随着数据规模扩大进行横向扩展的能力。

大数据的处理流程包括数据采集、数据存储、数据处理、数据挖掘和数据可视化五个环节。大数据应用范围非常广泛，在电商领域，利用大数据进行精准营销、个性化推荐；在交通领域，利用大数据优化路线、预测行程；在医疗领域，利用大数据进行疾病预防、病原追踪等。

金融领域也是大数据应用的重要领域，比如信用评估，根据客户的行为大数据，综合评估出客户端信用。除此之外，风险管控、客户细分、精细化营销也都是大数据应用的典型案例。大数据技术的应用提升了金融行业的资源配置效率，强化了风险管控能力，有效促进了金融业务的创新发展。

（五）边缘计算与5G（Edge Computing and 5G）

边缘计算也称为边缘处理，是一种将服务器放置在设备附近的网络技术，是指在靠近物或数据源头的一侧，采用网络、计算、存储、应用核心能力于一体的开放平台，就近提供最近端服务。其应用程序在边缘侧发起，产生更快的网络服务响应，满足行业在实时业务、应用智能、安全与隐私保护等方面的基本需求。边缘计算处于物理实体和工业连接之间，或处于物理实体的顶端。而云计算，仍然可以访问边缘计算的历史数据。

边缘计算是5G时代的关键技术，是推动4G移动互联网向5G物联网转变，实现万物互联、万物互通的具体网络技术形式。

5G是指第五代信息通信技术，与4G相比，5G具有三大显著特征：一是超高速率，5G的峰值传输速率高达20 Gbit/s，是4G的20倍；二是超低时延，5G的端到端时延达到毫秒级，最低为1毫秒，能够在500千米/时的速度下保证用户体验；三是超高密度，5G网络在每平方千米范围内能够承载100万台物联网设备。虽然云计算拥有强大的处理能力，但如何将5G时代海量终端设备产生的数据安全、快速地传送到中心是业内一大难题。而边缘计算能将云计算平台从核心网网元迁移到无线接入网靠近终端的边缘，同时配套移动接入网搭建贴近用户和终端的处理平台，提供IT或者“云”的能力，以减少业务的多级传递，降低核心网传输的负担。在5G商用时代，边缘计算与云计算共同推动物联网的发展，“边云协同”将充分提升计算能力。云计算具有相对整体性和远程控制计算的特点，可以聚焦非实时、长周期的大数据分析；而边缘计算更靠近终端用户，具有超高速率、超低时延、高安全性、轻量级等特点，可以保障接入海量设备，有效降低与核心云间的带宽占用。对时效性要求高的金融科技、智能驾驶等场景而言，边缘计算可为用户提供更好的服务，同时保障用户安全。

五、金融科技发展的意义

（一）金融科技成为推动金融转型升级的新引擎

金融科技的核心是利用现代科技成果优化或创新金融产品、经营模式和业务流程。借助机器学习、数据挖掘、智能合约等技术，金融科技能简化供需双方交易环节，降低资金融通边际成本，开辟触达客户全新途径，推动金融机构在盈利模式、业务形态、资产负债、信贷关系、渠道拓展等方面持续优化，不断增强核心竞争力，为金融业转型升级持续赋能。

（二）金融科技成为金融服务实体经济的新途径

发展金融科技能够快速捕捉数字经济时代市场需求变化，有效增加和完善金融产品供给，助力供给侧结构性改革。运用先进科技手段对企业经营运行数据进行建模分析，实时监测资金流、信息流和物流，为资源合理配置提供科学依据，引导资金从高污染、高能耗的产能过剩产业流向高科技、高附加值的新兴产业，推动实体经济健康可持续发展。

（三）金融科技成为促进普惠金融发展的新机遇

通过金融科技不断缩小数字鸿沟，解决普惠金融发展面临的成本较高、收益不足、效率和安全难以兼顾等问题，助力金融机构降低服务门槛和成本，将金融服务融入民生应用场景。运用金融科技手段实现滴灌式精准扶持，缓解小微企业融资难融资贵、金融支农力度需要加大等问题，为打赢精准脱贫攻坚战、实施乡村振兴战略和区域协调发展战略提供金融支持。

（四）金融科技成为防范化解金融风险的新利器

运用大数据、人工智能等技术建立金融风控模型，有效甄别高风险交易，智能感知异常交易，实现风险早识别、早预警、早处置，提升金融风险防范能力。运用数字化监管协议、智能风控平台等监管科技手段，推动金融监管模式由事后监管向事前、事中监管转变，有效解决信息不对称问题，消除信息壁垒，缓解监管时滞，提升金融监管效率。

模块二

金融科技的发展历程、现状与趋势

【内容简介】

本模块主要介绍了金融科技的发展历程，国内外金融科技发展现状以及未来金融科技发展趋势。

【基础知识】

一、金融科技的发展历程

金融科技的发展历程是金融和科技不断互动、相互融合的过程，是通过技术赋能使金融服务实体经济能力不断增强的过程。科学技术的不断创新和深入发展，为金融服务的实现方式提供了更多的可能性，也持续不断地塑造和改变着金融服务实体经济的形式。从科技在金融行业应用的深度和变革影响来看，金融科技发展大致经历了三个阶段，即起步探索阶段、创新应用阶段和融合升级阶段，见图 1－1。

（一）起步探索阶段——金融电子化阶段

起步探索阶段是金融科技的第一阶段，这一阶段是金融和科技探索结合的阶段，又被称为金融电子化阶段。这一阶段的典型特征是金融行业逐渐开始应用 IT 技术，即以现代通信网络和数据技术作为基础，将业务数据逐步集中汇总，利用信息化软硬件实现内部办公的自动化和金融业务的电子化，从而提升管理水平和业务效率。在此阶段，IT 技术相关部门属于后台支撑链条，IT 技术应用的主要目标是实现业务管理和运营的电子化与自动化，间接提升金融服务实体经济能力。代表性应用包括核心交易系统、账务系统、信贷系统等。

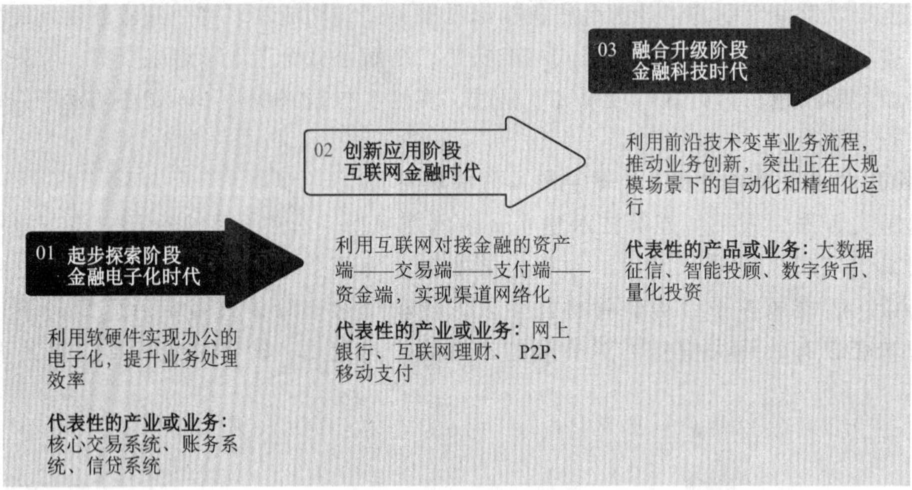

图 1-1　金融科技的发展历程

互联网及信息技术的出现，使存款、贷款、清算等一些基础的金融业务得以升级，在提高工作效率的需求推动下，传统金融机构开始构建自身的 IT 系统和门户网站，成为金融科技原始的发端。例如，中国银行于 1996 年 2 月在互联网上建立了主页，首先在网上发布信息，随后于 1997 年搭建了“网上银行服务系统”。证券公司也逐渐开始推出基于台式计算机的具备在线查询和交易功能的客户端，提高了股票投资的便捷性。

（二）创新应用阶段——互联网金融阶段

金融科技的第二阶段是互联网技术，特别是移动互联网技术在金融行业创新发展和应用的阶段，因此也将这一阶段称为互联网金融阶段。这一阶段金融科技的发展由着重 IT 技术的后台应用逐步聚焦于前端服务渠道的互联网化。一方面，互联网技术渗透金融服务的各个环节，实现信息共享和业务撮合，并催生了大量的新应用和新业态，如移动支付、P2P 网贷、股权众筹、金融垂直搜索门户等；另一方面，传统金融机构也积极利用互联网技术和信息技术变革金融渠道，出现了互联网银行、互联网保险、互联网基金、互联网消费金融等新的业务模式。

2013 年被称为中国互联网金融发展的“元年”，这一年中国的互联网金融呈现“井喷式”发展：余额宝的横空出世开启了全民理财的时代；新浪、百度等互联网企业获得第三方支付牌照，进军互联网支付领域；工信部成立互联网金融工作委员会，中关村成立互联网金融协会；微信上线“微信支付”功能；建行、农行等成立互联网金融中心，传统银行转型“互联网金融”，互联网金融各种业态竞相发展，在服务小微企业、民生普惠等实体经济方面发挥了重要价值。然而，爆发式的增长也埋下了许多金融隐患，监管和法规的相对滞后，许多非专业机构打着互联网金融的旗帜进入金融领域，导致互联网金融市场鱼龙混杂、良莠不齐，金融风险不断累积。随着金融风险监管体系和制度的完善，互联网金融关注的重点也已由“促进”转变为“规范”，互联网金融告别“野蛮生长”，进入技术驱动和规范发展的新阶段。

（三）融合升级阶段——金融科技阶段

金融科技的第三阶段是金融与科技深度融合的阶段，强调业务前、中、后台的全流程科技应用变革。随着人工智能、区块链、云计算、大数据和5G等前沿技术与金融业的深度融合，金融科技发展进入融合升级阶段。新一代信息技术，特别是去中心化的分布式技术，正在形成融合生态，持续推动金融创新，深刻影响着金融的行业格局与运行规则。金融机构和互联网企业利用前沿技术，将各类金融业务进行场景化、智能化和定制化的革新和升级，显著提升了服务效率和质量，扩大了金融服务的覆盖面和可获得性，在赋能实体经济高质量发展方面发挥着重要的作用。科技对于金融的促进不再局限于渠道等浅层次方面，而是开启了“金融＋科技”的深层次融合。金融机构利用前沿技术进行业务革新，通过自动化、精细化和智能化业务运营，改变传统金融获客、客服、风控、营销、支付和清算等金融前、中、后台业务的各个方面和金融服务的全部环节，提供更加精准高效的金融服务，有效降低交易成本，提升运营效率。

我国的金融科技基本上遵循了这样一个发展历程。在2004年以前，随着互联网和数字技术出现，传统金融机构受到提高工作效率等需求的推动，开始通过传统IT软硬件实现办公自动化、电子化，我国的金融科技进入IT电子化时代，但是这个时代主要是把技术作为业务基础设施，金融业务没有发生变化，只是从线下搬到了线上，技术未能进入核心领域。2004年，随着淘宝、拍拍网等电商平台的兴起，第三方支付进入了人们的视野，科技从后台支持的位置逐渐走到了前端，一些纯线上化的金融业务例如P2P、众筹得到了发展，科技逐步开始渗透进金融业务的核心环节，成为部分金融机构创收的重要因素。2013年，余额宝的横空出世更是开启了全民理财的时代，传统金融行业收到巨大冲击，各机构开始进行大规模互联网化布局，P2P、互联网保险、互联网理财等快速发展起来。科技在金融业务的主要应用领域为IT系统构建、获客和风控。这一时期，也是互联网金融时代，流量为王，以获客渠道为主要表现。但是随着互联网金融的快速扩张，也产生了非常多的风险事件，互联网金融监管开始受到关注，金融科技概念进入中国，以技术输出为核心业务的企业涌现，金融科技成为业务发展的核心力量，随着“ABCD”等技术的快速发展，行业对技术的理解愈加深入，技术输出型金融科技企业价值快速上升，新进入者也不断增加，金融科技覆盖领域扩大，并且在业务中的应用与渗透也逐步加深。

知识拓展

金融科技发展规划（2022—2025年）

中国人民银行印发《金融科技发展规划（2022—2025年）》（以下简称《规划》）。《规划》依据《中华人民共和国国民经济和社会发展第十四个五年规划和2035年远景目标纲要》制定，提出新时期金融科技发展指导意见，明确金融数字化转型的总体思路、发展目标、重点任务和实施保障。

《规划》强调，要以习近平新时代中国特色社会主义思想为指导，全面贯彻党的十九大和十九届历次全会精神，坚持创新驱动发展，坚守为民初心、切实履行服务实体经济使命，高质量推进金融数字化转型，健全适应数字经济发展的现代金融体系，为构建新发展格局、实现共同富裕贡献金融力量。

《规划》指出，要坚持“数字驱动、智慧为民、绿色低碳、公平普惠”的发展原则，以加强金融数据要素应用为基础，以深化金融供给侧结构性改革为目标，以加快金融机构数字化转型、强化金融科技审慎监管为主线，将数字元素注入金融服务全流程，将数字思维贯穿业务运营全链条，注重金融创新的科技驱动和数据赋能，推动我国金融科技从“立柱架梁”全面迈入“积厚成势”新阶段，力争到2025年实现整体水平与核心竞争力跨越式提升。

《规划》提出八个方面的重点任务。一是强化金融科技治理，全面塑造数字化能力，健全多方参与、协同共治的金融科技伦理规范体系，构建互促共进的数字生态。二是全面加强数据能力建设，在保障安全和隐私前提下推动数据有序共享与综合应用，充分激活数据要素潜能，有力提升金融服务质效。三是建设绿色高可用数据中心，架设安全泛在的金融网络，布局先进高效的算力体系，进一步夯实金融创新发展的“数字底座”。四是深化数字技术金融应用，健全安全与效率并重的科技成果应用体制机制，不断壮大开放创新、合作共赢的产业生态，打通科技成果转化“最后一公里”。五是健全安全高效的金融科技创新体系，搭建业务、技术、数据融合联动的一体化运营平台，建立智能化风控机制，全面激活数字化经营新动能。六是深化金融服务智慧再造，搭建多元融通的服务渠道，着力打造无障碍服务体系，为人民群众提供更加普惠、绿色、人性化的数字金融服务。七是加快监管科技的全方位应用，强化数字化监管能力建设，对金融科技创新实施穿透式监管，筑牢金融与科技的风险防火墙。八是扎实做好金融科技人才培养，持续推动标准规则体系建设，强化法律法规制度执行，护航金融科技行稳致远。

《规划》要求各方加强组织统筹、加大投入力度，做好规划实施监测评估，确保各项任务落到实处、取得实效。

资料来源：中国人民银行官网。

二、金融科技发展现状

（一）全球金融科技发展态势

当前，全球经济发展不确定因素增加，传统金融模式受限明显，金融业更加依赖科技手段进行资源配置，尤其是对绿色、普惠、高效的转型发展要求更加依赖科技赋能。同时，在地缘冲突、国际竞争等因素影响下，跨境数字金融基础设施安全受到挑战，各国更加关注国际跨境金融设施的公共性和独立性。另外，在资本市场整体活跃度受到较大影响的背景下，金融科技投融资规模有所回落，但数字支付、财富管理等重点领域仍然保持较高热度。

（二）全球经济环境复杂多变，金融资源配置更加依赖科技赋能

据国际货币基金组织（IMF）最新发布的《世界经济展望》显示，预计2023年全球经济增速将放缓至2.8%，经济放缓的主要原因在发达经济体，预计发达经济体的经济增速将从2022年的2.7%下降至1.3%。全球经济形势对金融行业带来显著影响，传统金融服务模式面临更多的转型发展压力，金融业更加需要科技力量来实现资源优化配置。

1. 传统金融运作模式持续受限，金融服务的数字化转型更加显著

受疫情影响，线下面对面的传统金融运作模式受到较大限制，难以有效开展，数字金融服务加速成为主流趋势。一方面，传统金融机构着力以数字技术优化客户体验。经济学人智库调研显示，65%的受访银行家认为现有网点模式将在5年内被逐步取代，超过81%的受访者认为客户体验的差异化是未来的重点方向，对于部分技术能力较薄弱的银

行，也已开始广泛寻求与第三方金融科技公司的合作。另一方面，金融科技企业持续发挥其数字化服务能力的优势，提升差异化用户服务水平。如美国最大的支付企业PayPal针对年轻用户群体打造的Venmo服务，集社交与点对点转账支付于一体，并搭载“Cash Back to Crypto”服务，与加密货币交易业务产生联动；数字银行Chime通过精细化的数字服务能力，准确把握用户资金的流动渠道和使用习惯，以纯线上、高存息、无隐藏费用、提前收款等优势增加用户对其产品服务的黏性。

2. 数据要素作为金融业转型发展的重要驱动力，需要借助科技应用释放价值

利用数据科技释放数据要素价值，已成为全球金融业转型发展的重要驱动力。当前全球范围内数字经济活动渗透率不断提升，金融机构能够获取的用户数据也更加丰富，无论是企业用户的生产、经营，还是个人用户的消费、理财等一系列行为和交易数据，均是金融科技深入赋能业务场景的有力抓手。通过合规数据的高效运用，金融机构可以实现场景化金融服务能力的有效提升，真正实现数字化服务能力转型。挖掘场景化金融应用的数据价值，已经成为全球性的发展共识，如摩根大通通过收购多家生活服务领域的平台技术公司，在汽车、旅游等场景，利用场景数据提供更加灵活和个性化的零售金融服务。德国数字银行N26充分发挥在线上场景连接的能力优势，联合保险机构开发旅行健康险、航班延误险、车辆租赁险、手机失窃险等更为精细、生活化的保险产品。

3. 绿色、普惠等社会公共领域的金融资源配置，需要科技能力加以引导

金融科技应用使金融业能够更加有效地评估资产长期价值，提升长期性投资意愿和能力，引导金融资源配置到长期性、可持续的公共领域，降低“马太效应”的影响。在绿色金融方面，当前全球的极端天气问题日益严重，各国主要金融机构已积极探索利用金融科技来度量环境和气候风险，发现投资机遇。美洲开发银行与绿色气候基金共同投资的亚马逊生物经济基金，通过金融科技手段追踪当地实体生产率、财务记录和信用度，并以此为依据使用多种金融工具，包括主权投资贷款、绿色债券、可偿还投资补助等，促进对亚马逊地区的保护和可持续发展。在普惠金融方面，利用数字技术实现更广泛群体覆盖的数字普惠金融服务，已经成为全球金融业务发展的重要趋势。国际货币基金组织在《金融科技：金融包容与金融排斥》报告中提出，应用金融科技对缩小阶级和农村差距回归结果显著相关。在具体实践中，花旗集团推出的数字平台Bridge，帮助中小企业与区域银行等建立联系，使借款方能够以在线形式快速触达银行方，有效缩减融资成本。缅甸政府与移动支付金融服务企业Wave Money合作，对农村地区转账、社会保障拨付、工人工资发放等面向弱势群体的数字金融服务提供助力。

（三）跨境金融安全问题凸显，自主稳定成为各国关注重点

1. 地缘环境变化显著影响跨境金融数字设施安全，对全球金融稳定性带来挑战

地缘冲突引发的贸易结算和金融制裁等一系列问题，使得现有跨境金融数字设施互联互通、可靠可用受到挑战。经过多年发展，以SWIFT和CHIPS系统为核心的跨境金融数字设施，成为各国跨境信息流、资金流往来的重要载体和通道。但是，这些跨境金融数字设施的运营管理主导权掌握在少数国家手中，与其服务于全球跨境支付结算的公共属性存在显著的不匹配。相关设施一旦被运营方用于金融制裁，将会丧失独立性，对被制裁方造成系统性风险，影响金融数字设施体系安全稳定。以俄乌冲突为例，西方对俄罗斯的金融

制裁，包括欧洲能源贸易结算限制、关停 SWIFT 系统权限等一系列举措，对其跨境贸易、外汇稳定等造成了显著影响。类似情况的出现，动摇了现有跨境金融数字设施体系的公共性与独立性地位，也给全球金融稳定安全带来了挑战。

2. 建设多元化、区域化的跨境金融数字设施正在成为发展趋势

多国积极探索建设多元化的交易信息通道和支付结算设施，提升跨境金融数字设施体系的安全保障能力。在当前跨境金融基础设施面临多重挑战的背景下，为了满足刚性安全需求，构建多元化数字金融系统成为全球共识。国际货币基金组织呼吁各国共同开发一个全新的全球公共数字平台，提供更低成本、更快捷的跨境交易结算服务。与此同时，多国从技术和机制两方面入手，积极推进保证平台或系统中立性的治理结构建设。从具体实践来看，已有多个国家自主开发了具有区域性质的跨境数字金融系统。如欧洲央行已开发 TARGET2，即第二代泛欧自动实时全额结算快速汇划系统，为欧元区提供支付基础设施保障。俄罗斯央行开发了本土版金融信息传输系统 SPFS，截至 2022 年 6 月，已有 12 个在俄罗斯境内业务规模较高的国家与 SPFS 系统连接，超过 70 家外资银行通过 SPFS 系统完成对俄罗斯的跨境及境内转账。

（四）金融科技投融资规模有所回落，总体结构保持相对稳定

1. 金融科技投融资整体规模呈现下降趋势，中小规模的投融资交易量占比提升

2021 年全球金融科技投融资市场呈现明显的复苏增长态势，全年投融资交易数量达到 5095 笔，投融资总额达到 1388 亿美元，创历史新高。但进入 2022 年，随着全球通胀问题加剧，多国央行连续加息收紧货币政策，经济发展预期降低，资本市场整体活跃度受到较大影响。在此背景下，金融科技领域的投融资规模也呈现下降趋势，出现了较为明显的回落。2022 年上半年，全球金融科技投融资总额 507 亿美元，同比下降超过 30%，其中二季度仅为 204 亿美元，同比下降超过 46%（见图 1－2）。

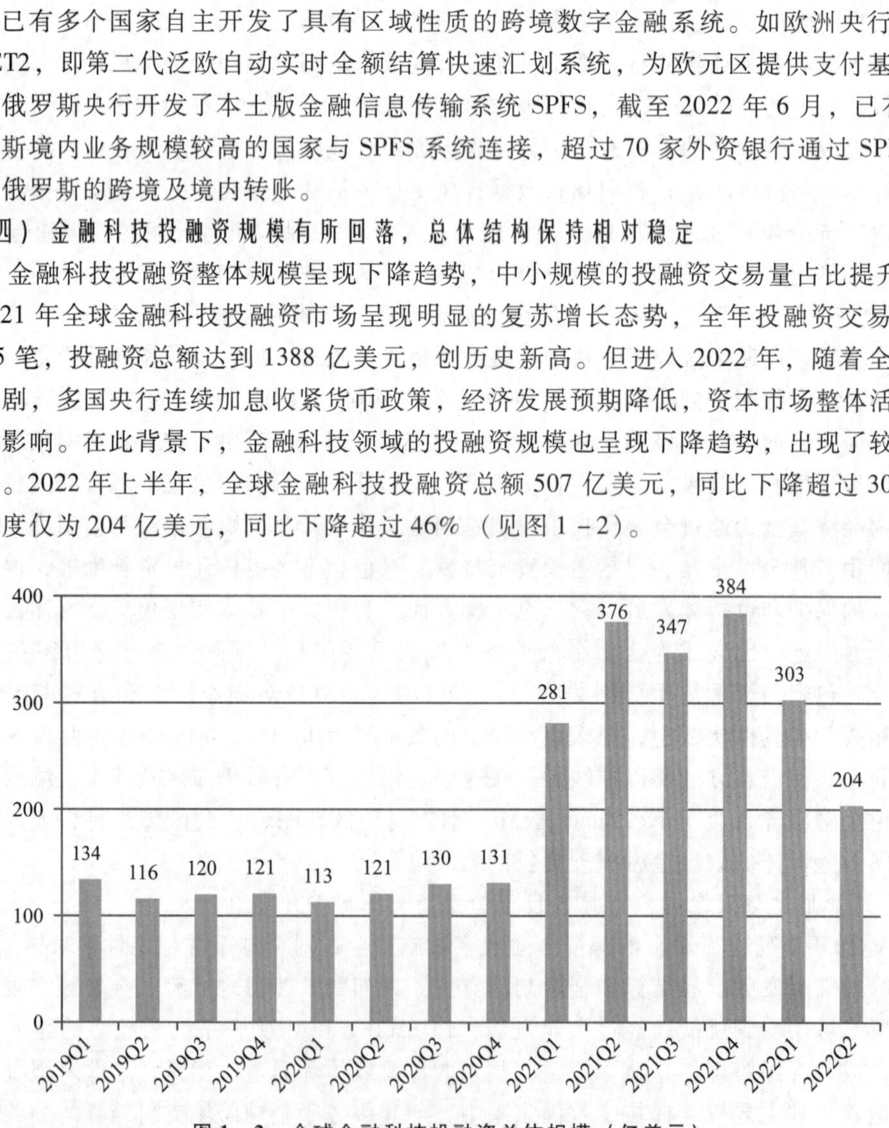

图 1－2 全球金融科技投融资总体规模（亿美元）

资料来源：CB Insights。

相对于整体投融资规模的回落，金融科技投融资的交易数量却呈现增长趋势，这主要是由于中小规模投融资的交易量占比出现了明显的提升。2022 年上半年，全球金融科技领域投融资交易数为 2624 笔，同比提升约 8%。中小规模的投融资交易量相比去年同期比例提升超过 10%，大额交易占比同比下降超过 20%（见图 1－3）。

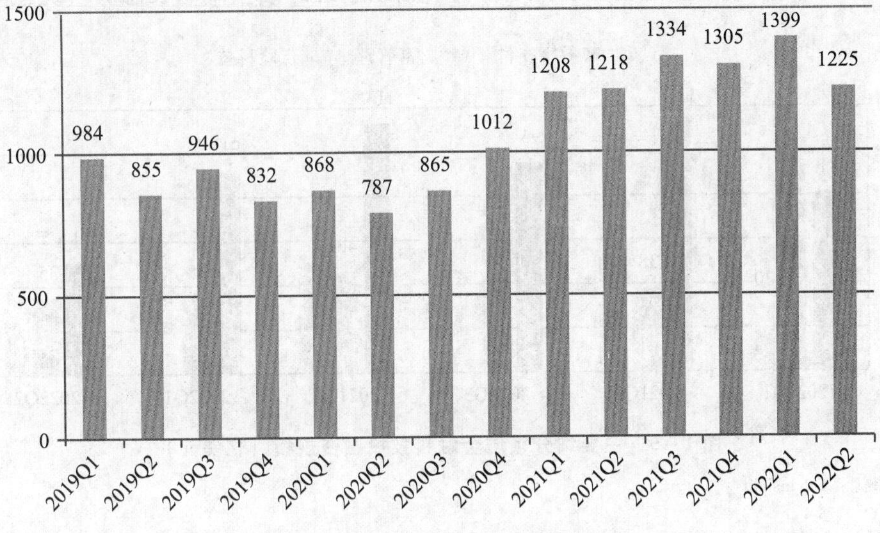

图 1－3　全球金融科技投融资交易数

资料来源：CB Insights。

2. 主要国家和地区的金融科技投融资规模均有所下降，欧美地区降幅明显（见图 1－4）

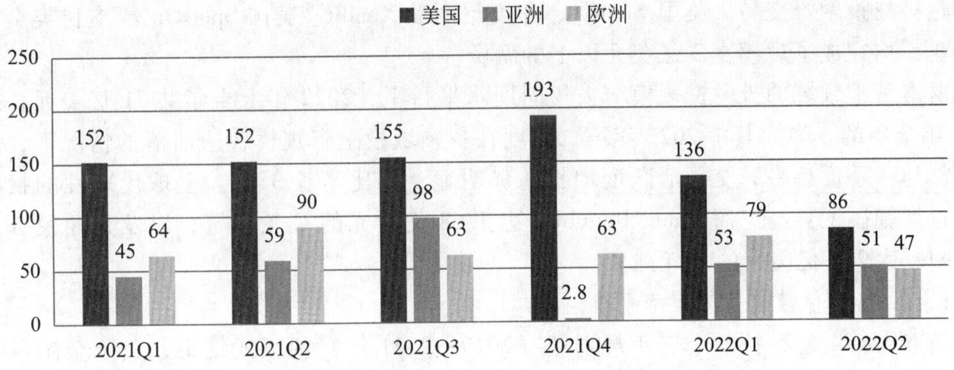

图 1－4　主要国家地区金融科技投融资规模（亿美元）

资料来源：CB Insights。

从全球各区域的金融科技投融资发展情况来看，同样也是 2021 年复苏增长后，在 2022 年上半年出现了明显的回落。2022 年上半年，美国金融科技投融资为 222 亿美元，同比下降约 27%，其中二季度仅为 86 亿美元，回落至 2020 年水平；欧洲地区投融资规模为 126 亿美元，同比下降 18%，其中一季度同比增长 23%，二季度降幅明显，同比下降 48%，环比下降 40%；亚洲地区投融资规模为 104 亿美元，与上一年同比持平，二季度交易活跃度降幅明显，交易数较一季度下降26%。此外，全球新增金融科技独角兽数量下降明显，2022年上半年仅新增56家，2021年下半年为84家。其中二季度新增数量降至2010年连续六个季度以来的最低水平，美国新增9家达到152家，一季度为19家；欧洲地区新增3家达到60家，一季度为11家。

3. 数字支付领域的投融资热度持续保持，财富管理继续呈现增长态势（见图1-5）

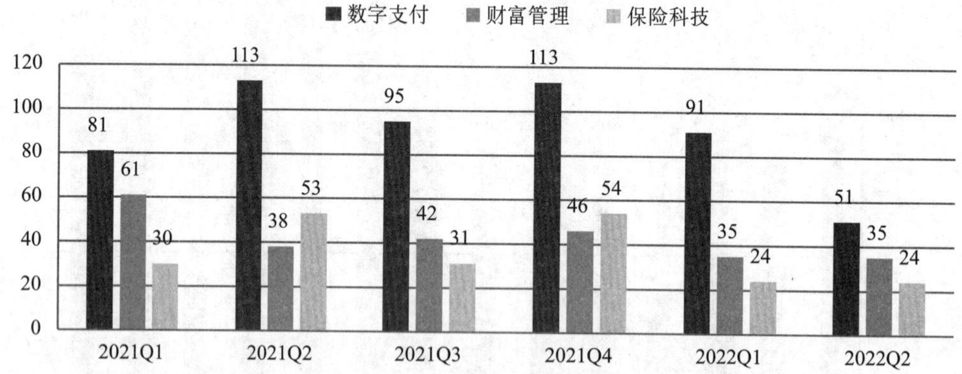

图1-5 主要细分领域金融科技投融资规模（亿美元）

资料来源：CB Insights。

从金融科技的细分领域情况看，数字支付仍是最受资本市场关注的方向，财富管理领域的投融资交易规模保持增长趋势。数字支付相关的金融科技企业及初创公司持续获得资本市场关注，2022年上半年融资规模达到142亿美元，占金融科技投融资总额的28%，其中新加坡数字支付企业Coda Payments获得的6.9亿美元C轮融资，是上半年规模最大的金融科技投融资交易。英国SumUp、印度尼西亚Xendit、美国Spot On等支付类金融科技企业，均完成了规模在3亿美元以上的融资。

财富管理领域的投融资规模与去年同期水平持平，2022年上半年共71亿美元，接近2021年全年的一半。其中2022年第二季度在各领域投融资规模普遍回落的情况下，总体交易额与一季度持平，交易活跃度增长态势明显，环比增长36%。全球代表性的投融资交易包括德国证券经纪商Trade Republic达2.68亿美元的C轮融资，以及企业税务服务商Taxfix达2.2亿美元的B轮融资。

（五）我国金融科技发展态势

随着央行金融科技首个三年规划期（2019—2021年）的正式结束，我国金融科技产业的“四梁八柱”已经基本形成，金融科技政策法规、技术标准、人才培养等产业基础不断夯实，新的规划对于核心技术自主安全、金融科技伦理治理以及金融科技服务实体经济的关注度显著提升。在顶层设计指导下，金融科技产业生态格局加速演变，大型金融机构更加强调“科技引领”战略，平台企业更加注重合规风控，传统金融IT企业着力打造综合性解决方案，同时金融科技产业发展与数字经济的融合不断深入。

1. 政策环境不断优化，可持续发展能力持续提升

（1）金融科技产业基础不断夯实，法规、标准、人才等领域持续完善。

央行印发的《金融科技发展规划（2022—2025年）》指出，我国金融科技正式步入

了“积厚成势”的新阶段。过去几年，我国金融科技“四梁八柱”已基本形成，法规、标准、人才等产业基础正不断夯实。一是金融科技法治体系进一步健全，为行业健康发展提供法治保障。近年来，金融科技法律法规纲目并举、不断完善，制度短板加快补齐。尤其在金融科技安全方面，基本形成以全国人大立法为“纲”，以国家相关主管部委和地方规范为“目”的全面立法体系，为金融科技发展提供了法治保障。二是金融科技重点领域标准加快制定，标准国际化工作不断深化。《金融标准化“十四五”发展规划》为相关工作指明了方向，金融数据要素、金融信息基础设施、金融网络安全等重点领域标准加快供给。同时，在 ISO、ITU 等国际组织框架下，我国牵头或主要参与了第三方支付服务、金融分布式账本、数字货币硬件钱包等多项国际标准。三是金融科技人才聚集效应明显，产学研联动人才培养模式逐步形成。北、上、广、深、杭等地凭借政策资源、产业基础、发展环境等优势打造了金融科技人才高地；长三角、粤港澳大湾区、成渝地区则通过错位差异及地区辐射完成多极化发展。同时，全国 65 所高校相继开设金融科技专业，通过校企合作进行重点领域研究，培养了大批金融科技人才。

（2）金融科技伦理治理受到广泛关注，推动金融科技向善发展。

近年来，金融科技应用中的算法歧视、隐私侵犯、过度采集用户数据等伦理问题不仅损害了消费者权益，也扩散了金融风险，给金融监管带来挑战。近期被广泛关注的河南村镇银行存款挪用事件中，相关人员缺乏职业道德，以及存贷风控等关键领域信息系统的科技应用和管理缺乏金融科技伦理治理体系，是导致此次大规模储户被欺诈行为蒙蔽的重要诱因之一。

在此背景下，金融科技伦理受到广泛关注。金融科技伦理治理体系正不断完善：一是金融科技伦理治理政策导向明显。“十四五”规划纲要及金融科技三年规划均提出要健全科技伦理体系。央行金融科技委员会也把金融领域科技伦理治理体系建设作为 2022 年工作重点之一，将金融科技伦理治理提上了新高度。二是地方性金融科技伦理治理组织相继建立。深圳、安徽、浙江等地在地方金融监管部门推动下相继成立金融科技伦理委员会，通过开展相关研究、人才培养等工作，发挥行业自律功能。三是金融科技伦理标准逐步建立。目前，金标委《金融领域科技伦理指引》行业标准正在研究制定中，各地也在积极探索金融科技伦理治理相关标准、指南和自律公约。

2. 产业导向深刻变化，自主创新与服务实体并重

（1）核心技术安全应用成为重点方向，金融科技自主创新进入深化阶段。

当前，国际局势不确定性持续上升，金融行业网络和信息技术安全成为关注焦点。一方面，金融业核心技术自主可控成为重要导向。近一年来，一行两会在行业指导性文件中提出，金融行业应更加关注核心技术的自主创新与安全应用。例如原银保监在《关于银行业保险业数字化转型的指导意见》中明确提出，要对“对业务经营发展有重大影响的关键平台、关键组件及关键信息基础设施”实现自主可控，降低外部依赖和单一依赖。另一方面，我国金融科技产业自主创新能力正在快速提升。近年来，以“芯片 + 操作系统”为基础技术底座，云计算、数据库、中间件等基础软件领域的多技术路线加速发展，技术和产品逐步从可用向好用阶段过渡，国内相关产业生态进一步壮大，不断强化对金融业软硬件供应链安全与稳定的支撑保障。与此同时，在 5G、人工智能、区块链等新技术

应用方面，国内金融机构也更加重视原始创新，在自主知识产权和发明专利等多方面取得显著成效。在更为前沿的元宇宙、量子计算等领域，围绕着金融业的应用需求，很多国内金融科技企业也走在探索应用的最前方。

（2）金融科技成为服务实体经济重要引擎，精准支持重点领域和薄弱环节。

党的二十大报告指出，要坚持把发展经济的着力点放在实体经济上。服务实体经济既是金融行业的使命，也是金融科技发挥价值的重要方向。一是金融科技服务实体经济的发展定位进一步凸显。2019—2021 年的金融科技规划将金融科技定位为"服务实体经济的新途径"，而 2022—2025 年的金融科技规划则明确"金融科技是增强金融服务实体经济能力的重要引擎"。从"新途径"到"重要引擎"，不仅反映了金融科技从基础支撑到驱动变革的提升，也进一步明确了金融科技服务实体经济的重要导向和发展要求。二是金融科技精准服务实体经济的能力不断强化。通过大数据、人工智能、区块链、5G + 物联网等多种金融科技手段的综合应用，金融机构对于实体经济的服务能力不断强化，相应的服务成本有效降低，进而实现更广阔、更高效、更灵活的普惠金融服务创新。尤其是在科技创新、绿色发展、乡村振兴、"一带一路"等重点领域，科技赋能金融实现金融资源的精准投放，在风控、支付、客服等多个环节实现智能化匹配服务，用金融科技的力量让服务实体经济的战略要求，真正落实到具体业务实践中。

3. 各类主体发展定位加快调整，产业格局持续演变

（1）大型金融机构"科技引领"态势更加凸显，技术能力对外输出赋能多行业数字化转型。

当前，用科技引领业务创新发展的共识愈加凸显，科技实力越来越成为金融机构竞争力的核心要素。一是头部金融机构科技投入增幅持续保持较高水平。2019—2021 年，国有六大行的年平均科技投入增长率（21.77%）是营收增长率（6.96%）三倍以上。二是金融机构基于自身研发应用能力实现对技术创新的反哺促进。得益于高水平的科技投入和丰富的业务场景，金融机构在人工智能、区块链、大数据等领域的技术已经达到领先水平，例如中国工商银行、中国建设银行连续两年入选《福布斯》全球区块链 50 强，中国建设银行 OCR/ICR 自主算法获得第 16 届 ICDAR2021（全球人工智能文档图像分析识别领域国际顶级比赛）第二名。三是金融机构输出优势技术，赋能多行业数字化转型。金融机构的科技能力正逐步向农业、教育、医疗等多个领域输出，加速其他行业数字化转型进程。例如，中国工商银行"兴农通"乡村金融服务专属 App，通过物联网、区块链、卫星遥感等技术，提升农业数据自动化采集和智能化分析能力；中国银行利用大数据、人工智能等技术搭建"教育数字大脑"，探索"数字校园"建设，赋能智慧教育发展。

（2）平台企业更加注重合规经营与风险管控，积极落实国家战略重点提升金融服务实体经济能力。

当前，随着《关于推动平台经济规范健康持续发展的若干意见》等政策文件的出台，平台经济进入在"发展中规范"的常态化监管时期。从规范发展的角度看，合规经营和风险管控是当前平台企业的关注重点。目前，34 家互联网平台企业均先后向社会公开了《依法合规经营承诺》，未来将继续强化反垄断合规、价格合规、反不正当竞争合规、个人信息和数据保护、消费者权益保护、知识产权保护等工作，并通过建立企业内部合规体

系，促进自我审查和风险防范。从引导发展的角度看，未来平台企业将进一步发挥对实体经济产业链、供应链的支撑作用，通过利用物联网、区块链、人工智能等技术，推出供应链金融、小微金融等产品，让金融服务更好地下沉到产业链，切实提升金融服务实体经济能力。

(3) 传统 IT 企业着力打造综合性解决方案，全面赋能金融数字化转型。

当前，金融场景及业务变得更加多元化，为了更好地匹配金融机构需求，传统 IT 企业不再满足于提供单一标准化产品和解决方案，而是探索打造综合性解决方案，通常采取两种方式：一是通过与产业链上下游厂商共建生态圈，从客户需求出发，形成厂商之间深度绑定、能力互补的一体化解决方案。例如云厂商围绕云原生技术基座，与数据、安全、存储、硬件资源等厂商开展合作，为客户提供更加生态化、综合性的深度技术栈。二是企业强化自身端到端服务能力，打造全栈解决方案。例如某些网络厂商，由仅提供网络架构解决方案，转型成为可提供顶层规划、产品交付实施、运营服务、后期技术支撑的全栈式端到端服务闭环，从而更好地匹配金融机构的数字化转型整体需求。

三、金融科技未来发展趋势

视频：金融科技的影响

展望未来，在数字经济转向深化应用、规范发展、普惠共享新阶段的背景下，我国金融科技生态呈现出新的发展态势。首先，数字化转型中高度重视科技自立自强，金融业作为现代经济的核心，相关技术的自主创新成为核心关注点之一，在此基础上，金融业数字化转型呈现系统化趋势。其次，加强金融科技审慎监管已成为当前的共识，审慎监管未来将加速落实，其中针对数据安全的监管要求不断提升，数据治理能力已成为金融机构的核心竞争力。最后，金融科技也将在推动金融业支持经济社会高质量发展中发力，集中表现在金融科技促进金融业支持产业数字化、扩大社会价值范畴、促进社会价值和经济价值融合中发挥重要作用。

（一）核心技术自主创新要求不断强化，带动关键领域发展

强化金融业核心技术自主创新成为当前金融科技发展最为重要的趋势之一，这与当前国内外宏观形势和行业发展实践需求密切相关。一方面，国际形势纷繁复杂，全球供应链安全问题出现前所未有的紧张局面，尤其是在关键核心技术领域，技术封锁、贸易制裁等对金融业核心技术安全带来严峻挑战，保障金融业核心技术安全成为当下发展金融科技的基础性共识。另一方面，随着金融科技在应用层面的不断扩展，简单场景和轻量需求已经实现覆盖，而要将数字技术向更底层、更复杂的金融业务场景推进，就必须从底层技术深度创新做起。可以说，金融科技进入成熟阶段之后的深度应用需求，决定了未来的金融科技发展将更加需要底层技术的自主创新。

与此同时，金融业核心技术的创新应用需求进一步促进了供给侧的关键技术产业创新发展。无论是在芯片、操作系统、数据库、中间件等基础软硬件领域，还是在区块链、量子计算、元宇宙等新兴技术方向，金融业以应用为牵引，为技术产业发展带来了强劲的需求动力，有效推动了技术创新的深度发展。从未来趋势看，作为数字技术应用的最前沿探索行业、最广阔需求领域和最充足资源对象，金融业将持续成为先进科技应用的高地和先

锋，金融与科技的互动将更加深入。

（二）金融业数字化转型呈现系统化趋势，转型模式加速构建

在产业数字化转型已成为全社会共识的背景下，金融业数字化转型的布局更加系统化，数字化已深度根植于金融业经营的各个环节。一是金融业数字化转型的顶层设计不断完善，并初步形成系统化的数字化转型标准和方法论。国务院印发《“十四五”数字经济发展规划》列出的重点行业数字化转型提升工程中，将“加快金融领域数字化转型”作为重点工作，人民银行、原银保监会（现为国家金融监督管理总局）相继出台的规划和指导意见，明确了金融业数字化转型的原则、框架与目标等内容。在顶层设计指引下，各类新技术在金融领域创新应用标准不断出台，《金融数字化能力成熟度指引》也形成了征求意见稿，金融业数字化转型逐步实现有标可依。二是数字化转型发展模式加速构建，转型成效已开始显现。金融机构数字化转型已不再停留在战略层面，而是落实到战术和执行层面，数字化建设全面铺开。中国工商银行推出集团数字化品牌“数字工行”，开展数字生态、数字资产、数字技术、数字基建、数字基因五维布局；中国银行董事长提出“数字化转型是当前中行最重要的战略变革工程”。在数字化战略深入实施和投入持续增长的驱动下，数字化转型的成果也开始成为金融机构经营的亮点，例如中国工商银行 2022 年上半年数字化交易额达到 339.42 万亿元，数字化业务占比 98.85%。

（三）数据安全重视程度空前提升，数据治理能力成核心竞争力

随着网络信息治理和数据保护基础法律的“三驾马车”正式实施，金融业作为数据密集型行业，数据安全治理的重要性进一步提升。一是金融数据安全合规进入强监管阶段，体现了我国对金融数据安全保护的决心。2021 年全年，金融监管机构针对涉及信息处理等违规问题开出 119 张罚单，金额合计约 4654 万元，违规行为集中于个人信息保护与信息网络安全方面；2022 年 3 月，原银保监会（现为国家金融监督管理总局）查处的监管标准化数据质量领域违法违规案件处罚金额已达到 8760 万元，加强金融业数据合规领域监管的趋势更加明显。二是保护数据安全成为金融机构数据治理的首要任务。金融机构已认识到数据对其经营管理模式变革和优化的价值，通过建立数据治理机制实现高效的数据挖掘和统一管理，但在数据泄露、隐私侵权等问题面前，强化信息保护、破解数据安全之困作为数据治理首要任务已成为业界共识，未来也将成为金融机构在市场竞争中的核心要素之一。三是面向数据安全保护的技术成为金融科技企业创新的热点方向。隐私计算、同态加密、零信任等技术创新及其在金融业的应用，成为近年来金融科技创新的热点方向，催生了一批数据安全保护相关的优秀创业企业。

（四）审慎监管加速落实，构建安全包容的发展环境成为共识

加强金融科技审慎监管已成为发展共识，审慎监管注重金融业务、数字技术和社会伦理之间的平衡。一是更加注重金融科技与社会伦理之间的平衡。技术是中性的，但技术的不当使用会造成算法滥用、数字鸿沟等伦理问题，人民银行金融科技委员会 2022 年重点工作中明确提出建立健全金融科技伦理监管框架和制度规范，监管部门、金融机构也在通过组建专门组织、搭建平台等方式形成多样化力量，未来金融科技伦理治理将成为监管的核心课题之一。二是加快监管科技的全方位应用。随着各类技术快速应用，监管科技也得到了长足发展，应用领域从金融向非金融不断延展，参与主体持续丰富，同时，各类金融

基础设施管理平台数字化水平不断提升，以及金融监管机构与数字技术、网络安全监管部门之间合作深入，持续强化金融科技数字化监管能力的基础。三是行为监管受到高度重视。在金融创新层出不穷的背景下，金融服务分工更加细化，传统的单一机构为核心承担风险的模式发生变化，监管模式也需要适应这一变化，开展行为监管，对客户、合作伙伴、产品和服务的设计等方面的行为进行穿透式监管，严格厘清金融和科技的边界。

（五）丰富数字经济内涵成为重要驱动力，实现双向深度融合

金融科技已成为数字经济在金融领域的主要形态和具体表现。一是金融科技全面体现了数字经济在金融领域的“四化”框架。金融业作为数据密集型行业，在数据采集、确权、定价、交易等方面走在前列，推动数据要素化向数据价值化转变；金融业的数字基础设施、核心技术应用，一方面形成金融领域的数字产业化基础，另一方面驱动了金融业数字化转型进程，两方面力量形成金融领域的数字经济生产力；近年来金融领域大力推进现代化数字治理结构、塑造数字化治理能力以及加强金融科技伦理建设，是金融业数字经济生产关系重要组成部分。二是金融科技与其他行业数字化发展形成更为明显互动关系。金融科技已融入各行业数字化转型所形成的各类新业态、新模式当中，例如金融科技进一步创新供应链金融服务，推进各行业产业链运营、供应链管理等领域的数字化升级；同时，随着数字经济发展进入快车道，各行业数字化转型过程中积累的数据，正在进一步推动金融服务质量、防范金融风险能力的提升。

（六）凸显金融业社会价值属性，为高质量发展贡献金融动力

在金融科技的驱动下，金融业的社会价值属性更加凸显。一是金融科技驱动金融业扩大社会价值影响范围。金融科技的应用，推动金融机构能够提供更公平、低门槛的金融服务，一方面扩大了获取金融服务群体的范畴，另一方面扩大了金融嵌入场景的范畴，从而使金融业社会价值的影响范围更加广泛。例如，数字普惠金融提升了低收入群体金融服务的可获得性，从而在巩固脱贫攻坚成果、融入共同富裕战略中发挥重要作用；金融科技提供丰富的绿色金融识别工具，推动金融服务更多嵌入绿色发展各类场景中，加快社会生产绿色转型。二是金融科技促进金融业社会价值和经济价值的进一步融合统一。金融业的社会价值和经济价值并不对立，但并非总是一致的，金融科技在推动两者融合统一中发挥了重要作用。一方面，金融科技为金融服务注入丰富技术手段，降低了金融机构承担社会责任的成本，促进金融服务能够兼顾社会价值和经济价值；另一方面，金融科技驱动监管科技和数字化监管手段革新，提升监管机构对监管套利、损害市场公平等行为的识别效率，在一定程度上防止金融业的经济价值背离社会价值。

【项目练习】

一、单项选择题

1. 以下对于金融科技说法正确的是（　　）。

A. 金融科技是指技术驱动的金融创新

B. 金融科技是指运用金融创新服务科技行业

C. 是否具备互联网精神，能否形成以客户需求为导向并注重客户体验等要素，是互联网金融和金融科技的本质区别

D. 从服务维度来看，金融科技更侧重金融服务维度

2. 云计算中的 IaaS 是指（　　）。

A. 基础设施即服务　B. 平台即服务　C. 软件即服务　D. 硬件即服务

3. 以下关于互联网金融，说法错误的是（　　）。

A. 互联网金融本质仍属于金融

B. 互联网金融多从需求出发，以用户需求为导向设计金融产品

C. 互联网金融是运用互联网技术提供金融服务，服务的主体是传统金融机构

D. 互联网金融是金融科技的发展阶段之一

4. 金融科技的核心是（　　）。

A. 风险控制　B. 提高经济效益

C. 利用现代科技优化创新金融领域　D. 服务实体经济

5. 金融科技融合升级阶段的代表性产品和业务有（　　）。

A. ATM 机、电子机具　B. 互联网基金、网上银行

C. 大数据征信、数字货币　D. 移动支付、互联网理财

二、多项选择题

1. 金融科技底层技术有（　　）。

A. 大数据　B. 云计算　C. 人工智能　D. 区块链

2. 金融科技的特征有（　　）。

A. 基于新兴科技的应用　B. 高创新性

C. 技术与业务的高度融合　D. 后端技术交叉程度低

3. 金融科技的参与主体有（　　）。

A. 金融机构　B. 科技企业　C. 监管机构　D. 电信运营商

4.《金融科技发展规划（2022—2025 年）》中指出，金融科技发展要坚持的以下原则（　　）。

A. 数字驱动　B. 智慧为民　C. 绿色低碳　D. 公平普惠

三、判断题

1. 大数据、云计算、人工智能、区块链等新兴技术是金融科技的重要后端支撑。（　　）

2. 大数据不仅指数据的量大，而且要求数据维度丰富，信息范围广泛。（　　）

3. 金融科技脱胎于传统金融和互联网金融，但与二者并无本质的区别。（　　）

4. 金融科技能有效降低信息不对称，帮助中小微企业解决融资难的问题。（　　）

5. 互联网降低了界定和保护知识产权的交易成本、监管成本、安全成本。（　　）

四、简答题

1. 请简要描述金融科技的发展历程。
2. 什么是金融科技？
3. 简述传统金融、互联网金融和金融科技的区别。
4. 简述发展金融科技的意义。

项目二 金融科技的底层技术

项目二 PPT

【知识目标】掌握人工智能、区块链、大数据、云计算、边缘计算等金融科技底层技术的概念；了解金融科技底层技术在金融领域的应用。

【能力目标】能够理解大数据的处理流程；能够分析区块链的工作原理；能够运用大数据的思维思考金融问题。

【素质目标】通过物联网、云计算和区块链的学习，加强网络安全意识；通过人工智能的学习，引导学生深入思考人类命运共同体的真正价值和内涵。

模块一 人工智能

【内容简介】

本模块介绍了人工智能的概念及发展历程、人工智能的相关技术以及人工智能在金融领域的应用。

【案例导入】

平安理赔，AI 更快一步

近年来，伴随着大数据、云计算、人工智能等领域的高速发展，诸多行业进入产业转型升级期，科技亦成为保险行业新风口。尤其对于车险理赔来说，“时效慢、纠纷多”“渗漏风险高”等问题历来是其痛点，传统理赔方式的弊端日渐显露，急需借助科技赋能，带来全新高效的解决方案。而平安科技，早已敏锐地察觉到了这一点，从车险理赔的实际应用场景出发，将人工智能技术融入金融保险行业。

平安科技通过对车险理赔现有作业模式的深度检视，综合人工智能、大数据等创新技术手段，研发并提供了从定损到赔付全流程的“智能闪赔”新模式。车主只要跟车拍摄损伤部位上传，后台可自动判断车辆损失部位，并快速给出损失部位的修理意见。同时，同步当地修理厂提供配件和工时报价。如此一套操作下来，不用过久的等待、烦琐的审核，就能全自动理赔定损。

据了解，该技术主要依托于平安科技《基于多张图片一致性实现保险理赔反欺诈的方法及服务器》的发明专利。发明方案中包括图片一致性判断的方法和应用该方法的服务器，主要实现了在修理厂进行损失核定过程中，通过对多张不同角度的图片进行空间变换判断车辆损伤点的一致性，确定保险理赔过程中用户上传到的照片是否存在篡改、夸大等虚假车损图片，有效避免在车险理赔过程中的骗保行为并实现风险控制和保险减损。

该产品一方面提升了车险理赔的时效，节省了定损开支和人员派出成本；另一方面，也使理赔风险得到了进一步管控，从根本上颠覆了以往“人查勘、人审核、人赔付”的传统，把用户的体验服务发挥到了极致，打造了全面的风险控制和反渗漏能力，翻开了智能化、自动化创新理赔的新篇章。

案例分析：该技术属于平安科技自主研发的平安脑智能引擎，是平安云平台下的产品之一。平安脑智能引擎综合深度学习、数据挖掘、生物特征识别等技术以提供各种场景下的人工智能解决方案。在智慧金融场景下，平安脑智能引擎在平安产险的应用能够利用深度学习技术来挖掘车险图像数据信息，实现线上自动定损。

资料来源：https：//baijiahao. baidu. com/s?id = 1676806029110116232&wfr = spider&for = pc。

【基础知识】

一、人工智能概述

（一）人工智能的定义

1956 年夏天，在美国达特茅斯大学的一场学术研讨会议上，人工智能的概念首次被提出并获得了肯定，这标志着人工智能科学的诞生。不同于传统计算机技术是根据既定的程序执行计算或者控制任务，人工智能可以理解为用机器不断感知、模拟人类的思维过程，使机器达到甚至超越人类的智能。

人工智能（Artificial Intelligence，AI），是利用数字计算机或者由数字计算机控制的机器，模拟、延伸和扩展人类的智能，感知环境、获取知识并使用知识获得最佳结果的理论、方法、技术和应用系统的一门新的技术科学。人工智能是一门综合性的交叉学科，它涉及的学科内容非常广泛，包括哲学、认知科学、数学、神经生理学、心理学、计算机科学、信息论、控制论、不定性论、仿生学、社会结构学与科学发展观等。

人工智能是计算机科学的一个分支，它企图了解智能的实质，并生产出一种新的能以人类智能相似的方式做出反应的智能机器，该领域的研究包括机器人、语言识别、图像识别、自然语言处理和专家系统等。

人工智能是研究人类智能活动的规律，构造具有一定智能的人工系统，研究如何让计算机去完成以往需要人的智力才能胜任的工作，也就是研究如何应用计算机的软件和硬件来模拟人类某些智能行为的基本理论、方法和技术。人工智能的核心思想在于构造智能的人工系统。人工智能是一项知识工程，利用机器模仿人类完成一系列的动作，甚至是实现理解、思考、推理、解决问题等高级行为。

（二）人工智能的发展历程（见图2-1）

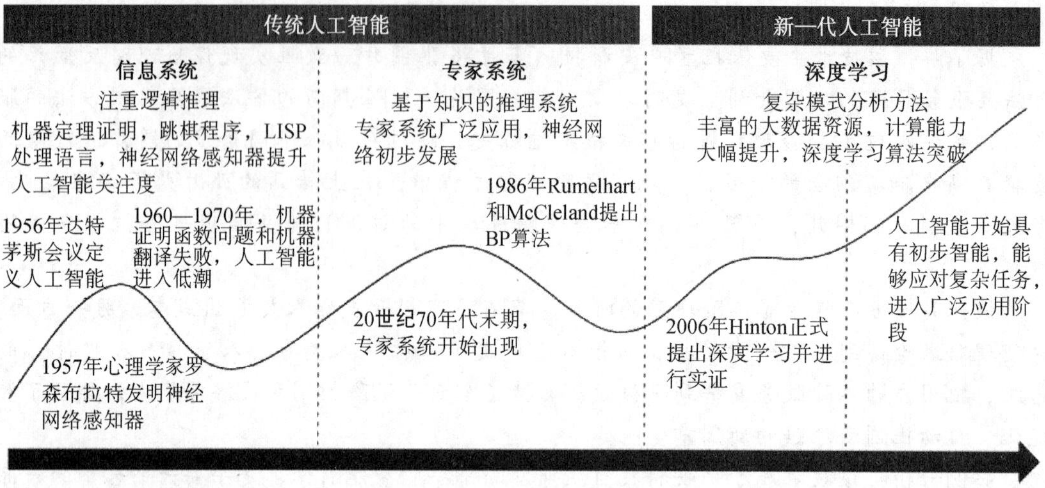

图2-1 人工智能的发展历程

资料来源：中国信通院。

自人工智能科学诞生至今60多年的发展历史过程中，各行业的专家学者们做了大量的探索与实践。人工智能经历了三次发展高潮，分别是1956—1970年、1980—1990年和2000年至今。

1959年Arthur Samuel提出了机器学习，推动人工智能进入第一个发展高潮期。20世纪70年代末期，专家系统（Expert System，ES）的出现，标志着人工智能从理论研究走向实际应用。20世纪80年代到90年代，随着美国和日本立项支持人工智能研究，人工智能进入第二个发展高潮期，其间人工智能相关的数学模型取得了一系列重大突破，如多层神经网络、BP反向传播算法等，算法模型准确度和专家系统进一步提升。其间，研究者专门设计了LISP语言与LISP计算机，最终由于成本高、难维护导致失败。

1997年，BM深蓝战胜了国际象棋世界冠军Garry Kasparov，是一个里程碑意义的事件。当前人工智能处于第三个发展高潮期，得益于算法、数据和算力三方面共同的进展。2006年加拿大Hinton教授提出了深度学习的概念，极大地发展了人工神经网络算法，提高了机器自学习的能力，随后以深度学习、强化学习为代表的算法研究的突破，算法模型持续优化，极大地提升了人工智能应用的准确性，如语音识别和图像识别等。随着互联网和移动互联的普及，全球网络数据量急剧增加，海量数据为人工智能大发展提供了良好的土壤。大数据、云计算等信息技术的快速发展，GPU、NPU、FPGA等各种人工智能专用计算芯片的应用，极大地提升了机器处理海量视频、图像等的计算能力。在算法、算力和数据能力不断提升的情况下，人工智能技术快速发展。

智能应用成为互联网下一演进阶段周期的核心要义，人工智能部分技术已经进入产业化发展阶段，带来新的产业兴起。基于机器学习技术快速进步，互联网正凭借快速提升的人工智能，为用户提供个性化、精准化、智能化服务，大幅提升业务体验，并与生产生活的各个领域相融合，有效提升各领域的智能化水平，给传统领域带来变革机遇。

我国也高度重视人工智能产业的发展，习近平总书记在党的二十大报告中指出，要“推动战略性新兴产业融合集群发展，构建新一代信息技术、人工智能、生物技术、新能源、新材料、高端装备、绿色环保等一批新的增长引擎”，从 2016 年起已有《互联网 + 人工智能三年行动实施方案》《新一代人工智能发展规划》《促进新一代人工智能产业发展三年行动计划（2018—2020 年）》《新一代人工智能治理原则——发展负责任的人工智能》等多个国家层面的政策出台，也取得了积极的效果，我国逐渐形成了涵盖计算芯片、开源平台、基础应用、行业应用及产品等环节较完善的人工智能产业链。

二、人工智能技术

（一）机器学习

机器学习是一种能够赋予机器进行自主学习，不依靠人工进行自主判断的技术，其核心为机器学习算法。常见的机器学习算法有贝叶斯分类算法、支持向量机算法、聚类算法等。传统计算机工作时，按照事先编写好的程序指令逐步执行，最终得到运算结果；机器学习是通过机器学习算法，对历史数据进行训练，得出符合数据规律的机器学习模型，当有新的数据时，机器可以使用训练产生的模型对未来进行预测。机器学习的过程和人类对历史经验归纳的过程有着相似之处。人类在成长的过程中，学习并积累了很多经验，大脑将经验进行归纳总结，得到规律，因此当人类遇到某些问题时，总能根据事物的发展规律找到方向，进行推测；而机器学习中的训练和预测过程可以被近似地看作人类的归纳和推测的过程。

机器在学习过程中建立机器学习模型，便是机器的“学习”过程，即计算机从历史数据中发现“规律”并学习“规律”。数据和分析需求不同，建模的方式也不同。按照“学习”方式分类，机器学习可以分为有监督学习和无监督学习。

有监督学习是指事先需要准备好输入和正确输出相配套的训练数据，让计算机进行学习，直到它被输入某个数据时能够得到正确的输出，也就是“教会”计算机正确地区分方法。这通常需要人作为教师角色，来教给计算机正确的区分方法，也就是常说的分类。

无监督学习是指仅提供输入数据，需要计算机自己找出数据内在结构的一种情况，也就是说，其目的是让计算机在大量数据中抽取出关联规则。将整体数据分为包含某项共性指标的群组是一种很典型的处理方法，例如聚类分析。

机器学习可以完成很多类型的任务。常见的机器学习任务包含：分类、输入缺失分类、回归、转录、机器翻译、结构化输出、异常检测、合成和采样、缺失值填补、去噪、密度估计等。在金融领域，机器学习被广泛用于风险管理与反欺诈、信用评级、智能客服等领域。

（二）深度学习

深度学习是机器学习的一个分支，它除了可以学习特征和任务之间的关联以外，还能自动从简单特征中提取更加复杂的特征，是一种能够使计算机系统从经验和数据中得到提高的技术。深度学习以数据为基础，由计算机来自动生成特征量，而不需要人来设计特征量。

深度学习通过其他较简单的表示来表达复杂的表示，解决了表示学习中的核心问题，它还让计算机通过较简单概念构建复杂概念。深度学习模型的经典例子是前馈神经网络或多层感知机。多层感知机仅仅是一个将一组输入值映射到输出值的数学函数。该函数由许多较简单的函数复合而成。我们可以认为：不同数学函数的每一次应用都为输出提供了新的值。

至今已有数种深度学习框架，如深度神经网络、卷积神经网络（CNN）、深度置信网络和递归神经网络被应用于计算机视觉、语音识别、自然语言处理、音频识别与生物信息学等领域都获得了极好的效果。对深度学习模型的研究也层出不穷——循环神经网络模型、长短期记忆神经网络模型等。

（三）知识图谱

知识图谱本质上是结构化的语义知识库，是一种由节点和边组成的图数据结构，以符号形式描述物理世界中的概念及其相互关系，其基本组成单位是“实体——关系——实体”三元组，以及实体及其相关“属性——值”对。不同实体之间通过关系相互联结，构成网状的知识结构。在知识图谱中，每个节点表示现实世界的“实体”，每条边为实体与实体之间的“关系”。通俗地讲，知识图谱就是把所有不同种类的信息连接在一起而得到的一个关系网络，提供了从“关系”的角度去分析问题的能力。

知识图谱可用于反欺诈、不一致性验证、组团欺诈等公共安全保障领域，需要用到异常分析、静态分析、动态分析等数据挖掘方法。知识图谱在搜索引擎、可视化展示和精准营销方面也有很大的优势，已成为业界的热门工具。但是，知识图谱的发展还有很大的挑战，如数据的噪声问题，即数据本身有错误或者数据存在冗余。随着知识图谱应用的不断深入，还有一系列关键技术需要突破。

（四）自然语言处理

自然语言处理是计算机科学领域与人工智能领域中的一个重要方向，研究能实现人与计算机之间用自然语言进行有效通信的各种理论和方法，涉及的领域较多，主要包括机器翻译、机器阅读理解和问答系统等。

（五）人机交互

人机交互主要研究人和计算机之间的信息交换，主要包括人到计算机和计算机到人的两部分信息交换，是人工智能领域的重要的外围技术。人机交互是与认知心理学、人机工程学、多媒体技术、虚拟现实技术等密切相关的综合学科。传统的人与计算机之间的信息交换主要依靠交互设备进行，主要包括键盘、鼠标、操纵杆、数据服装、眼动跟踪器、位置跟踪器、数据手套、压力笔等输入设备，以及打印机、绘图仪、显示器、头盔式显示器、音箱等输出设备。人机交互技术除了传统的基本交互和图形交互外，还包括语音交互、情感交互、体感交互及脑机交互等技术。

（六）计算机视觉

计算机视觉是使用计算机模仿人类视觉系统的科学，让计算机拥有类似人类提取、处理、理解和分析图像以及图像序列的能力。自动驾驶、机器人、智能医疗等领域均需要通过计算机视觉技术从视觉信号中提取并处理信息。近来随着深度学习的发展，预处理、特征提取与算法处理渐渐融合，形成端到端的人工智能算法技术。根据解决的问题，计算机视觉可分为计算成像学、图像理解、三维视觉、动态视觉和视频编解码五大类。

三、人工智能在金融领域的应用

目前，传统金融机构、大型互联网公司和人工智能公司纷纷布局金融领域，智慧银行、智能投顾、智能投研、智能信贷、智能保险和智能监管是当前人工智能在金融领域的主要应用，分别作用于银行运营、投资理财、信贷、保险和监管等业务场景。

（一）智能投顾

智能投顾（Robot Advisor，RA）主要指运用智能算法技术，将投资组合优化理论、资产定价、行为金融学等金融投资理论应用到模型中，根据个人投资者提供的风险偏好、投资收益要求以及投资风格等信息，为用户提供自动化、智能化、个性化的资产配置建议，并随着金融市场动态变化对资产组合及配置提供改进的建议。智能投顾不仅在投资配置和交易执行能力上可以超越人类，还可以帮助投资者克服情绪上的弱点。中国工商银行、中国银行等国有银行也纷纷推出智能投顾服务，花旗银行预计到2025年智能投顾管理的资产总规模将会高达5万亿美元。伴随着人工智能神经网络、决策树技术的不断迭代创新和发展，智能投顾在金融业中将会进一步得到应用和发展。

（二）智能风控

风险防控是金融的核心，人工智能技术在银行、保险、证券等金融业态的风险防控中具有重要价值。智能风控主要依托高维度的大数据和人工智能技术对金融风险进行及时有效的识别、预警和防范，通过构建智能风控系统，能够有效降低风控成本，提高风控效率。人工智能在银行信贷风控场景的贷前、贷中、贷后等环节均可发挥一定作用。一方面，作为银行贷前控制业务风险的重要环节，基于人工智能技术的人脸识别、指纹识别、活体检测等新型身份验证方式，能够丰富身份验证手段，提高账户冒用难度，还能提高验证效率及验证结果的稳定性。另一方面，将知识图谱、深度学习等人工智能技术应用于风控领域，整合结构化、半结构化和非结构化数据，大规模监测各关系数据中存在的不一致性，能够及时发现潜在欺诈疑点，提高风险管控能力。此外，综合利用智能语音和自然语言处理等技术，还能够在贷后管理中实现对电话催收行为的实时监测，有助于及时阻止不文明催收行为的发生，提高经营合规性。

人工智能技术在智能风控方面的应用发展较快，随着互联网金融的快速发展，如蚂蚁金服、京东金融等不少金融机构和互联网金融公司大力发展智能信贷服务。金融机构通过人工智能等现代科技手段对目标用户的网络行为数据、授权数据、交易数据等进行行为建模和画像分析，开展风险评估分析和跟踪，进而推测融资的风险点。根据某些可能影响借款人还贷能力的行为特征的先验概率推算出后验概率，金融机构能够对借款人还贷能力进行实时监控，有助于减少坏账损失。

（三）智能金融客服

对于处在服务业价值链高端的金融业而言，人工智能技术将对金融领域中的服务渠道、服务方式、风险管理、授信融资、投资决策等各个方面带来深刻的变革式影响，成为金融行业发现客户需求的重要决定因素。目前，交通银行、平安保险等金融机构已经开始运用人工智能技术开展自然语言处理、语音识别、声纹识别，为远程客户服务、业务咨询和办理等提供有效的技术支持，这不仅有效响应客户要求，而且大大减轻人工服务的压力，有效降低从事金融服务的各类机构的运营成本。

人工智能对金融市场、金融机构和消费者都产生深刻影响。对金融市场来说，人工智能减少信息不对称程度，提升市场效率与稳定性；改善整个金融市场价格发现机制，降低整体交易成本；有效提升交易速度与效率，增加金融市场流动性。对金融机构来说，人工智能促进更多金融机构使用人工智能实现日常业务流程自动化，有效识别客户需求并提供其定制产品，显著提升业绩；促使金融机构提前检测欺诈、可疑交易、违约和网络攻击等风险，提升风险管理水平。对消费者与投资者来说，人工智能降低消费者和投资者金融服务成本，促进其获得更广泛金融服务；通过智能数据分析把握每位消费者或投资者消费偏好，便于提供更多定制化与个性化金融服务。

模块二

区块链

【内容简介】

本模块主要介绍了区块链的概念和特征；区块链的分类和发展历程；区块链的基础架构和核心技术；区块链在金融领域的应用。

【案例导入】

蚂蚁金服跨境汇款速度降至秒级 区块链技术实现跨机构协同

2018 年 6 月 25 日，蚂蚁金服宣布全球首个基于区块链的电子钱包跨境汇款服务在香港上线，港版支付宝 AlipayHK 的用户可以通过区块链技术向菲律宾钱包 Gcash 汇款。这是继公益捐款、食品溯源、租房管理之后，蚂蚁金服在区块链应用场景的又一项落地应用。

这项跨境汇款服务利用了区块链的分布式账本技术来实现 AlipayHK、渣打银行和 GCash 间的跨机构协同。作为蚂蚁金服此项跨境汇款服务的合作银行，渣打银行将为 AlipayHK 以及 Gcash 提供结算服务，并提供即时外汇汇率和流动性。

因传统的跨境汇款业务涉及更多的参与机构、法律法规及汇率等问题，过程很复杂，到账通常要 10 分钟到几天不等，晚 7 点后汇款最早次日到账，中间出现状况退钱要更久，还有可能出现转丢的情况。过去 Grace 汇款经常要排上一个多小时队。而区块链技术让跨境汇款从过去各家机构之间串行的处理方式变成了并行处理，“确认汇款的时候，所有的参与方都能够得到消息，并行处理所有信息，将处理速度变成了秒级。”

资料来源：https：//baijiahao. baidu. com/s?id = 1604252356683740100&wfr = spider&for = pc。

【基础知识】

一、区块链概述

（一）区块链的起源和概念

2008 年，一位网名为“中本聪”（Satoshi Nakamoto）的网民在比特币论坛（bitcoin. org）

发布了一篇文章《比特币：一种点对点的电子现金系统》（Bitcoin：A Peer－to－Peer Electronic Cash System）。论文中首次提出“区块链”的概念，并将其应用于点对点的数字现金“比特币”的发行和运行，将所有比特币的发行和交易信息全部保存在一个一个按时间顺序链接起来的区块之中。区块链的概念由此诞生。

视频：区块链的概念和特征

《中国区块链技术和应用发展白皮书（2016）》中对区块链进行了定义。广义上，区块链技术是用块链式数据结构来验证和存储数据、利用分布式节点共识算法生成和更新数据、利用密码学的方式来保证数据传输和访问的安全、利用智能合约来编程和操作数据的一种全新的分布式基础架构与计算范式。狭义上，区块链是按照时间顺序经数据区块以顺序相连的方式组合成的一种链式结构，并以密码学方式保证的不可篡改和不可伪造的分布式账本。从技术层面上来看，区块链涉及数学、密码学、互联网和计算机编程等很多科学技术问题。从应用层面上来看，区块链是一个分布式的共享账本和数据库。区块链的创设有效地解决了信任和安全问题，实现了互联网在无中介的条件下无法实现的价值传递，实现了多个节点之间的协作信任与一致行动，促进了信息互联网向价值互联网的转变。

（二）区块链的特点

1. 开放、共识

任何人都可以参与到区块链网络，每一台设备都能作为一个节点，每个节点都可以获得一份完整的数据库拷贝。节点间基于一套共识机制，通过竞争计算共同维护整个区块链。共识机制的存在，使得即使一个节点失效，其余节点仍能正常工作，并不影响整个区块链的正常运行。

2. 去中心、去信任

区块链由众多节点共同组成一个端到端的网络，不存在中心化的设备和管理机构。节点之间数据交换通过数字签名技术进行验证，无须互相信任，只要按照系统既定的规则进行，节点不能也无法欺骗其他节点。去中心化是区块链最突出最本质的特征。

3. 交易透明、双方匿名

区块链的运行规则是公开透明的，所有的数据信息也是公开的，因此每一笔交易都对所有节点可见。由于节点与节点之间是去信任的，因此节点之间无须公开身份，每个参与的节点都是匿名的。

4. 不可篡改、可追溯

单个甚至多个节点对数据库的修改无法影响其他节点的数据库，除非能控制整个网络中超过51%的节点同时修改，而这几乎不可能发生。区块链中的每一笔交易都通过密码学方法与相邻两个区块串联，因此可以追溯到任何一笔交易的前世今生。

（三）区块链的分类

区块链按照参照主体不同，可以分为公有链、联盟链和私有链三大类。

1. 公有链

公有链是在个人主体不信任的环境下，任何活动主体（通常是个人）不需要获得专门授权，也不需要把真实身份做任何映射，就可以直接通过账本完成的透明的自治性区块链。全球接入互联网的任何人都可读取、可参与其中的区块链活动，活动主体在链上的活动行为是完全公开的，既不受任何人控制，也不归任何人所有，属于“完全去中心化”的区块链。

2. 联盟链

联盟链是在协作机构主体不信任的环境下，协作主体通过授权后才能加入、运维或退出区块链网络，通过控制节点数目和采用相应共识算法以实现降低成本、提升效率等主要目标，所以联盟链适用于不同实体间的交易、结算等 B2B 场景。联盟链通常由行业机构、企业和政府组织发起建立和运维，可理解为“企业间的分布式数据库”。未授权的个人节点在联盟链中只有交易权，没有记账权等其他高等运维权限。

3. 私有链

私有链是在组织内部协作机构主体不信任的环境下，所有接入链上的节点都被中心控制节点规定和授权，运维权限也由少数或一个中心控制节点所有。相比公有链，私有链最大的优点是有极快的交易速度、更好的隐私保护、更低的交易成本，不容易被恶意攻击，容易实现身份认证等，所以常见于大型组织机构内部基于区块链技术开发的内部系统或网络，特别是大型金融机构。

由此可见，联盟链和私有链的应用是为交易节点和运维节点制定准入制度、身份认证、有限的隐私保护等标准。本质上，在公有链的基础上削弱参与共识机制的开放性，局限到指定的少数个体就成了联盟链，进一步再削弱读取权限上的开放性就成了私有链，所以如果从节点是否需要许可来看，联盟链和私有链属于许可链，公有链属于自由链。

（四）区块链的发展历程

区块链作为一项颠覆式创新技术，是过去众多领域所累积技术的有效集成，并在不断演化发展。区块链在应用及应用探索层面可以分为以下三个发展阶段。

1. 区块链 1.0——可编程货币阶段

区块链 1.0 是指以比特币、莱特币等为代表的去中心化数字货币，涉及与转账、汇款和数字化支付相关的密码学货币应用。区块链 1.0 是区块链技术的基本版本，能够实现可编程货币。这一阶段区块链主要解决货币、支付领域的去中心化问题。通过这一层次的应用，区块链技术起到了搅动金融市场的作用。

2. 区块链 2.0——可编程金融阶段（智能合约阶段）

区块链 2.0 是经济、市场和金融领域的区块链应用，例如股票、债券、期货、贷款、抵押、产权、智能财产和智能合约。

这一时期，除了构建货币体系之外，区块链在泛金融领域也有众多应用机会。基于区块链可编程的特点，人们尝试将智能合约添加到区块链系统中，形成可编程金融，其中以智能合约为代表。

3. 区块链 3.0——可编程社会阶段

区块链 3.0 是区块链扩展应用的阶段，人们意识到区块链的应用价值不局限于区块链的技术本身，其本身的应用价值也被逐步探索出来，去中心化程度不同的区块链具有不同的应用场景。区块链 3.0 是价值互联网的内核。区块链能够对于每一个互联网中代表价值的信息和字节进行产权确认、计量和存储，从而实现资产在区块链上可被追踪、控制和交易。

区块链3.0构造了一个全球性的分布式记账系统，它不仅仅能够记录金融业的交易，还可以记录任何有价值的能以代码形式进行表达的事物，如对共享汽车的使用权、信号灯的状态、出生和死亡证明、结婚证、教育程度、财务账目、医疗过程、保险理赔、投票等。

因此，区块链3.0也被称为“可编程社会”。随着区块链技术的发展，其应用能够扩展到任何有需求的领域，包括审计、公证、医疗、股票、物流等领域，进而到整个社会，区块链技术有望成为“万物互联”的一种底层的协议。

二、区块链技术

（一）基础架构

计算机网络体系结构采用TCP/IP协议，该协议采用分层结构，分为应用层、传输层、网际层和网络接口层四层。区块链的系统架构在继承了计算机网络TCP/IP协议分层的基本特点的基础上，进一步分为数据层、网络层、共识层、激励层、合约层和应用层共六层，见图2-2。

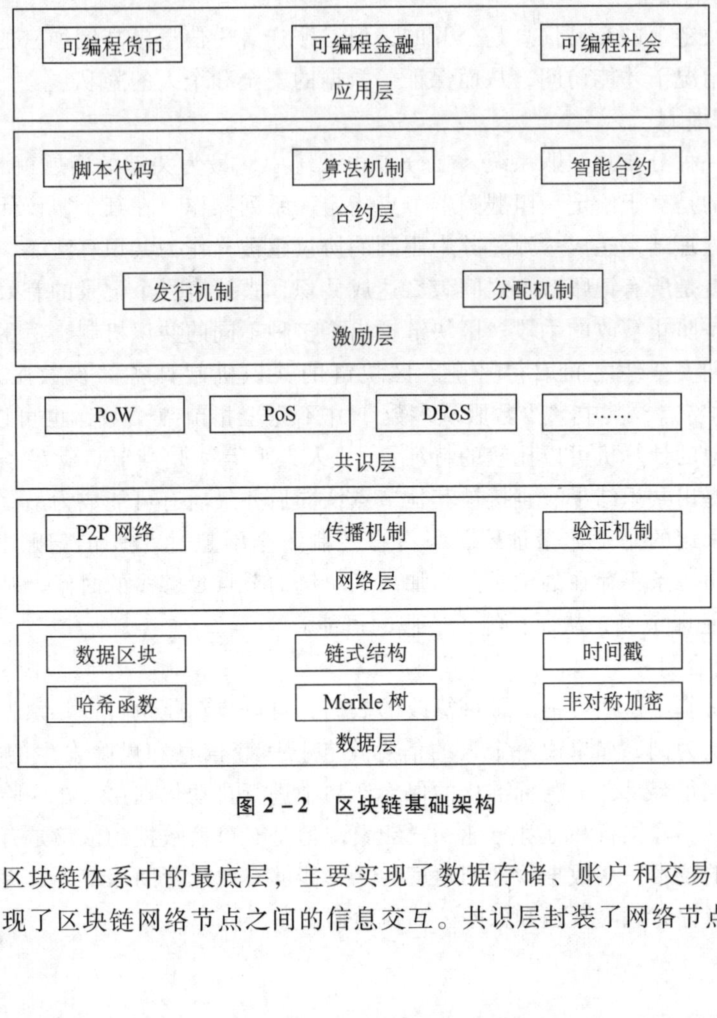

图2-2　区块链基础架构

数据层是区块链体系中的最底层，主要实现了数据存储、账户和交易的实现与安全。网络层主要实现了区块链网络节点之间的信息交互。共识层封装了网络节点的各类共识机制算法。激励层主要应用于公有链，是将经济因素集成到区块链技术体系中，使整个系统朝着良性循环的方向发展。合约层封装了区块链系统的各类脚本代码、算法机制，以及由此生成的更为复杂的智能合约。应用层里封装了各种应用场景和案例。区块链的主要运行流程是从数据层创建数据包开始，网络层将数据包传输到共识层，最后在共识层达成共识。

（二）分布式账本

分布式账本是指交易记账由分布在不同地方的多个节点共同完成，而且每一个节点记录的是完整的账目，因此它们都可以参与监督交易的合法性，同时也可以共同为其作证。与传统的分布式存储有所不同，区块链的分布式存储的独特性主要体现在两个方面：一是区块链每个节点都按照块链式结构存储完整的数据，传统分布式存储一般是将数据按照一定的规则分成多份进行存储。二是区块链每个节点的存储都是独立的、地位等同的，依靠共识机制保证存储的一致性，而传统分布式存储一般是通过中心节点往其他备份节点同步数据。区块链由于没有任何一个节点可以单独记录账本数据，从而避免了单一记账人被控制或者被贿赂而记假账的可能性。由于记账节点足够多，从理论上讲，除非所有的节点被破坏，否则账目就不会丢失，从而保证了账目数据的安全性。

（三）非对称加密

存储在区块链上的交易信息是公开的，但是账户身份信息是高度加密的，只有在数据拥有者授权的情况下才能访问，从而保证了数据的安全和个人的隐私。

（四）共识机制

区块链是一种分布式记账系统。在分布式系统中，最为关键的问题就是一致性问题。一致性问题指的是对于给定一组服务器节点指定一系列操作，在某个协议保障下，使得各服务器节点对处理结果达成一致，其中用到的协议也被称作为共识算法。

共识机制就是所有记账节点之间怎么达成共识，去认定一个记录的有效性，这既是认定的手段，也是防止篡改的手段。区块链提出了多种不同的共识机制，适用于不同的应用场景，在效率和安全性之间取得平衡。区块链的共识机制具备“少数服从多数”以及“人人平等”的特点，其中“少数服从多数”并不完全指节点个数，也可以是计算能力、股权数或者其他的计算机可以比较的特征量。“人人平等”是当节点满足条件时，所有节点都有权优先提出共识结果、直接被其他节点认同后并最后有可能成为最终共识结果。以比特币为例，采用的是工作量证明，只有在控制了全网超过 51% 的记账节点的情况下，才有可能伪造出一条不存在的记录。当加入区块链的节点足够多的时候，基本上不可能控制 51% 以上的记账节点，从而杜绝了造假的可能。

（五）智能合约

智能合约是基于这些可信的不可篡改的数据，可以自动化执行一些预先定义好的规则和条款。以保险为例，如果说每个人的信息（包括医疗信息和风险发生的信息）都是真实可信的，那就很容易在一些标准化的保险产品中进行自动化理赔。在保险公司的日常业务中，虽然交易不像银行和证券行业那样频繁，但是对可信数据的依赖是有增无减的。因此，利用区块链技术，从数据管理的角度切入，能够有效地帮助保险公司提高风险管理能力，主要包括投保人风险管理和保险公司风险监督。

智能合约是一套以数字形式定义的承诺。可以把智能合约理解成一种聪明的合约，它允许在没有第三方监督的情况下，进行可信式交易，这种交易可以追踪，不能逆转。

三、区块链在金融领域的应用

金融领域是区块链技术的重要应用领域。区块链本质上是一个去中心化分布式账本，相当于一种全民参与记账的方式，在当今科技驱动金融发展的时代，区块链成为最新的科技驱动力量。区块链技术为解决经济和金融等领域的信任问题，提供了底层支持技术，其拥有的高可靠性、简化流程、交易可追踪、节约成本、减少错误以及改善数据质量等特性，使其有可能再次重塑全球金融业的基础框架，尤其是信用传递交换机制，并加速金融创新与产品迭代速度，极大提高金融运行效率。区块链在金融领域的主要应用包括以下几个方面。

（一）数字货币

以比特币为代表的数字货币是区块链技术最广泛也是最成功的运用。与传统纸币相比，发行数字货币能有效降低货币发行、流通的成本，提升经济交易活动的便利性和透明度。因此，在互联网时代，货币从实物形态到纸币再到数字货币是一较为确定的趋势。2015年以来，英国、俄罗斯、欧洲央行均着手研究区块链技术，我国央行也在大力推进数字货币，并认为区块链技术是可供选择的技术方案之一。基于区块链的数字货币，将对现行金融体系产生广泛而深远的影响。

（二）证券交易

对于传统证券发行，中间人往往控制着市场，比如国内证券要在海外上市首先要经过中国证监会审核，然后再由国外交易所审核，审核后在一级市场发行，二级市场交易，繁复冗长的流程往往导致其发行成本的增加。而区块链的诞生很有可能使得全球的资产模式从“先审核后发行”变成“先发行后审核”，从而使得证券发行免去诸多中间人环节。区块链技术通过证券的去中心化交易，不仅可以显著削减发行、追踪及交易加密证券的成本，而且能够避免传统证券市场经常发生的操纵行为。基于区块链技术的去中心化交易系统（如BitShares），既具备传统交易所系统功能，同时又不依靠任何中心化机构或服务器来自动运行，系统内所有交易资产或产品可由任何人创建并交易。当然，这也不可避免地带来监管困难的问题。由于运行的计算机及参与交易的人可能遍布世界各地，任何人可发行任何证券资产，使得司法管辖权难以界定；同时，随着资产规模的不断扩大，其管理也将变得越来越难。

（三）票据市场

对于票据市场，区块链的应用将是未来的核心。一方面，以区块链技术为基础实现票据市场的点对点交易，能够打破票据中介的现有功能，实现票据价值传递的去中介化；另一方面，区块链的信息不可篡改性也使得票据一旦完成交易，将不会存在赖账现象，可避免“一票多卖”、打款背书不同步等行为，有效防范票据市场风险。另外，区块链交易记录前后附带相连的时间戳，也提供了透明化可信任的追溯途径，从而有效降低监管的审计成本。当然，除了票据之外，诸如场外股权、债券转让等其他非场内交易性金融资产，利用区块链账本的安全透明、不可篡改及易于跟踪等特性，对其登记、发行或管理进行数字化实现，往往也能促进市场的高效安全运行。与前所述类似，区块链应用于场外证券类资产登记发行还存在法律合规、投资者匿名监管及数字证券与真实世界价值对接等问题。

(四) 支付清算

区块链分布式记账技术可有效拓展现代支付清算机制，使得银行间、交易所等机构的管理成本大大减少且支付清算的效率得到显著提升。当前，商业贸易、证券交易的支付清算一般需要借助于银行，传统的交易方式要经过开户行、对手开户行、境内清算组织、国际清算组织、境外银行等，过程中每一机构都有自己的财务系统，彼此之间需要建立代理关系，互有授信额度。同时，每笔交易需要在本银行记录，还要与交易对手进行清算、对账等，导致速度慢、成本高。与传统支付体系相比，通过区块链技术进行支付是由交易双方直接完成，不涉及中间机构，即使网络中部分节点瘫痪也不影响整个系统运行。基于区块链技术构建一套通用的分布式银行间金融交易协议，为接入银行提供跨境、任意币种实时支付清算服务，将会使得跨境支付更加便捷高效且成本低廉。

(五) 客户识别

全球金融机构都要受到政府严格监管，其中最重要的一条即金融机构在向客户提供服务时必须履行客户识别（KYC）责任。传统方式下，KYC 是非常耗时的流程，缺少自动验证消费者身份的技术，因此无法高效地开展工作。在传统金融体系中，不同机构间的用户身份信息和交易记录无法实现一致、无法进行高效的跟踪，使得监管机构的工作难以落到实处。对此，区块链技术可实现数字化身份信息的安全、可靠管理，在保证客户隐私的前提下提升客户识别的效率并降低成本。

模块三

云计算

【内容简介】

本模块主要介绍了云计算的概念和特点；云计算的服务模式；云计算在金融领域的应用。

【基础知识】

一、云计算概述

(一) 云计算概念

云计算（Cloud Computing）是一种 IT 资源的交付和使用模式，是指通过互联网以按需、易扩展的方式提供硬件、平台、软件及动态易扩展的虚拟化服务等资源。云计算是一种服务，它由一个共享资源池组成，用户能够按照需求使用资源池中的存储、服务器、应用等资源。作为推动信息技术能力实现按需供给的技术手段，云计算与金融领域的深度结合，有助于促进信息技术和金融数据资源的充分利用，是金融科技创新的重要支撑技术之一。

（二）云计算的特点

云计算的可贵之处在于高灵活性、可扩展性和低成本等，与传统的网络应用模式相比，其具有如下优势与特点。

1. 虚拟化技术

必须强调的是，虚拟化突破了时间、空间的界限，是云计算最为显著的特点。虚拟化技术包括应用虚拟和资源虚拟两种。众所周知，物理平台与应用部署的环境在空间上是没有任何联系的，正是通过虚拟平台对相应终端操作完成数据备份、迁移和扩展等。

2. 动态可扩展

云计算具有高效的运算能力，在原有服务器基础上增加云计算功能能够使计算速度迅速提高，最终实现动态扩展虚拟化的层次达到对应用进行扩展的目的。

3. 按需部署

计算机包含了许多应用、程序软件等，不同的应用对应的数据资源库不同，所以用户运行不同的应用需要较强的计算能力对资源进行部署，而云计算平台能够根据用户的需求快速配备计算能力及资源。

4. 灵活性高

目前市场上大多数 IT 资源和软、硬件都支持虚拟化，比如存储网络、操作系统和开发软、硬件等。虚拟化要素统一放在云系统资源虚拟池当中进行管理，可见云计算的兼容性非常强，不仅可以兼容低配置机器、不同厂商的硬件产品，还能够外设获得更高性能计算。

5. 可靠性高

倘若服务器故障也不会影响计算与应用的正常运行。因为单点服务器出现故障可以通过虚拟化技术将分布在不同物理服务器上面的应用进行恢复或利用动态扩展功能部署新的服务器进行计算。

6. 成本低廉

将资源放在虚拟资源池中统一管理在一定程度上优化了物理资源，用户不再需要昂贵、存储空间大的主机，可以选择相对廉价的 PC 组成云，一方面减少费用，另一方面计算性能不逊于大型主机。

7. 可扩展性

用户可以利用应用软件的快速部署条件来更为简单快捷地将自身所需的已有业务以及新业务进行扩展。如，计算机云计算系统中出现设备的故障，对于用户来说，无论是在计算机层面上，抑或是在具体运用上均不会受到阻碍，可以利用计算机云计算具有的动态扩展功能来对其他服务器开展有效扩展。这样一来就能够确保任务得以有序完成。在对虚拟化资源进行动态扩展的情况下，同时能够高效扩展应用，提高计算机云计算的操作水平。

二、云计算的服务模式

云计算的服务模式可分为三种：基础设施即服务（IaaS）、平台即服务（PaaS）和软件即服务（SaaS），见表 2－1。

表 2-1 云计算的服务模式

服务层次		典型案例	典型提供商
IaaS	基础设施即服务	云主机、云存储、云容灾备份、虚拟防火墙、弹性设计平台	阿里云、盛大云、万网云
PaaS	平台即服务	应用程序开发/运行平台、在线数据库、云操作系统	Google App Engin、Windows Azure
SaaS	软件即服务	在线账务管理、文件管理、在线存储管理、办公自动化	钉钉、有道云笔记、百度网盘、问卷星

（一）IaaS

laaS 是指把 IT 基础设施作为一种服务，通过网络对外提供。在这种服务模型中，用户不用自己构建一个数据中心，而是可以通过租用的方式来使用基础设施服务，包括服务器、存储和网络等。

IaaS 按用户需要提供计算能力和存储服务时，可以直接租用，而无须从传统的数据中心购买和安装这些资源。这种租赁模式可以部署在公司的防火墙之后或通过第三方服务提供商实现。

IaaS 是一种最简单的云计算交付模式，它以虚拟化操作系统、工作负载管理软件、硬件、网络和存储服务的形式交付计算资源，也可以实现从操作系统和虚拟化技术到管理资源的交付。虚拟化作为云计算的基础，从物理层面分离资源和服务。通过这种方法，云计算服务提供商可以在单一的物理系统内创建多个虚拟系统，通过服务器的合并，可为组织提高效率并节约成本。

IaaS 模式的典型案例包括云主机、云存储、云容灾备份、虚拟防火墙、弹性设计平台。国内知名 IaaS 服务提供商有阿里云、盛大云和万网云等。

（二）PaaS

PaaS 是把服务器平台作为一种服务提供的商业模式。PaaS 将云端基础设施部署与创建提供给用户，或者借此为用户提供编程语言、程序库与服务。用户不需要管理与控制云端基础设施（包含网络、服务器、操作系统或存储），但需要控制上层的应用程序部署与应用托管的环境。PaaS 提供软件部署平台，抽象掉硬件和操作系统细节，使其可以无缝扩展。开发者只需要关注自己的业务逻辑，不需要关注底层环节，因为 PaaS 是为生成、测试和部署软件应用程序提供一个环境。PaaS 是云中的完整开发和部署环境，其资源使组织能够提供从简单的基于云的应用到复杂的支持云的企业应用程序的所有内容。资源可以按照“即用即付”的方式从云服务提供商处购买，并通过安全的网络连接进行访问。

PaaS 通常用于两种场景：一是开发框架。PaaS 提供框架，使开发人员可以基于该框架进行构建，通过使用内置软件组件开发或自定义基于云的应用程序，包含可扩展性强、可用性强和具有多租户功能等在内的云特征减少了开发人员的代码编写工作量。二是分析或商业智能。借助 PaaS 服务提供的工具，用户可以分析和挖掘其数据，同时可以查找见解和模式并预测结果，以改进预测、产品设计和投资回报等业务决策。

PaaS 模式的典型案例有三种：一是应用程序开发/运行平台，如 Google App Engine；

二是在线数据库服务，如 Amazon Web Services；三是云操作系统，如 Windows Azure。

（三）SaaS

SaaS 即通过网络提供软件服务。SaaS 平台供应商将应用软件统一部署在自己的服务器上，用户可以根据工作的实际需求，通过互联网向厂商定购所需的应用软件服务，按定购的服务数量和时间长短向厂商支付费用，并通过互联网获得 SaaS 平台提供商提供的服务。

SaaS 应用软件有免费、付费和增值三种模式。付费范围一般囊括了通常的应用软件许可证费、软件维护费以及技术支持费等，将这些统一为每个用户的月度租用费。

SaaS 是随着互联网技术的发展和应用软件的成熟，在 21 世纪开始兴起的一种完全创新的软件应用模式。在传统模式下，厂商通过 License 将软件产品部署到企业内部多个用户终端实现交付。而 SaaS 定义了一种新的交付方式，也使得软件进一步回归服务本质。企业部署信息化软件的本质是为了自身的运营管理服务，软件表面上是一种业务流程的信息化，其实还是一种服务模式。SaaS 改变了传统软件服务的提供方式，减少了本地部署所需的大量前期投入，进一步突出了信息化软件的服务属性。

目前，SaaS 的种类与产品十分丰富，如面向个人用户的服务包括账务管理、文件管理、表格制作、日程表管理等；面向企业用户的服务包括办公自动化（OA）、在线存储管理、网上会议、客户关系管理（CRM）、企业资源管理（ERP）行业和领域的应用服务等。国内的 SaaS 产品众多，比如有道云笔记、百度网盘、钉钉、问卷星、在线游戏等。

三、云计算在金融领域的应用——云金融

云金融是指基于云计算商业模式应用的金融产品、信息、服务、用户、各类机构，以及金融云服务平台的总称。云平台有利于提高金融机构迅速发现并解决问题的能力，提升金融机构的整体工作效率，改善流程，降低运营成本。从技术上讲，云金融就是利用云计算机系统模型，将金融机构的数据中心与客户端分散到云里，从而达到提高自身系统的运算能力和数据处理能力、改善客户体验评价、降低运营成本的目的。

金融云可细分为四个领域，因监管要求和业务需求不同，金融云在行业应用时产生了不同的侧重，见图 2－3。

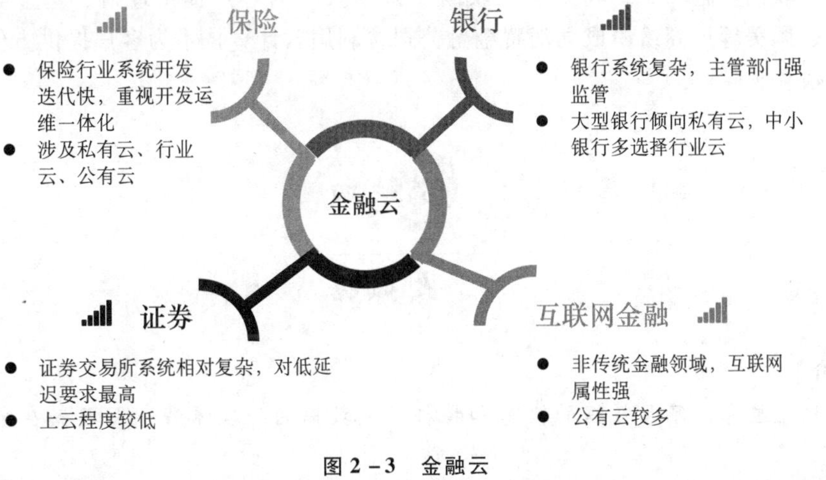

图 2－3　金融云

（一）银行领域

云计算在银行领域，主要应用于IT运营管理和开放型底层平台等方面。银行业对服务可用性和数据持久性要求较高。银行科技公司成为银行运主体，兴业银行、招商银行、中国工商银行、平安银行等纷纷成立科技公司，提供包含IaaS、PaaS、SaaS的全方位的云计算服务。2020年，中国银联携手生态合作伙伴建立的银联云可以为金融机构提供高效专业的金融级云服务，快速提升业务系统的上线速度，释放IT建设负担，帮助金融机构实现资源共享与优势互补，进一步推动金融行业加快数字化转型升级。

（二）证券基金领域

在证券基金领域，云计算主要应用于客户端行情查询和交易量峰值分配等方面。通过业务系统整体上云，在数据库分库、分表的部署模式下，可实现相当于上千套清算系统和实时交易系统的并行运算。但证券业对交易系统的证券对交易系统的响应时延要求苛刻，系统上云不能显著影响交易速度。证券交易系统在数据库、操作系统和小型机等方面对传统部署方式依赖度较大，上云推进缓慢。但也有证券公司探索开启云平台建设，中信证券已经建设完成金融服务云平台和私募基金云服务平台，构建“平台＋服务”新型商业模式；招商证券利用混合云架构实现系统弹性与数据安全，国泰君安证券搭建金融云平台提升灾备管理，赋能业务创新。

（三）保险领域

在保险领域，云计算主要应用于个性化定价和产品上线销售等方面。定制化云软件能够快速分析客户实时数据，提供个性化定价，还能够通过社交媒体为目标客户提供专门的保险服务。云计算公司纷纷布局保险行业，阿里云、腾讯云、百度云、华为云、青云、云栈科技等云计算公司利用容器、微服务等新技术手段构建核心架构的上云方案，实现保险系统快速的开发迭代。

（四）互联网金融领域

银行与ICT服务商争相成立互联网金融公司。阿里成立蚂蚁金服，京东成立京东金融，腾讯扶持的微众银行，为互联网金融企业提供定制化的云计算解决方案；民生银行、江苏银行兴业银行、中国工商银行、浦发银行、北京银行、华夏银行等纷纷成立直销银行，进军互联网金融领域，利用“互联网＋云计算”为客户提供理财、基金等服务；苏宁、海尔、国美等厂商纷纷成立消费金融公司，利用云计算技术为客户提供方便快捷的在线支付手段。

模块四

大数据

【内容简介】

本模块主要介绍了大数据的概念和特征；大数据的处理流程；大数据在金融领域的应用。

【案例导入】

芝麻信用

芝麻信用是蚂蚁金服旗下独立的第三方征信机构，通过大数据、云计算、机器学习等技术客观呈现个人的信用状况，已经在信用卡、消费金融、融资租赁、酒店、租房、出行、婚恋、分类信息、学生服务、公共事业服务等上百个场景为用户、商户提供信用服务。

芝麻信用是依据方方面面的数据而设计的信用体系。

芝麻信用分是芝麻信用对海量信息数据的综合处理和评估，主要包含了用户信用历史、行为偏好、履约能力、身份特质、人脉关系五个维度。芝麻信用基于阿里巴巴的电商交易数据和蚂蚁金服的互联网金融数据，并与公安网等公共机构以及合作伙伴建立数据合作，与传统征信数据不同，芝麻信用数据涵盖了信用卡还款、网购、转账、理财、水电煤缴费、租房信息、住址搬迁历史、社交关系等。

“芝麻信用”通过分析大量的网络交易及行为数据，可对用户进行信用评估，这些信用评估可以帮助互联网金融企业对用户的还款意愿及还款能力作出结论，继而为用户提供快速授信及现金分期服务。

本质上来说，“芝麻信用”是一套征信系统，该系统收集来自政府、金融系统的数据，还会充分分析用户在淘宝、支付宝等平台的行为记录。

资料来源：百度百科，https：//baike. baidu. com/item/% E8% 8A% 9D% E9% BA% BB% E4% BF% A1% E7% 94% A8/15870746？fr = aladdin。

【基础知识】

一、大数据概述

（一）大数据的概念

大数据（Big Data），或称巨量资料，指的是所涉及的资料量规模巨大到无法通过主流软件工具，在合理时间内达到撷取、管理、处理、并整理成为帮助企业经营决策更积极目的的资讯。

截至目前，关于大数据的定义并没有统一的说法。美国著名研究机构 Gartner 对“大数据”的定义是需要新处理模式才能具有更强的决策力、洞察发现力和流程优化能力来适应海量、高增长率和多样化的信息资产。

麦肯锡全球研究所给大数据的定义是：一种规模大到在获取、存储、管理、分析方面大大超出了传统数据库软件工具能力范围的数据集合，具有海量的数据规模、快速的数据流转、多样的数据类型和价值密度低四大特征。

我国国务院在《促进大数据发展行动纲要》中提到“大数据是以容量大、类型多、存取速度快、应用价值高为主要特征的数据集合”。

视频：人类新石油—大数据

（二）大数据的特征

虽然大数据并没有一个权威和统一的定义，但关于大数据的特征，人们已经基本形成了共识，通常用“5V”来描述，即：规模（Volume）、速度（Velocity）、多样性（Variety）、真实性（Veracity）和价值（Value），见图 2－4。

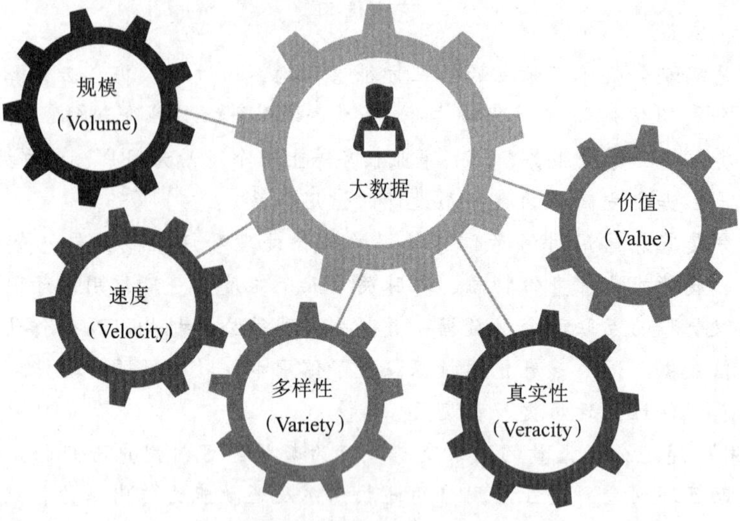

图 2－4　大数据的特征

1．规模（Volume）

规模是指大规模的数据量，并且数据量呈持续增长趋势。目前一般指超过 10TB 规模的数据量，但未来随着技术的进步，符合大数据标准的数据集大小也会变化。大规模的数据对象构成的集合，即称为“数据集”。不同的数据集具有维度不同、稀疏性不同（有时一个数据记录的大部分特征属性都为 0），以及分辨率不同（分辨率过高，数据模式可能会淹没在噪声中；分辨率过低，模式无从显现）的特性。

2．速度（Velocity）

速度即数据生成、流动速动快。数据流动速率指对数据采集、存储以及分析具有价值信息的速度。大数据往往以数据流的形式动态、快速地产生，具有很强的时效性，用户只有把握好对数据流的掌控才能有效利用这些数据。数据自身的状态与价值也往往随时空变化而发生演变，因此也意味着数据的采集和分析等过程必须迅速及时。

3．多样性（Variety）

多样性是指大数据包括多种不同格式和不同类型的数据。数据来源包括人与系统交互时与机器自动生成，来源的多样性导致数据类型的多样性。根据数据是否具有一定的模式、结构和关系，数据可分为三种基本类型：结构化数据、非结构化数据和半结构化数据。

4．真实性（Veracity）

真实性是指数据的质量和保真性。大数据环境下的数据最好具有较高的信噪比。信噪比与数据源和数据类型无关。

5．价值（Value）

价值即低价值密度。随着数据量的增长，数据中有意义的信息却没有成相应比例增长。而价值同时与数据的真实性和数据处理时间相关。

（三）大数据的分类

大数据具有多种形式，从高度结构化的财务数据，到文本文件、多媒体文件和基因序列图、地图数据等，都可以称为大数据。大数据的结构类型可以分为三种：结构化数据、非结构化数据和半结构化数据。

1. 结构化数据

结构化数据是指有结构的数据，也即行数据，在得到数据之前，其结构就是确定的。

2. 非结构化数据

非结构化数据是指没有结构的数据，无法用数据库的二维逻辑结构来表现。包括所有格式的文档、文本、图片、视频、音频、各类报表以及标准通用标记语言下的子集 XML、HTML。它们通常没有数据模型，无法进行结构化处理。

3. 半结构化数据

半结构化数据是指介于结构化数据和非结构化数据之间的数据。半结构化数据也是有结构的数据，与结构化数据不同的是，半结构化数据是先有数据，再有结构。半结构化数据一般是自描述的，数据的结构和内容混合在一起，没有明显的区分，其数据模型是数和图。常见的半结构化数据有 XML、HTML。

二、大数据处理流程

大数据的处理流程是指利用合适的工具对海量数据源进行抽取和集成，然后按照某一标准统一存储，再对存储的数据进行分析，从中提取有益的信息并将结果展现给终端客户。具体来说，大数据的处理流程包括数据采集、数据存储、数据处理、数据挖掘和数据可视化，见图 2－5。

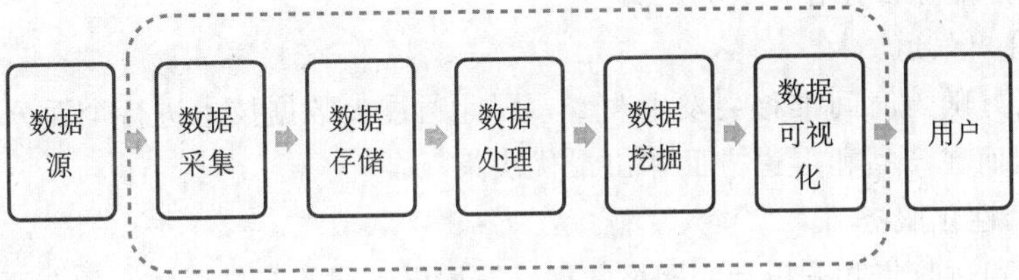

图 2－5 大数据处理流程

（一）数据采集

数据采集是进行大数据处理的第一步，是指利用多个数据库接收来自客户端（包括传感器、网站网页、移动应用程序）的数据。数据采集技术可以分成基于硬件的数据采集技术和基于软件的数据采集技术。基于硬件的数据采集技术包括传感器技术、条码技术和 RFID 技术等；基于软件的数据采集技术包括网络爬虫、ERP 系统等。

（二）数据存储

数据存储是指采用高性能、高吞吐率、大容量的基础设施存放数据。简单的数据采集可以利用多种轻型数据库来接收发自客户端的数据，并且用户可以通过这些数据库来进行简单的查询和处理工作。

（三）数据处理

数据处理是指将海量的来自前端的数据快速导入至一个集中的大型分布式数据库或者分布式存储集群，利用分布式技术来对存储于其内的集中的海量数据进行普通的查询和分类汇总等，以此满足大多数常见的分析需求。数据处理包括数据清理、数据集成、数据归约与数据转换等内容。

（四）数据挖掘

数据挖掘是指依据业务的需求和目的，运用计算机技术从大量的数据中提取出隐藏的有价值的信息和知识的过程。数据挖掘的特点有：①基于海量数据；②非平凡性，即挖掘出来的知识应该是不简单的；③隐藏性，即数据挖掘是要发现深藏在数据内部而非浮现在数据表面的知识；④价值性，即挖掘的知识能给企业带来直接或间接效益。

（五）数据可视化

数据可视化是将数据信息转化为视觉形式的过程，目的是增强数据呈现的效果。用户可以以更加直观的交互方式进行观察、分析数据，了解数据之间的关联。数据可视化和信息可视化含义不同，狭义上的数据可视化指的是将数据用统计图表方式呈现，而信息可视化则是将非数字的信息进行可视化。

三、大数据在金融领域的应用

大数据技术的价值不在于掌握庞大的数据信息，而在于对这些含有意义的数据进行专业化处理。大数据技术能够提供数据集成、数据存储、数据计算、数据管理和数据分析等功能，并具备随着数据规模扩大进行横向扩展的能力。大数据在金融领域的应用十分广泛，覆盖了银行、保险、证券等多个领域。

（一）大数据与银行客户关系处理

1. 拓展客户渠道

客户的喜好随着时间推移会发生改变，因此通过大数据技术进行全面分析可以了解客户的喜好，从而在产品和渠道方面作出最优决策。

2. 提供个性化服务

商业银行通过收集并分析社交网络数据，挖掘出不同的客户群体，如有严重不满情绪的客户、有高影响力的客户等，然后对不同客户群提供更有针对性的服务，避免客户流失。

3. 客户流失预警

通过大数据技术，可以预测客户流失的概率。客户流失预测主要分为两个方面：一是客户流失预警，二是流失客户特征分析。将分析得到的流失客户数据和潜在流失客户数据分配给客户服务部门，整合销售服务资源，根据客户的需求，设计个性化的营销策略，快速反应，以此达到召回流失客户，挽留流失概率高的客户，实现对客户的保留。

4. 精准营销

以现代信息科学技术为工具，以大数据技术，市场定量分析为手段，获得客户通过社交网络、电子商务、终端媒介等方式形成的非结构化数据，对客户进行精确衡量和分析，为客户画像，获得消费者的消费习惯、消费能力、近期需求等信息，做到合适的时间、合适的地点、以合适的价格、通过合适的营销渠道、向合适的顾客提供合适的产品，为消费者建立个性化的客户沟通服务体系，实现企业能够用最低的成本拓展更多潜在的消费者，实现企业利益的最大化。

5. 欺诈检测

用大数据技术，结合实时数据或历史数据进行全局分析，每天评估客户的行为，及时对客户的风险等级进行动态调整，实现对客户授信的精细化管理。一旦出现一些非正常的交易行为，如大额的存款或取款，商业银行可以立刻做出相关统计和分析，并将结果及时反馈给营销部门人员，并由营销部门及时与客户沟通，获取异常交易的原因，防范欺诈行为。

（二）大数据与智能投顾

智能投顾又称为机器人投顾，是指通过互联网技术，通过大数据获得用户个性化的风险偏好及其变化规律，结合算法模型来为用户定制个性化的资产配置方案和财富管理服务，并根据市场情况进行实时的持仓追踪和动态调整。简而言之，智能投顾类似于人工智能与投资顾问的结合体。

智能投顾涉及的大数据主要有客户行为大数据和金融交易大数据。一般而言，传统的金融机构在日常的交易中可以累积更多的金融交易大数据，而现在兴起的互联网公司则积累了更多客户行为大数据。一方面，可以通过分析用户行为数据来做个性化、精准化匹配用户风险偏好的资产配置决策；另一方面，可以通过分析和处理金融交易大数据来构建和调整投资组合。

具体而言就是，首先投资者在理财平台上输入个人财务状况、风险偏好和理财目标等数据，然后平台利用分布式计算、大数据分析、量化建模等技术手段为投资者提供智能化和自动化的资产配置方案，如投资咨询建议、投资分析报告、投资组合选择等。同时，平台还可以实时跟踪市场变化，当资产配置偏离投资目标时及时提醒用户进行再平衡调整。

（三）大数据与保险

在保险行业，大数据技术也发挥了巨大作用。保险中的咨询、营销、投保、核保、支付、理赔、客户关系管理等均离不开数据。保险的核心是大数法则，数据的分析和计算决定了保险产品的定价。在全球保险大数据应用市场中，设计的应用主要有客户需求挖掘、个性化定价、精准营销和欺诈识别等。

1. 客户需求挖掘

通过分析客户在社交网络、电商网站等平台的浏览与交易数据，挖掘客户需求，并寻找潜在客户，并根据不同客户需求设计不同产品。互联网保险公司众安保险基于用户在电商网站上的购买行为，推出了网购退货运费险、网上支付安全险等创新险种。

2. 个性化定价

在大数据法则下，保险产品的定价主要是基于对样本数据的分析。在大数据时代，可利用的数据不仅包括保险公司存储的客户数据，还包括整个互联网上的数据，如来自社交网络上的文字、图片或者视频信息等。这将颠覆传统保险精算的理论和技术，推动保险商业模式的革命性和突破性创新。例如，通过大数据分析，保险公司可以掌握客户车辆的主要用途、基本行车路线、路途的风险程度、驾驶习惯等风险状况，以此评估客户车辆的风险指数，进而制定差别费率，对于风险低的客户降低费率，对于风险高的客户提高费率甚至拒绝承保。

3. 精准营销

精准营销是通过分析客户行为，制定相应的销售与服务策略，把合适的产品或服务，以合适的价格，在合适的时间，通过合适的渠道，提供给合适的客户。大数据技术的应用，可以帮助保险公司完成寻找目标客户、挖掘客户潜在保险需求等任务。大数据营销使保险公司的客户营销策略更为精确直接，避免以往常见的逐户、陌生拜访、陪同拜访现象，也避免了和同业竞争对手的直接碰撞。

4. 欺诈识别

保险欺诈，尤其是健康保险领域的欺诈，具有专业性、隐蔽性的特点。在医疗保险领域，常见的欺诈方式主要有两种：一是非法骗取保险金；二是在医保额度内重复就医，浮报理赔金额。在以往的欺诈识别过程中，保险公司主要依靠一些固定的标准和相关人员的经验，来判断是否存在保险欺诈。从本质上看，欺诈的原因是双方信息不对称，在大数据技术的加持下，保险公司能够获取更多客户信息，并对信息进行挖掘和分析，建立预测模型，从而弱化部分不对称的信息，建立高效的反欺诈鉴别机制。

（四）大数据与互联网金融

1. 智能信贷

互联网企业借助大数据进行信用评估和测算以及风险控制，能够在短时间内甚至实时掌握借款人的信用情况，计算出借款人的信用额度，从而实现即时放款。比如，阿里小贷从风险审核到最终的放款已经实现了全程线上模式，所有的贷前、贷中以及贷后的环节都能实时有效地连接，并可以向那些难以通过传统模式获得贷款的群体发放贷款，让金融更加普惠。

2. 第三方支付

第三方支付企业（如支付宝），经过不断发展，已经积累了大量的用户数据和支付信息，形成了第三方机构的大数据资源。这些数据资源体量大、覆盖广，能够为第三方支付企业、银行以及各种商户提供数据支持。

3. 互联网货币基金

货币基金具有高安全性、高流动性、稳定收益性的特点。其实在余额宝等新型互联网货币基金出现之前，货币基金在互联网的销售已经存在一段时间，但并没有引起广泛的关注。而依托支付宝积累的大量用户流量，余额宝得以积累用户的闲置资金，在为企业盈利的同时，也为用户提供的投资理财的便利。

（五）大数据征信

随着我国社会信用体系建设的步伐不断加快以及计算机和网络技术的不断提高，征信业的发展也需要适应大数据时代发展所带来的技术变革。征信机构在积累征信数据的同时，也需要提升自身的数据存储能力，丰富所积累数据的维度，提升数据分析挖掘、处理速度等各方面能力，从而促进征信业向一个崭新的数字化时代迈进——大数据征信时代。

视频：大数据征信

大数据征信是利用网络上的海量客户数据，可从财富、安全、守约、消费、社交等多个维度来评测客户的还款意愿和还款能力，为用户建立信用报告，形成的以大数据为基础的海量数据库。

大数据征信有以下特征：①大数据征信不仅数据规模庞大，而且更多地依托技术来整合有效信用数据并导入基础数据库，纳入相关企业或个人的信用档案中。②大数据征信可以实现企业信用的动态评估。大数据技术可以实时分析捕捉来的数据，并由基础数据库录入数据评估系统。例如，一家本来信用良好的企业，一旦被新闻媒体曝光了负面信息，大数据征信就可以立刻捕捉到这些信息，并通过系统内置的数据计算模型，重新评估企业的信用状况，从而让公众能够及时了解到企业最新的信用信息。③大数据征信主要运用数学模型来进行信用评级。大数据时代，使用人工来处理海量的企业或个人的信用数据是不现实的，因此，大数据征信下的信用评级主要利用数学计算模型来对企业、个人进行信用评估。

模块五

边缘计算、5G、物联网

【内容简介】

本模块主要介绍了边缘计算的概念和优势；5G 的概念和特征；物联网的概念和基础架构；边缘计算、5G 和物联网在金融领域的应用。

【基础知识】

一、边缘计算

边缘计算（Edge Computing）也称为边缘处理，是一种将服务器放置在设备附近的网络技术，是指靠近物或数据源头的一侧，采用网络、计算、存储、应用核心能力于一体的开放平台，就近提供最近端服务。网络边缘侧可以是从数据源到云计算中心之间的任意功能实体，这些实体搭载着融合网络、计算、存储、应用核心能力的边缘计算平台，为终端用户提供实时、动态和智能的服务计算。

边缘计算是一种优化云计算系统的方法，在网络边缘执行数据处理，靠近数据的来源。其应用程序在边缘侧发起，产生更快的网络服务响应，满足行业在实时业务、应用智能、安全与隐私保护等方面的基本需求。边缘计算处于物理实体和工业连接之间，或处于物理实体的顶端。而云计算，仍然可以访问边缘计算的历史数据。在理想环境中，边缘计算指的就是在数据产生源附近分析、处理数据，没有数据的流转，进而减少网络流量和响应时间。

云计算是把握整体，那么边缘计算就更专注于局部。与在云端中进行处理和算法决策不同，边缘计算是将智能和计算推向更接近实际的行动，而云计算需要在云端进行计算，主要的差异体现在多源异构数据处理、带宽负载和资源浪费、资源限制和安全和隐私保护等方面。

边缘计算与云计算相比，具有明显优势，见图 2－6。

边缘计算是5G时代的关键技术，是推动4G移动互联网向5G物联网转变，实现万物互联、万物互通的具体网络技术形式。

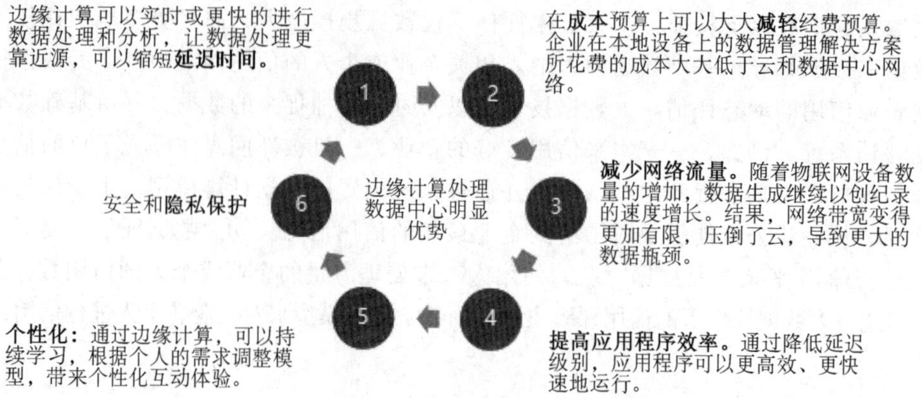

图 2-6 边缘计算优势

二、5G

（一）5G 的概念

5G 是第五代移动通信技术（5th Generation Mobile Networks）的简称，是 3G、4G 之后的延伸。每一代移动通信系统都可以通过标志性能力指标和关键核心技术来定义（见图 2-7），其中：1G 采用频分多址（FDMA），只能提供模拟语音业务；2G 主要采用时分多址（TDMA），可提供数字语音和低速数据业务；3G 以码分多址（CDMA）为技术特征，用户峰值速率达到 2Mbps 至数十 Mbps，可以支持多媒体数据业务；4G 以正交频分多址（OFDMA）技术为核心，用户峰值速率可达 100Mbps 至 1Gbps，能够支持各种移动宽带数据业务。5G 关键能力比以前几代移动通信更加丰富，用户体验速率连接数密度、端到端时延、峰值速率和移动性等都将成为 5G 的关键性能指标。与以往只强调峰值速率的情况不同，5G 最重要的性能指标是用户体验速率，它真正体现了用户可获得的真实数据速率，也是与用户感受最密切的性能指标。基于 5G 主要场景的技术需求，5G 用户体验速率应达到 Gbps 量级。

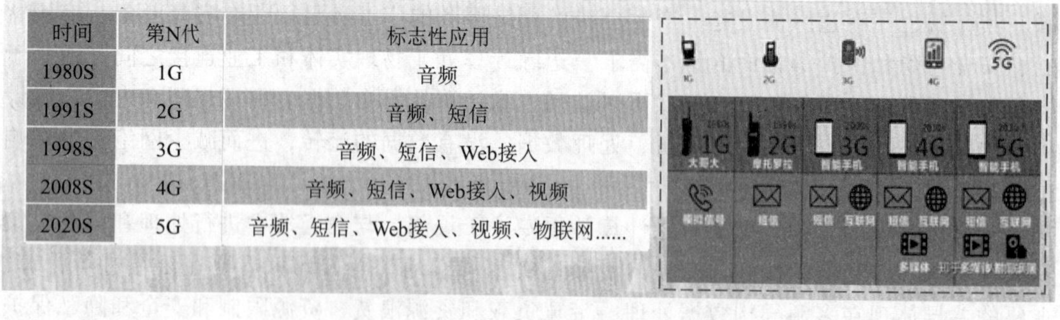

时间	第N代	标志性应用
1980S	1G	音频
1991S	2G	音频、短信
1998S	3G	音频、短信、Web接入
2008S	4G	音频、短信、Web接入、视频
2020S	5G	音频、短信、Web接入、视频、物联网......

图 2-7 移动通信技术标志性应用

综合 5G 关键能力与核心技术，5G 概念可由“标志性能力指标”和“一组关键技术”来共同定义。其中，标志性能力指标为“Gbps 用户体验速率”（见图 2-8），一组关键技术包括大规模天线阵列、超密集组网、新型多址、全频谱接入和新型网络架构。

图 2-8 Gbps 用户体验速率

（二）5G 的特征

与 4G 相比，5G 具有三大显著特征：一是超高速率，5G 的峰值传输速率高达20 Gbit/s，是 4G 的 20 倍；二是超低时延，5G 的端到端时延达到毫秒级，最低为 1 毫秒，能够在 500 千米/时的速度下保证用户体验；三是超高密度，5G 网络在每平方千米范围内能够承载 100 万台物联网设备。

（三）5G 的应用场景（见图 2-9）

国际电信联盟（ITU）定义了 5G 的三大类应用场景，即增强移动宽带（eMBB）、超高可靠低时延通信（uRLLC）和海量机器类通信（mMTC）。

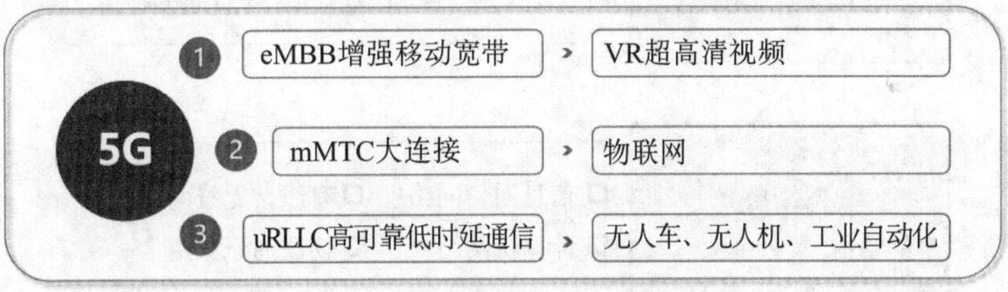

图 2-9 5G 的应用场景

1. 增强移动宽带（eMBB）

5G 主要面向移动互联网流量爆炸式增长，为移动互联网用户提供更加极致的应用体验。eMBB 是传统的移动互联网场景，5G 的连续广域覆盖可以提供无缝的连续网络覆盖，为用户提供移动性和业务连续性保证；热点高容量为用户提供高速数据传输速率，满足用户高流量需求。典型的 eMBB 应用如超高清视频（4K、8K）和 3D 视频、虚拟现实（VR）和增强现实（AR）、云游戏等。

2. 超高可靠低时延通信（uRLLC）

5G 主要面向工业控制、远程医疗、自动驾驶等对时延和可靠性具有极高要求的垂直行业应用需求。在此场景下，连接时延可达到 1ms 级别的极低延迟，还能支持高速移动（500 千米/时）情况下的超高网络可靠性（99.999%）连接。

3. 海量机器类通信（mMTC）

5G 主要面向智慧城市、智能家居、环境监测等以传感和数据采集为目标的应用需求。

作为5G新拓展出的场景，重点解决传统移动通信无法很好支持海量物联网连接的问题。mMTC支持每平方公里高达一百万台设备的连接密度，比4G LTE高出十倍以上。凭借这种能力，5G可以提供支持庞大的蜂窝连接传感器所需的基础网络设施，可以实现从消费到生产的全环节、从人到物的全场景覆盖，即“万物互联”。

三、物联网

（一）物联网的概念

物联网（Internet of Things，IOT），是指通过各种信息传感器、射频识别技术、全球定位系统、红外感应器、激光扫描器等各种装置与技术，实时采集任何需要监控、连接、互动的物体或过程，采集其声、光、热、电、力学、化学、生物、位置等各种需要的信息，通过各类可能的网络接入，实现物与物、物与人的泛在连接，实现对物品和过程的智能化感知、识别和管理。简而言之，物联网就是一个基于互联网、移动网络的信息承载体，它让所有能够被独立寻址的普通物理对象形成互联互通的网络。

（二）物联网的体系架构

物联网作为一个系统网络，也有其特定的体系架构。目前，业界普遍接受的体系架构分为三层：感知层、网络层和应用层（见图2－10）。

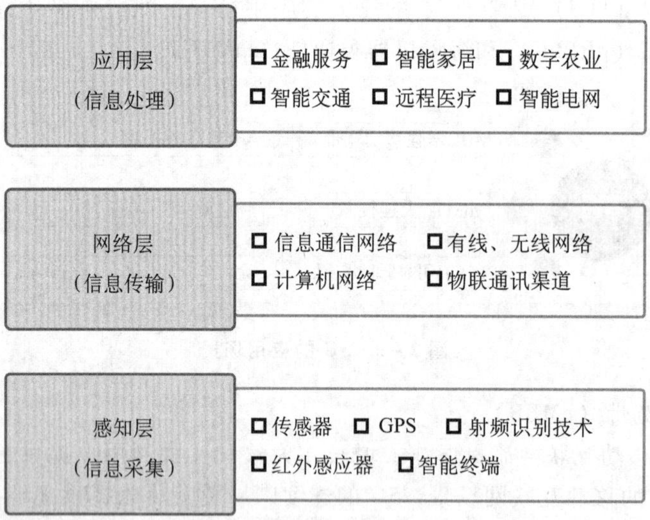

图2－10 物联网的体系架构

1. 感知层

感知层位于物联网结构模型的最底层，是物联网的核心技术，是实现物联网全面感知的基础，解决的是人类世界和物理世界的数据（包括各类物理量、标识、音频和视频等）获取问题。感知识别层的主要工作是识别物体、收集数据和控制设备，通过各种类型的传感器对实际或虚拟物体的物质属性、环境状态、物理相关信息进行大规模分布式的信息采集、状态辨别，根据具体感知任务，建立数据库实时计算和评估数据的效度和信度，并与网络中的其他单元实现资源共享，进行交互和信息传输，有的还可以通过执行器对感知结果做出反馈，以实现对整个信息有效感知过程的智能化控制。

感知层的基础技术设备经过多年的稳定发展，应用相对成熟，主要包括网络通信、信息处理、传感器、安全、服务技术、标识、定位、同步等传统技术，还涉及协同处理等新技术应用，技术范畴较广，覆盖行业范围较宽。其主要技术包括自动识别技术、条形码技术、射频识别技术、机器视觉识别技术、生物识别技术、传感器智能设备及智能终端等。

2. 网络层

网络层是连接感知识别层和上层的纽带，它的存在就如同人体的神经系统，能够确保无障碍、可靠、安全地将感知识别层获取的信息进行处理和有效传送，还具有信息存储查询和网络管理等附加功能，以供上层服务使用。这一层融合了目前已完成和正在建立的各种信息通信网络、有线无线网络、物联渠道网络等承载网络，以及其演进技术（如4G、5G通信技术和终端技术等）。

3. 应用层

应用层是物联网的最上层，包括了各种应用子集成，通过各类人机交互接口向终端用户提供服务，实现对物理世界的实时控制、精确管理和科学决策，完成从传统的互联网时代人围绕计算机作业到物联网时代微型计算机围绕人工作的模式转变。随着技术的发展，物联网在交通、医疗、能源、建筑等多个领域的应用都取得了一系列的进展，未来的物联网将使现有各种产业应用集成为新型的跨领域产业。同时，物联网在金融领域的应用前景也不可小觑，物联网在金融领域的实际应用场景是多种多样的，为金融行业实现高度自动化提供了应用方案。

（三）物联网在金融领域的应用——物联网金融

物联网金融是金融机构利用物联网技术和信息通信技术，实现支付、资金融通、投资、资产管理及信息中介等服务，利用数据管控风险、消除信息不对称性的新型金融业态。物联网金融实现了商业网络、服务网络在金融层面的融合，使金融服务得到自动化和智能化，创造出多种商业模式。

物联网和金融的深度融合使得金融能够依托物联网技术提升服务体验、降低运营成本、实现资金流、信息流、实体流的三流合一，从而变革金融的信用体系，控制金融风险。

金融租赁产业可以依靠传感器等设备，知道车辆的运行管理、保养、维护等等方方面面，使得风险可控，租赁的标的更多，银行可以给予更多的授权，政府可以依靠银行授信资金依次把公交车全部换成电动车，财税开支大幅下降，环境得到明显改善，这就是物联网金融的作用。

【项目练习】

一、单项选择题

1. 1956年夏天，人们首次决定将像人类那样思考的机器称为（　　）。

A. 大数据　　B. 区块链　　C. 人工智能　　D. 深度学习

2. 深度学习以（　　）为基础，由计算机来自动生成特征量。

A. 技术　　B. 数据　　C. 特征量　　D. 分析

3. （　　）是区块链体系中的最底层。

A. 数据层　　B. 网络层　　C. 共识层　　D. 应用层

4. 区块链由（　　）组成。

A. 一条条链　　B. 区块　　C. 网络　　D. 时间戳

5. （　　）是区块链最早的一个应用，也是最为成功的一个大规模应用。

A. 以太坊　　B. 联盟链　　C. 比特币　　D. RSCoin

6. 从4G到5G，极大地促进了（　　）的发展。

A. 音频　　B. Web 接入　　C. 视频　　D. 物联网

7. 无人车主要利用了5G（　　）的优越性。

A. 超高速率　　B. 超低迟延

C. 大规模设备连接　　D. 超低成本

二、多项选择题

1. 机器学习分为（　　）。

A. 有监督学习　　B. 无监督学习　　C. 全监督学习　　D. 自主学习

2. 区块链分为（　　）。

A. 公有链　　B. 私有链　　C. 联盟链　　D. 混合链

3. 区块链核心层的构成包括（　　）。

A. 数据层、网络层　　B. 共识层、激励层

C. 合约层、应用层　　D. 传输层、网际层

4. 5G的三大应用场景为（　　）。

A. eMBB　　B. mMTC　　C. uRLLC　　D. 3GPP

5. 云计算的服务层次包括（　　）。

A. IaaS　　B. BaaS　　C. SaaS　　D. PaaS

三、判断题

1. 大数据的战略意义在于掌握海量的数据资源。（　　）

2. 人工智能是对人的意识、思维的信息过程模拟。（　　）

3. 边缘计算可以替代云计算。（　　）

4. SaaS是指把IT基础设施作为一种服务，通过网络对外提供。在这种服务模型中，用户不用自己构建一个数据中心，而是可以通过租用的方式来使用基础设施服务，包括服务器、存储和网络等。（　　）

5. 私有链是在组织内部协作机构主体不信任的环境下，所有接入链上的节点都被中心控制节点规定和授权，运维权限也由少数或一个中心控制节点所有。（　　）

四、简答题

1. 简述大数据的处理流程。
2. 简述区块链的特征。
3. 简述云计算在金融领域的应用。

项目三 金融科技在支付领域的应用

项目三 PPT

【知识目标】了解电子银行支付的概念，熟悉银行卡支付的特点，掌握无卡化发展趋势；了解第三方支付的范围，熟悉支付账户分类，掌握生物识别支付的发展趋势；了解数字货币的概念，熟悉中国法定数字货币的特点，掌握发行 DCEP 的意义。

【能力目标】能够阐述银行卡支付流程，并对其分润方式进行简单分析；能够对第三方支付现阶段及未来发展特点进行解读与分析；能够对中国法定数字货币发行机制、特色与意义进行解读。

【素养目标】通过支付手段不断迭代地学习，培养学生互联网创新思维和服务实体经济的意识；通过支付科技前沿技术的学习，培养学生独立自主和科技强国立国的思想。通过中国央行数字货币率先试点的学习，激发学生民族自豪感和使命感。

模块一 支付概述

【内容简介】

本模块主要介绍了支付的概念和发展历程；现代电子化支付的原理和本质；网络支付的定义和特点。

【案例导入】

刷脸支付：蜻蜓与青蛙

说到刷脸支付，大家最容易想到的肯定是零售场景。在零售场景，支付宝起初的愿望是让消费者不用带手机、钱包，就可以吃饭、购物、完成转账。

2019 年 4 月，支付宝发布第二代基于线下消费场景的刷脸支付机具“蜻蜓”。和首代“蜻蜓”相比，二代“蜻蜓”在价格和外观方面取得了显著提升。随着二代“蜻蜓”的发布，支付宝的线下场景布局也浮出水面。除了最直接相关的零售行业，支付宝的线下支付也在餐饮、娱乐、生活服务、医疗健康、交通出行和酒店入住等多个领域有所应用。

从消费者的角度来说这自然更便捷。虽然二维码已经极大地简便了人们的支付流程，但顾客仍需要操作手机，这在购物场景中有时仍然不方便，比如手里有太多物品的时候。

北京的连锁面包店味多美是“蜻蜓”的首批合作商家之一。据负责人介绍，“蜻蜓”系统全面使用后，顾客不仅不用掏出手机，等待时间还降低了约50%。这样一来，“蜻蜓”不仅方便了客户，还提高了收银台的运转效率。

有趣的是，在二代“蜻蜓”发布前一个月，微信支付也发布了其刷脸支付设备“青蛙”。二者功能非常相近，均瞄准线下商铺的支付场景。在二代“蜻蜓”的发布会上，支付宝宣布补贴30亿元用来扶持生态，且宣布施行“倒找一块钱”的定价策略，而“青蛙”则打起了免费申请的口号。在线下刷脸支付领域，战事才刚刚打响，而这将必然引爆继POS机、NFC、二维码之后的第四次无现金支付变革。

如今，“蜻蜓”已经不再局限于承担一个刷脸支付工具的功能，而是更多地作为智能营销工具在使用。通过识别“你是你”，商家能够更精准地为顾客推荐商品、发放优惠券，也能更便捷地为顾客注册会员。

以会员卡新注册为例，“蜻蜓”优势明显。传统的开卡过程中，消费者要填表格或口头告诉商家手机号、姓名、生日等，非常耗时。也正因为这个烦琐的过程，使商家流失了很多潜在会员。而“蜻蜓”的出现很大程度地简化了这一流程。在收银环节有限的几十秒和顾客接触的时间中，有时店员只需要询问一句，被识别的顾客就会自动携带其信息成为商家会员，整个过程耗时几十秒且非常流畅自然。支付宝官方数据显示，使用“蜻蜓”后，商家的会员开卡率可提升5倍以上。

另外，刷脸还在健康医疗系统中得到应用。由于刷脸支付具有足够强的比对能力，因此在打击医保卡盗刷以及号贩子方面将发挥强大作用。

资料来源：https：//baijiahao. baidu. com/s?id = 1679043212962009452&wfr = spider&for = pc

【基础知识】

一、支付的概念和发展历程

（一）支付的概念

支付是发生在购买者和销售者之间的金融交换，是社会经济活动所引起的货币债权转移的过程。支付包括交易、清算和结算。支付的本质是买方和卖方之间的金融交换，是社会经济活动所引起的以货币形式进行的债权债务转移过程。随着人类文明的不断演进，支付方式也在悄无声息地发生着变化，从现金、支票到银行卡，再到移动支付、智能支付，支付方式在科技的加持下，不断演变和进化，交易成本进一步降低，交易效率进一步提升。

（二）货币与支付

货币与支付密不可分。货币作为“一般等价物”，在古往今来的交易中扮演非常重要的角色，如果我们将买和卖进行分离，则可以降低交换对于时间的要求，可以在某个合适的时间卖，也可以在另一个合适的时间买，而帮助我们达到这样效果的中介正是货币。人们可以先在某个时间和地点卖出商品获取货币，还可以在另外的时间地点，用货币买入自己需要的商品，购买和售卖的商品无须同时在场，能防范交易的信用风险，从而使得商品交易中的束缚更少。所以货币对于直接买卖交易的时空分离作用，极大地提高了全社会的整体劳动生产效率和商业活动效率。人们面对交换的度量困局，创造出了不同的实物货币，也提出了货币这个虚拟的概念，所有的交换物品都可以先交换为货币，也就是说货币成为了交换物品的价值衡量，从而形成了价格。

货币作为支付工具的出现具有里程碑式的意义，也奠定了现代经济社会的支付基础。货币和支付的关系是相互依存和相互促进发展的，一方面货币产生的直接目的是方便支付，另一方面支付又是建立在货币基础之上的商业行为。每一次货币形态的更新都会促进支付效率的提高，每次支付方式的革新，也都会对货币的内涵和外延进行新的定义。人类已经经历了物物交换、实物货币、纸币、电子货币，现在和未来还有数字货币。货币形态的演化越来越便捷，支付效率的提升，使社会化活动的周转效率大大提高。

（三）支付方式的演变

1. 原始社会的支付方式

在原始社会，支付是以最原始的交换方式进行的，即使有交换，也是一种直接的以物易物，交换过程和支付过程同时发生。这时不存在支付工具。

2. 自然经济社会的支付方式

自然经济社会对应的是以实体货币为媒介的支付方式。这时的交换是以某种物质（主要是贵金属）作为一般等价物进行交换货币由此产生。交换和支付同时发生，货币作为支付工具初级的支付系统已形成。

3. 工业化经济社会的支付系统

工业化经济社会对应的是以银行信用为主的支付系统。在工业化经济社会，信息传播媒体多样化，各种形式的信息收集、加工和传播的壁垒被打破，信息具有了社会化的性质。作为信用中介的银行则在社会交换和支付中起到了关键的作用。最为典型的支付工具——支票应运而生。

买方通过将资金存入银行，在商品购买过程中，用银行的信用工具——支票进行支付，而卖方则通过支票得到所售商品的资金。商品的交换过程与支付过程发生分离，产生各种具有银行信用性质的支付工具，如支票、汇票、本票等，比较完善的支付系统已经建立。

4. 信息经济社会的支付方式

信息经济社会对应的是电子化、网络化的现代支付方式。现在，由于信息化技术的不断发展信息采集、加工、储存和传递越来越依靠计算机和网络通信手段。互联网的普及使世界变为了地球村，经济全球一体化已成为了现实，整个社会的商品交换极度扩大。

与之相适应，支付方式也发生了根本性的变革，出现了各种现代化的网络支付系统。基于网络的支付系统不仅使支付自动化、快速化和安全化，而且适用范围广泛。随之衍生的支付工具种类繁多，如银行卡、电子现金、电子支票等。针对电子商务不同应用的各种网络支付体系建设日趋完善。银行卡支付代替传统的现金、支票支付，20 世纪 80 年代以来，基于磁条、集成电路的银行卡在全球快速普及，逐渐取代现金、支票成为重要支付工具。

5. 移动支付成为重要的支付手段

随着互联网技术的发展，支付要素演化为一串数字化信息，“潜身”于手机、手环等具备信息处理功能的智能终端中，移动支付成为用户享受支付服务的新途径。2005 年被称作第三方支付的元年。在达沃斯世界经济论坛上，阿里巴巴创始人马云首次提出第三方支付平台的概念。2011 年 5 月 26 日是第三方支付历史上的里程碑。央行正式发放首批第三方支付牌照，首批 27 家第三方支付企业饮到了“头啖汤”。随后，13 张支付牌照也相继发放到第三方支付公司手中。第三方支付平台带来的高收益吸引了众多企业的加入。2011—2015 年，是央行发放第三方支付牌照的高峰期，像智付支付、支付宝、拉卡拉、快钱等具有代表性的支付平台获得了支付牌照。

视频：移动支付创新

6. 金融科技的运用使支付提质增效

新一代人工智能技术逐渐成熟，生物特征开始用于标识用户身份，成为关联支付账户的新媒介，生物特征支付已经开始在支付领域得到广泛应用并可能成为未来支付发展的重要方向。2015 年德国汉诺威 CEBIT 展会开幕式上，阿里巴巴集团前执行主席马云发布并现场演示了一种新的支付认证技术，即人脸识别支付技术。2018 年，支付宝、银联纷纷公开宣布推行刷脸支付产品，微信支付也在探索刷脸支付价值。此外，美团、中国建设银行、中国工商银行也对刷脸支付进行了尝试。

（四）现代电子化支付的原理和本质

1. 信用卡支付及二维码支付

在支付中我们都使用过信用卡，在 POS 机上刷卡是目前最常见的信用卡使用方式。刷卡时，收银员一般根据发卡行选择相应的 POS 机，将磁条式信用卡的磁条在 POS 机上划过，或者将芯片式信用卡插入卡槽，连通银行等支付网关，输入相应的金额，然后交由持卡人输入密码，远程支付网关接受信息，验证密码成功之后，POS 机上的刷卡程序就成功完成了。这个支付过程有两个要求：一是刷卡的动作，即将你的信用卡对应的银行账户信息传递给银行。二是输入密码，就是验证你是否有动用这个银行账户进行支付的权限。总结起来，其本质就是两个步骤：一是传递支付账号，二是鉴定权限。

二维码支付是一种基于账户体系搭起来的新一代无线支付方案。在该支付方案下，商家可把账号、商品价格等交易信息汇编成一个二维码，并印刷在各种报纸、杂志、广告、图书等载体上发布。其实二维码就是一段文字，只不过对文字进行了编码，人类无法看懂。而电脑程序，例如智能手机中的 App，则可以扫描二维图案，读懂其中内容，而且这段文字中还可以包含网页的地址，所以扫描二维码还可以直接跳转到指定的网页。那么扫描二维码支付，其实就是读取二维码中包含的银行账户，然后输入支付密码完成支付。所以本质上来看，和 POS 机上刷卡支付也没有什么不一样。同样是第一传递账户，第二输入密码。只不过传递支付账号的方式不是刷卡得到，而是扫码得到。数据显示，二维码支付仍是移动支付用户最常使用的支付方式。2022 年，线下场景中，移动支付用户较常使用的支付产品是微信支付、支付宝和云闪付，占比分别为 87.9%、85.3%和 80.3%。

用户通过手机客户端扫描二维码或商家使用电子支付工具扫描用户的付款码，便可实现与商家账户的支付结算。最后，商家根据支付交易信息中的用户收货、联系资料，就可以进行商品配送，完成交易。同时，由于许多二维码扫码工具并不具有恶意网址识别与拦截的能力，给手机病毒极大的传播空间，可以针对在线恶意网址、支付环境的扫描与检测来避免二维码扫描渠道染毒。二维码支付手段在国内兴起并不是偶然，形成背景主要与我国IT技术的快速发展以及电子商务的快速推进有关。IT技术的日渐成熟，推动了智能手机、平板电脑等移动终端的诞生，这使得人们的移动生活变得更加丰富多彩。与此同时，国内电商也紧紧与"移动"相关，尤其是O2O的发展。有了大批的移动设备，也有了大量的移动消费，支付成本就变得尤为关键。因此，二维码支付解决方案便应运而生。二维码支付主要有以下特点：一是技术成熟；二是使用简单；三是支付便捷；四是成本较低。

2016年8月3日，支付清算协会向支付机构下发《条码支付业务规范》（征求意见稿），意见稿中明确指出支付机构开展条码业务需要遵循的安全标准。这是央行在2014年叫停二维码支付以后首次官方承认二维码支付地位。2018年4月1日起，所有的静态扫码支付单日限额将设置为500元。

2. 指纹支付和刷脸支付

指纹支付，也是分两步，在第一步传递完支付账号之后，通过指纹来进行鉴定权限，也就是说用输入指纹来代替输入密码的过程。形式上虽然不同，但是其原理和本质是一致的而且指纹属于生物特征，比起键盘输入的密码，具有不易丢失、无须记忆、方便快速的优点。所以其本质是一样的：第一传递账户信息，第二输入密码。而刷脸支付的密码，输入的则是你的脸部图像照片之前的刷卡支付，我们是输入一维文本形式的密码；而二维码则是输入二维图形方式的密码；随着图像处理技术的发展，还可以让我们输入图像或者说照片形式的密码，比如指纹和刷脸支付就是一个输入图像密码的过程，由于指纹和脸部特征的唯一性，更进一步的应用方式是，可以将账户和密码合二为一。图像识别脸部的时候，连账户号码和密码输入可以一并完成，在刷脸支付时，只需要面对摄像头，系统会分析面部特征，连接个人支付账户，整个消费过程不需要钱包、银行卡，也不需要输入密码。因为你的脸就代表了你的支付账户和密码。

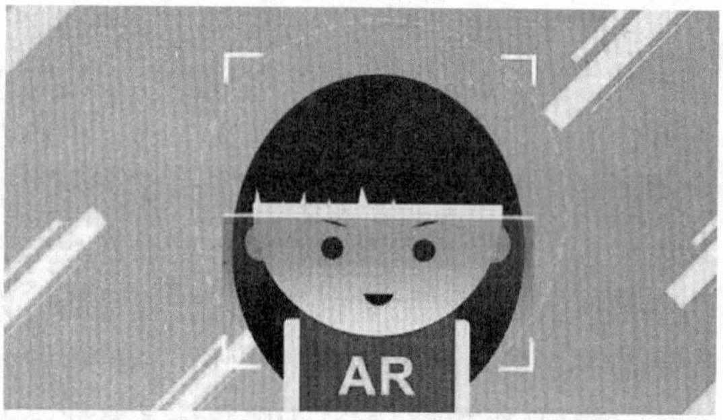

3. 现代电子化支付原理

再来分别看看SQUARE支付、光子支付、声波支付和摇摇支付的原理。SQUARE支付也叫盒子支付，就是利用插入手机音频口的一个附加设备，读取传统银行卡的磁条，从而获取支付账号然后在手机App里输入支付密码即可完成支付。而光子支付则是利用手机的闪光灯将支付账号传递给收银台，然后输入密码即可完成支付。声波支付则用声波代替光波来传递支付账号给自动售卖机。而摇摇支付则是利用手机中的GPS位置传感器来判断和传递支付账户。

4. 现代电子化支付的本质

可见支付的过程中一般包含了两个必备要素：账户和鉴别权限。无论支付的形式如何变换，这两个本质要素是不可或缺的。真正理解了支付的原理，就更能体会到支付的本质，不在于采用的形式。现代电子化支付最终的结果，就是实现账户之间资金的转移。

二、网络支付

2010年6月，中国人民银行发布《非金融机构支付服务管理办法》（以下简称《办法》），《办法》所称的非金融机构支付服务，是指非金融机构在收付款人之间作为中介机构提供下列部分或全部货币资金转移服务，将非金融机构支付主要按照以下四类进行监管：网络支付；预付卡的发行与受理；银行卡收单；中国人民银行确定的其他支付服务。

《办法》所称网络支付，是指依托公共网络或专用网络在收付款人之间转移货币资金的行为，包括货币汇兑、互联网支付、移动电话支付、固定电话支付、数字电视支付等。

网络支付是采用先进的技术通过数字流转来完成信息传输的。网络支付各种支付方式都是采用数字化的方式进行款项支付的；而传统的支付方式则是通过现金的流转、票据的转让及银行的汇兑等物理实体流转来完成款项支付的。截至2021年年底，我国网络支付用户规模达9.04亿个，较2020年年底增加4929万个，占网民整体的87.6%。

2015年12月，中国人民银行发布《非银行支付机构网络支付业务管理办法》（以下简称《办法》），《办法》中所称网络支付业务，是指客户通过计算机、移动终端等电子设备，依托公共网络信息系统远程发起支付指令，且付款客户电子设备不与收款客户特定专属设备交互，由支付机构为收付款客户提供货币资金转移服务的活动。收款人特定专属设备，是指专门用于交易收款，在交易过程中与支付机构业务系统交互并参与生成、传输、处理支付指令的电子设备。

根据《办法》，总结非银行支付机构网络支付业务有如下特点。

1. 不是存款

根据《办法》第七条规定，支付账户所记录的资金余额不同于客户本人的银行存款，不受《存款保险条例》保护，其实质为客户委托支付机构保管的、所有权归属于客户的预付价值。该预付价值对应的货币资金虽然属于客户，但不以客户本人名义存放在银行，而是以支付机构名义存放在银行，并且由支付机构向银行发起资金调拨指令。通俗地说，钱是通过支付机构存在银行里的。

2. 不避风险

根据《办法》第十条规定，银行应当事先或在首笔交易时自主识别客户身份并与客户直接签订授权协议，明确约定扣款适用范围和交易验证方式，设立与客户风险承受能力相匹配的单笔和单日累计交易限额，承诺无条件全额承担此类交易的风险损失先行赔付责任，也就是说，如果支付发生了风险损失，银行要承担先行赔付的责任。

3. 三类账户

支付机构应根据客户身份对同一客户在本机构开立的所有支付账户进行关联管理，并按照下列要求对个人支付账户进行分类管理。

（1）对于以非面对面方式通过至少1个合法安全的外部渠道进行身份基本信息验证，且为首次在本机构开立支付账户的个人客户，支付机构可以为其开立Ⅰ类支付账户，账户余额仅可用于消费和转账，余额付款交易自账户开立起累计不超过1000元（包括支付账户向客户本人同名银行账户转账）。

（2）对于支付机构自主或委托合作机构以面对面方式核实身份的个人客户，或以非面对面方式通过至少3个合法安全的外部渠道进行身份基本信息多重交叉验证的个人客户，支付机构可以为其开立Ⅱ类支付账户，账户余额仅可用于消费和转账，其所有支付账户的余额付款交易年累计不超过10万元（不包括支付账户向客户本人同名银行账户转账）。

（3）对于支付机构自主或委托合作机构以面对面方式核实身份的个人客户，或以非面对面方式通过至少5个合法安全的外部渠道进行身份基本信息多重交叉验证的个人客户，支付机构可以为其开立Ⅲ类支付账户，账户余额可以用于消费、转账以及购买投资理财等金融类产品，其所有支付账户的余额付款交易年累计不超过20万元（不包括支付账户向客户本人同名银行账户转账）。

客户身份基本信息外部验证渠道包括但不限于政府部门数据库、商业银行信息系统、商业化数据库等。其中，通过商业银行验证个人客户身份基本信息的，应为Ⅰ类银行账户或信用卡。

知识拓展

微信支付一年限额多少?

根据《非银行支付机构网络支付业务管理办法》第十一条规定，微信一年转账限额是20万元。

微信不只有年转账限额，还有日转账限额，具体如下：

（1）未绑定银行卡，使用零钱支付，没有实名认证的用户，零钱没有转账额度，已经实名认证的，零钱支付年上限为20万元，单日金额没有限制。

（2）已绑定银行卡，使用银行卡支付，单日转账笔数上限为100笔，单日可累计金额为20万元，每月无限额，微信支付会根据监管要求、风险等级、业务场景规则进行具体额度限制，以实际使用中的支付额度提示为准。

微信转账收费规则如下。

（1）转账给好友。通过微信扫二维码支付、红包、转账等功能转账给他人，不收取任何手续费。

（2）转账到银行卡。微信转账到银行卡，实际上就是微信提现。根据现行的规定，每位用户终身享受1000元免费提现额度，超出部分按银行费率收取手续费，目前费率均为0.1%，每笔最少收取0.1元手续费。

模块二

银行业金融机构支付

【内容简介】

本模块主要介绍银行卡支付流程，并对其利润分配方式进行简单分析；介绍中国银联的构成、电子银行支付的相关概念，以及我国现代支付系统。

【案例导入】

什么是“闪付”?

“闪付”，是银联在2015年10月推出的小额免密免签服务。

小额免密免签只适用于银联芯片卡，磁条卡并不适用。当持卡人使用带有“闪付”标识的银联芯片卡或支持“云闪付”的移动支付设备，在指定商户进行1000元以下的消费，只需将银联芯片卡或“云闪付”移动设备靠近POS终端感应区，一挥即可完成支付。支付过程中，持卡人无须输入密码、无须签名，除了银行卡之外，Apple Pay、Samsung Pay等新型移动支付方式，也都适用于小额免密免签。

各地的非接触式“闪付”终端，主要覆盖日常小额快速支付商户，包括超市、便利店、商场、药店、快餐连锁等零售场所和菜市场、停车场、加油站、旅游景点等公共服务领域。

类似银联的“闪付”业务，目前，国际主要卡组织已在全球多个国家和地区推出了小额免密免签业务，比如Visa推出的PayWave，万事达推出的PayPass。

针对小额免密免签默认开通一事，银联在声明中表示，小额免密免签是一项行业规则，中国银联和商业银行通过官网公告、领卡合约、发卡章程、持卡人权益告知书、手机银行、微信公众号、短信等渠道向持卡人进行了告知，但仍有部分用户未能充分知晓此项业务的功能和保障措施。在业内人士看来，小额免密免签是为了方便持卡人在公交出行等小额高频生活场景的支付而推出的。现在非现金支付方式已经由卡机时代转换成移动支付或者说手机移动端的支付形态，因此，小额免密免签的便捷支付方式拥有很大前景，不过任何支付产品都会有安全漏洞。

银联发布的声明中也披露了该业务的风险比例，“银行卡闪付既便捷又安全，在国际上已经得到广泛应用，‘隔空盗刷’是极少数个案。据中国银联和商业银行统计，2015年业务开通以来风险比率为千万分之二，远低于万分之一点一六的行业平均交易欺诈率。对这种欺诈犯罪行为，银联和商业银行高度重视，已经并将继续采取相关措施，确保持卡人放心使用。”

对于盗刷问题，银联在声明中表示，已联合各银行建立了“风险全额赔付”保障机制，对于客户发生的盗刷风险损失，持卡人挂失前72小时内全额赔付，超过72小时经确认为盗刷损失的，也将获得全额赔付。中国银联联合商业银行还将进一步优化赔偿机制，缩短赔付时间，提高赔付效率。

另外，对于央视记者发现的网上依旧可以购买到支持银联免密支付的POS机情况，银联表示，“隔空盗刷”是公安机关重点打击的犯罪行为，犯罪分子已受到严厉惩处。将全力配合公安机关继续加大对POS机非法买卖等银行卡犯罪行为的打击力度。同时，银联与有关各方也将进一步提高技术防控水平，持续督促收单机构加强POS终端管理。

资料来源：https：//mp. weixin. qq. com/s?biz = MzI2MDMzMjQ2OQ = = &mid = 2247486938&idx = 5&sn = 16861f3da8a8bd00556b0a700337b135&chksm = ea6a0300dd1d8a1619e89080f76f60488c3a33849058ab74a706be498ed21269f250bfe9047d&scene = 27

【基础知识】

一、银行卡支付

视频：银行卡服务创新

非现金交易是指以现金以外其他支付手段进行货款清算的交易方式，非现金支付手段包括票据、信用卡、电子结算等。非现金交易以银行信用为基础，是银行信用制度和结算制度的产物。采用非现金交易可以促成买卖，节约交易时间，降低交易费用。

在我国，银行卡业务是一个传统金融业务与现代信息技术有机结合的新兴业务。银行卡业务是商业银行重要的中间业务之一，是国内外银行业竞争的焦点。目前国际上有影响力的银行卡卡组织主要有6家，分别是：美国的VISA、MasterCard、大莱、运通、日本的JCB以及中国银联。目前，中国本土的银行卡组织仅有银联一家。

发卡行是给持卡人发放信用卡的银行。发卡行通过收取年费、支付利息以及商户回佣分成（其中包括外贸信用卡收款通道的手续费分成）等方式盈利，发卡行有自己的风控系统，一般系统认为有疑问和风险的订单，交易会失败。信用卡收单行主要负责特约商户的开拓与管理、授权请求、账单结算等活动，简单地说收单行就是为商户提供POS终端的银行，目前大多发卡行同时也兼任收单行的角色。

举个例子，客户刷卡购买商品，签字后离开。商家把签购单交给发给商家POS机的银行，这个银行就是收单行。收单行收到客户签购单，按上面的数目扣除佣金之后，付款给商户。然后收单行再通过银联平台连接到发卡行获取该笔金额。客户还钱给发卡行就可以了。收单是指该商户接受了消费，商户可以凭借POS单到银行进行结算，这就是为什么消费日有时不是记账日的原因。银行根据商户性质的不同，收取一定的手续费，在我国这笔手续费按照7∶2∶1的比例在发卡行、收单行和银联（清算组织）间进行分配。通常这些手续费由商户承担。

银行卡清算业务是通过制定银行卡清算标准和规则，运营银行卡清算业务系统，授权发行和受理本银行卡清算机构品牌的银行卡，并为发卡机构和收单机构提供其品牌银行卡机构间交易处理服务，协助完成资金结算的活动。即在银行卡进行交易时负责多个银行或特许从事金融业务机构（非金融支付机构）之间的往来资金计算，并协助完成资金划拨。从对象来看，清算机构业务往来对象为银行或是特许经营机构：从业务特点看，清算机构需要两个必备动作：计算资金和协助资金转移。因此，清算机构是一个完成多个发卡机构与多个收单机构之间资金计算与划转的业务主体（即“多对多”），与银行、支付机构

"一对多"的结算业务存在较大差异，需要应对更大的金融风险。

为了资金快速准确结算，清算机构会对每一家机构进行轧差（即出、入相抵，只计算机构当日净额），根据轧差结果完成各机构之间的资金划拨。因此清算风险管理是银行卡清算机构最为重要的风险类型之一，一方面要求较高的资金来应对风险；另一方面如果资金不能正常到账，社会将对金融机构的信用产生怀疑，甚至引发挤兑风险等更为严重的后果。

国家对支付机构的注册资本要求较高，根据央行规定，申请人拟在全国范围内从事支付业务的，其注册资本最低限额为1亿元人民币。国家对于清算组织的注册要求更高，根据国务院公布的《关于实施银行卡清算机构准人管理的决定》，注册资本不低于10亿元人民币，是支付机构注册资本的10倍，这主要是由业务风险性质的大小所决定的。设立清算组织的资本要求基本等同于设立银行的要求，远超设立证券公司或保险公司所要求的注册资本。根据《中华人民共和国商业银行法》的规定，设立全国性商业银行的注册资本最低限额也为10亿元人民币。

知识拓展

2021年支付体系运行总体情况：社会资金交易规模不断扩大

中国人民银行于2022年4月2日公布了2021年支付体系运行总体情况。数据显示，2021年全国支付体系运行平稳，社会资金交易规模不断扩大，支付系统业务量稳步增长。

银行账户方面，银行账户数量保持增长。截至2021年年末，全国共开立银行账户136.64亿户，同比增长9%，增速较上年末下降1.43个百分点。其中，个人银行账户数量有所增长，增速呈下降趋势。截至2021年年末，全国共开立个人银行账户135.81亿户，同比增长8.99%，增速较上年末下降1.45个百分点。

非现金支付业务方面，2021年，全国银行共办理非现金支付业务4395.06亿笔，金额为4415.56万亿元，同比分别增长23.9%和10.03%。其中，移动支付业务量保持增长。2021年，银行共处理电子支付业务2749.69亿笔，金额为2976.22万亿元，同比分别增长16.9%和9.75%。其中，网上支付业务1022.78亿笔，金额2353.96万亿元，同比分别增长16.32%和8.25%；移动支付业务1512.28亿笔，金额526.98万亿元，同比分别增长22.73%和21.94%；电话支付业务2.73亿笔，同比增长16.68%，金额11.65万亿元，同比下降8.48%。

支付系统方面，2021年，支付系统共处理支付业务9336.23亿笔，金额为9450.69万亿元，同比分别增长27.53%和15.32%。其中，网联清算平台业务量保持增长，2021年网联清算平台处理业务6827.6亿笔，金额为461.46万亿元，同比分别增长25.7%和32.27%。日均处理业务18.71亿笔，金额1.26万亿元。

资料来源：https：//m. gmw. cn/baijia/2022 - 04/02/1302880069. html

二、中国银联

2002年3月，经国务院同意，中国人民银行批准，在合并18家银行卡信息交换中心的基础上，由中国印钞造币总公司、中国工商银行、中国农业银行、中国银行、中国建设银行和交通银行等85家机构共同出资成立中国银联股份有限公司，总部设在上海，注册资本为29.3亿元。中国银联的经营宗旨为：秉承“连接创造价值”的愿景，建立和运营统一、高效、安全的银行卡清算网络，开展银行卡清算业务，并以此为核心提供相关专业化服务和金融科技服务，共建开放生态，打造数字网络，服务全球支付。

截至2022年，中国银联共设有36家分公司，50家境外分支机构，银联国际、上海联银创投等全资子公司以及银联商务、银联数据、北京银联金卡科技有限公司、中金金融认证中心等控股子公司。银联受理网络已延伸至全球181个国家和地区，境内外成员机构超过2500家。中国银联已经成为全世界刷卡量最大的一个信用卡组织，发行银行卡将近80亿张。

中国银联成立以来，在中国人民银行的领导下，联合产业各方，圆满完成了“联网通用”的历史使命，成功创建了“银联”自主品牌，在服务经济社会发展、改善民生、提升金融服务水平、促进我国现代化支付体系建设等方面，发挥了重要作用。中国银联在国际、国内形成了较强的品牌影响力和市场竞争力，已成为世界三大银行卡品牌（万事达卡、银联卡和威士卡）之一，也是国际影响力最大的国内品牌之一。

银联商务旗下全资子公司银联电子支付（ChinaPay）作为银联商务体系内互联网业务专营公司，是国内首家自建统一支付网关的互联网企业，是第三方支付机构中最先尝试开展跨境业务的第三方互联网支付机构，也是第一批获得跨境外币和跨境人民币双牌照的支付机构。银联商务努力开发了各地缴费渠道，建设全国性便民缴费平台，推出“全民付”便民支付品牌，形成了遍布全国的POS、ATM、自助终端以及“全民付”移动App等电子支付终端和渠道、满足公众的便利支付需求，不断完善社会服务功能。

2018年11月9日，美国运通与连连银通电子支付有限公司（简称“连连支付”）的合资公司连通（杭州）技术服务有限公司（简称“连通公司”），正式通过银行卡清算机构筹备申请。2020年6月，连通公司正式从央行手中拿到银行卡清算业务许可证，其银行卡清算网络能处理美国运通品牌卡在中国境内线上线下的支付交易，并能支持在国内主流移动支付平台绑卡交易。2020年8月28日连通公司正式开业，是中国境内第一家持牌的中外合资银行卡清算机构。

与此同时，万事达与VISA两家著名国际卡组织也有意进入中国清算市场。2020年2月11日，中国人民银行会同原银保监会（现为国家金融监督管理总局）审查通过了万事达卡公司和网联科技有限公司合作成立的万事网联信息技术（北京）有限公司提交的银行卡清算机构筹备申请。另外，VISA则选择了以外商独资企业的形式向中国人民银行申请境内人民币清算业务牌照。

拓展阅读：信用卡的由来

三、电子银行支付

（一）电子银行支付的概念

电子银行支付是指银行通过开放性的公用网络、通信工具、特定自助服务设备或与特约客户建立起的专用直联网络，面向签约客户提供离柜式金融服务，主要包括网上银行、电话银行、手机银行，支付方式发展的高级阶段。电子银行支付特点主要有以下特点：①电子银行支付是计算机网络为支撑平台，以信息技术为基础的支付工具；②电子银行支付交易由客户自助提交、主动发起交易；③电子银行支付为签约客户提供离柜式全方位的银行服务。电子银行可在线实时受理除现金存取以外的银行业务，电子银行服务不受地域、时空限制。

（二）网上银行

网上银行业务是指银行借助计算机或其他智能设备，通过互联网技术或其他公用信息网，为客户提供的多种金融服务。网上银行业务不仅涵盖传统银行业务，还可以突破银行经营的行业界限，深入到证券、保险甚至商业流通等领域。1995 年 10 月，全球第一家网络银行“安全第一网络银行”在美国诞生之后，我国的银行业就开始快速跟进，并实现了中国式的创新。1996 年中国银行在国内率先设立网站，向社会提供网上银行服务；1997 年招商银行开办网上银行业务，推出了当时让其名声大噪的一网通服务；1999 年，中国建设银行、中国工商银行也开始向客户提供网上银行服务。20 多年来，我国网上银行的用户数和交易量得到了迅猛发展。网上银行代表了未来银行业的方向，网上银行业务的迅速发展必将推动银行业产生新的革命。

与网上银行容易混淆的一个概念是电子银行（E－bank），后者是指商业银行利用计算机技术和网络通信技术，通过语音或其他自动化设备，以人工辅助成自主的形式，向客户提供方便快捷的金融服务。呼叫中心、无人银行、电话银行、ATM、POS 等多种多样的金融服务形式都涵盖在电子银行的范畴之内。

网上银行主要是指金融机构通过互联网提供的各种金融服务，是电子银行的代表形式，又被称为“3A”银行，因为它不受时间、空间限制，能够在任何时间（Anytime）、任何地点（Anywhere）、以任何方式（Anyhow）为客户提供金融服务。按服务对象，网上银行可以分为网点型网上银行和纯网上银行。

1. 网点型网上银行

网点型网上银行是指现有的传统银行将互联网作为新的服务手段，建立银行站点，建立银行站点、提供在线服务而设立的网上银行。该类网上银行一般都拥有同时提供银行服务的线下实体网点。我国绝大多数银行的网上银行都属于此类。

2. 纯网上银行

纯网上银行又称为虚拟银行，它起源于“安全第一网络银行”，是专门提供在线银行服务而成立的独立银行，它没有任何的线下分支机构或实体营业网点，因此也被称为“只有一个网站的银行”。2014 年，首批 5 个民营银行试点中，浙江网商银行（第一大股东蚂蚁金服）和深圳前海微众银行（第一大股东腾讯）属于没有分支机构，也没有营业网点的纯网络银行。

传统银行的个人网上银行开通方式是本人带上身份证去营业网点开通。开通时需要签约和领取 U 盾（即网上交易的数字证书，各家银行的称呼会有不同）。在计算机上使用时，还需要安装对应银行的网上银行程序（包括驱动程序、网上银行助手、网上银行控件、密码控件等）才能进行正常支付。其特点是安全性相对较高。

（三）手机银行

近年来，伴随着移动互联网的迅猛发展以及智能手机的广泛使用，人们的上网习惯正在从 PC 端向移动端加速转移。电子支付和网络支付的发展，也深刻改变了银行用户的交易习惯。我国银行平均离柜率从 2012 年的 54.37% 上升至 2022 年的 89.77%。金融机构为顺应市场发展潮流，加快了对移动端服务的布局，越来越多的银行推出了手机银行。手机银行是用户利用移动通信网络及终端办理相关银行业务的简称。由中国电子银行网、易观联合发布的“2022 中国手机银行综合运营报告”显示：从活跃用户规模来看，2022 年一季度中国银行业手机银行活跃用户规模已经达到 4.9 亿。具体从活跃用户规模来看，国有大行手机银行、股份制银行手机银行、城商行手机银行活跃用户规模分别为 37117.4 万户、15528.4 万户、3594.8 万户，环比分别增长 2.4%、4.0%、4.2%。

（四）中国现代化支付系统

为适应各类支付业务处理的需要，现代化支付系统由大额支付系统（HVPS）和小额批量支付系统（BEPS）两个应用系统组成。

1. 大额支付系统

采取逐笔实时方式处理支付业务，全额清算资金。建设大额实时支付系统的目的，就是为了给各银行和广大企业单位以及金融市场提供快速、高效、安全、可靠的支付清算服务，防范支付风险，它对中央银行更加灵活、有效地实施货币政策和实施货币市场交易的及时清算具有重要作用。该系统处理同城和异地、商业银行跨行之间和行内的各种大额贷记及紧急的小额贷记支付业务，处理人民银行系统的各种贷记支付业务，处理债券交易的即时转账业务。

根据大额支付系统建设的目的、设计的功能特点，以及与小额批量支付系统应用范围的划分原则，大额支付系统处理下列支付业务：①规定金额起点以上的跨行贷记支付业务；②规定金额起点以下的紧急跨行贷记支付业务；③各银行行内需要通过大额支付系统处理的贷记支付业务；④特许参与者发起的即时转账业务；⑤城市商业银行银行汇票资金的移存和兑付资金的汇划业务；⑥中国人民银行会计营业部门和国库部门发起的贷记业务及内部转账业务；⑦中国人民银行规定的其他支付清算业务。大额实时支付系统是金融基础设施的核心系统，是连接社会经济活动及其资金运动的“大动脉”“金融高速公路”。大额实时支付系统加速社会资金周转，畅通货币政策传导，密切各金融市场有机联系，促进金融市场发展，防范支付风险，维护金融稳定等方面正在发挥重要的作用，大额支付系统在全国推广使用后，成功取代了原来的全国电子联行系统，彻底解决了“天上三秒，地下三天”资金汇划速度较慢的问题，给社会带来了巨大的经济效益，促进市场经济的快速发展。

大额支付系统给银行和广大企事业单位以及金融市场提供快速、高效、安全的支付清算平台，最大的特点是进行实时清算，实现了跨行资金清算的零在途。支付指令逐笔实时发送，全额清算资金。该系统处理同城和异地的、金额在规定起点以上的大额贷记支付业务和紧急的小额贷记支付业务。

大额支付系统连接着境内办理人民币结算业务的中、外资银行业金融机构，香港、澳门人民币清算行等，拥有 1600 多个直接参与机构，9 万多个间接参与机构，日均处理业务达110多万笔，资金超过3.2万亿元。每笔业务实时到账，其功能和效率达到国际先进水平。

2. 小额支付系统

小额批量支付系统在一定时间内对多笔支付业务进行轧差处理，净额清算资金。建设小额批量支付系统的目的，是为社会提供低成本、大业务量的支付清算服务，支撑各种支付业务的使用，满足社会各种经济活动的需要。该系统处理同城和异地纸凭证截留的商业银行跨行之间的定期借记和定期贷记支付业务，中央银行会计和国库部门办理的借记支付业务，以及每笔金额在规定起点以下的小额贷记支付业务。小额批量支付系统采取批量发送支付指令，轧差净额清算资金。

（1）小额支付系统的特点。

①小额支付系统更加接近人民群众的日常生活。它是为社会提供低成本、大业务量的支付清算服务，支撑各种支付工具的使用，满足社会各种支付活动的需要。小额支付系统与大额支付系统的业务模式和服务对象有较大不同，其特点在于它的便利性和公益性。

②全时无缝运行。小额支付系统采取了“连续运行，逐笔发起、批量发送、实时传输、双边轧差、定时清算”的处理流程，实行7×24小时连续运行，为客户通过“网上银行”“电话银行”纳税等服务提供支持，同时满足法定节假日的支付活动需要，实行的是“全时”服务。

③交易成本低。与大额支付系统相比，小额支付系统批量组包发送支付指令，每包最多可达2000笔，根据业务品种、发送业务时间段不同，每笔收费在0.1—0.5元（各银行还要向客户收取一定金额的手续费）。

④能够支撑各种支付工具的应用。小额支付系统除传统的款项汇划业务外，还能办理财税库横向联网业务、跨行通存通兑业务、支票圈存和截留业务、银行本票，公用事业收费、工资、养老金和保险金的发放等业务。

⑤小额贷记业务金额有限制。目前小额贷记业务金额上限为5万元，借记业务不设金额上限。借贷记业务都能处理。大额支付系统只处理贷记支付业务，主要是汇款业务，而小额支付系统主要面向消费性支付（借贷记）业务，既支持汇款等贷记业务，又支持收款等借记业务。

（2）小额支付系统的业务种类。

小额支付系统设计的业务种类有普通贷记、普通借记、定期贷记、定期借记、实时贷记、实时借记、支票截留、支票圈存、通存通兑、清算组织发起的代收付业务、国库业务、同城轧差净额清算业务、信息服务业务共13种。在13种业务种类中国库业务、同城轧差净额清算业务、信息服务业务以及普通借记业务主要是由银行使用外，其他业务种类与社会公众息息相关，为人民群众的日常生活和支付活动带来了极大的便利。普通借记支付业务指收款行向付款行主动发起的收款业务，包括银行机构间的借记业务。普通贷记支付业务指付款行向收款行主动发起的付款业务，包括：汇兑、委托收款（划回）、托收承付（划回）、网银贷记支付业务等。定期借记支付业务指收款行依据当事各方事先签订的协议，定期向指定付款行发起的批量收款业务，包括：代收水、电、煤气等公用事业费业务、国库批量扣税业务等。定期贷记支付业务指付款行依据当事各方事先签订的协议，定期向指定收款行发起的批量付款业务，包括：代付工资、代付养老金等。实时借记支付业务指收款行接受收款人委托发起的，将确定款项实时借记指定付款人账户的业务，包括：通兑业务、国库实时扣税业务等。实时贷记支付业务指付款行接受付款人委托发起的、将确定款项实时贷记有收款人账户的业务，包括个人储蓄通存业务等。

3. 超级网银

网银互联跨行支付系统，也被称为超级网银，是人民银行继大小额支付系统后建设的又一人民币跨行支付系统——网上支付跨行清算系统，该系统主要处理客户在线提交的零售业务，包括支付业务和跨行账户信息查询业务等。超级网银是2009年央行最新研发的标准化跨银行网上金融服务产品。通过构建“一点接入、多点对接”的系统架构，实现企业“一站式”网上跨银行财务管理。“超级网银”的央行第二代支付系统于2010年8月30日正式上线，将开通实时跨行转账以及跨行账户查询等功能。

央行超级网银具有七种产品特色，即：统一身份验证、跨行账户管理、跨行资金汇划、跨行资金归集、统一直联平台、统一财务管理流程、统一数据格式。使用传统网银，在想知道自己在各家银行账户情况如何时，须进行多次登录、查询操作。而超级网银通过统一的操作界面，查询管理多家商业银行开立的结算账户资金余额和交易明细，完成所有银行网银登录。使用超级网银，可直接向各家银行发送交易指令并完成汇款操作。超级网银有强大的资金归集功能，可在母公司结算账户与子公司的结算户之间建立的上划下拨关系。

2010年之前的网上银行被称为第一代网上银行产品，主要存在账户分散难管理和资金归集不方便的问题。用户不得不开设大量银行账户，而且在不同银行账户间划转资金的时候会非常麻烦。第一代网上银行只有在同一银行账户出账时才能实时入账；在不同银行账户之间转账时，支付指令则要通过付款人开户银行网上银行支付平台、人民银行跨行支付系统、收款人开户银行行内业务系统等多级系统，有的环节甚至需要进行手工干预，耗时需要一分钟到两三天不等。

2010年央行推出了第二代网上支付跨行清算系统，被称作“超级网银”，能够实现各大银行网上银行的互联互通。超级网银主要用来处理用户通过在线方式发起的小额跨行支付（金额在5万元以下）和账户信息查询业务，包括跨行转账、跨行账户查询、资金归集等功能。

作为第二代支付系统，超级网银打破了银行之间的壁垒，通过一个操作界面便可查询多家商业银行的账户情况，还可直接向各银行发送交易指令，有着诸多传统网上银行不可比拟的优势。跨行转账和支付能够实现实时到账，单笔业务20秒内即可处理完成，还可以进行跨行账户查询、在线签约等。

超级网银的作用主要体现在两方面：一是用一个银行账户可以访问和操作其他银行的账户；二是实现了网上支付跨行业务的实时处理，而且是7×24小时全天候地运行，为用户转账汇款、网络购物、网上缴费、投资理财等提供最大方便。超级网银就相当于增加一个安全阀，各家商业银行的网上银行不再一一对接央行的核心支付结算系统，而是通过“超级网银”这一入口统一接入。超级网银的作用类似于线上的银联，没有直接的网址供登录使用，它嵌入在各家银行的网上银行界面中，直接面向各家银行网上银行的调用。

超级网银的优势主要体现在资金归集方面。客户可以通过“超级网银”将其他银行的资金整合起来，跨行归集到一个主账户里，集中开展缴费、转账、支付、存款、理财等综合业务。在时效性方面，归集的频率可以根据客户需求进行个性化设置，例如每天或者每月。同时，客户还可以自行设定保底额度，实现“保底归集”。

模块三

第三方支付

【内容简介】

本模块主要介绍了第三方支付的概念和分类、发展历程、金融科技在第三方支付领域的应用。

【案例导入】

想一想：同学们想必对支付不陌生，在我国谈到支付这个概念，首先映入脑海中的是什么场景？

可能绝大部分同学都会说购物消费的时候用支付宝和微信付款。2017 年 5 月，来自“一带一路”沿线的 20 国青年评选出了中国的“新四大发明”，即高铁、支付宝、共享单车和网购。我们已经习惯了出门带手机而无须带现金的生活方式，手机仿佛无所不能，可以解决吃、穿、住、用、行等生活问题，例如：吃饭不用自己下厨，可以用美团或者饿了么点外卖；买衣服和生活用品不用去商场，可以上淘宝、唯品会等电商 App 网购；住酒店不用刷卡，直接在携程或者去哪儿 App 下单订房；出门既可以选择公共交通，直接刷码支付车票，可以选择在 App 上打车。新加坡总理李显龙访华时，也说想要体验在中国“不怕口袋没钱，只怕手机没电”的生活状态。

资料来源：https://baijiahao.baidu.com/s?id=1679043212962009452&wfr=spider&for=pc

【基础知识】

一、第三方支付概念和分类

（一）第三方支付产生的原因

贸易的核心是交换。交换是交付标的与支付货币两大对立流程的统一。在自由平等的正常主体之间，交换遵循的原则是等价和同步。同步交换，就是交货与付款互为条件，是等价交换的保证。

在实际操作中，对于现货标的的面对面交易，同步交换容易实现；但许多情况下由于交易标的的流转验收（如商品货物的流动、服务劳务的转化）需要过程，货物流和资金流的异步和分离的矛盾不可避免，同步交换往往难以实现。而异步交换，先收受对价的一方容易违背道德和协议，破坏等价交换原则，故先支付对价的一方往往会受制于人，自陷被动、弱势的境地，承担风险。异步交换必须附加信用保障或法律支持才能顺利完成。

同步交换，可以规避不等价交换的风险，因此为确保等价交换要遵循同步交换的原则。这就要求支付方式应与交货方式相适配，对当面现货交易，适配即时性一步支付方式；对隔面或期货交易，适配过程化分步支付方式。过程化分步支付方式迎合了交易标的流转验收的过程性特点，款项从启动支付到所有权转移至对方不是一步完成，而是在中间增加中介托管环节，由原来的直接付转改进到间接汇转，业务由一步完成变为分步操作，从而形成一个可监可控的过程，按步骤有条件进行支付。这样就可货走货路，款走款路，两相呼应，同步起落，使资金流适配货物流进程达到同步相应的效果，使支付结算方式更科学化，合理化地迎合市场需求。

传统的支付方式往往是简单的即时性直接付转，一步支付。其中钞票结算和票据结算适配当面现货交易，可实现同步交换；转汇结算中的电汇及网上直转也是一步支付，适配隔面现货交易，但若没信用保障或法律支持，会导致异步交换容易引发非等价交换风险，现实中买方先付款后不能按时按质按量收获标的，卖方先交货后不能按时如数收到价款，被拖延、折扣或拒付等引发经济纠纷的事件时有发生。

在现实的有形市场，异步交换权且可以附加信用保障或法律支持来进行，而在虚拟的无形市场，交易双方互不认识，不知根底，故此，支付问题曾经成为电子商务发展的瓶颈之一，卖家不愿先发货，怕货发出后不能收回货款；买家不愿先支付，担心支付后拿不到商品或商品质量得不到保证。博弈的结果是双方都不愿意先冒险，网上购物无法进行。

为迎合同步交换的市场需求，第三方支付应运而生。第三方是买卖双方在缺乏信用保障或法律支持的情况下的资金支付“中间平台”，买方将货款付给买卖双方之外的第三方，第三方提供安全交易服务，其运作实质是在收付款人之间设立中间过渡账户，使汇转款项实现可控性停顿，只有双方意见达成一致才能决定资金去向。第三方担当中介保管及监督的职能，并不承担什么风险，所以确切地说，这是一种支付托管行为，通过支付托管实现支付保证。

（二）第三方支付的定义和业务流程

在商品交易的过程中，存在两种方式：一种是货物和钱款当面同时交割，称为同步交易；一种是货物和钱款非当面同时交易，称为异步交易。在异步交易中存在着信用风险，于是出现了买家和卖家之间作为信用担保的第三方，以保证交易能够顺利进行。第三方支付公司的出现显著降低了网络交易的风险，同时也促进了电子商务的迅速发展。这个第三方机构必须具有一定的诚信度，可以由有公信力的公司来充当，也可以由银行来充当，国际贸易中往往由银行来充当第三方机构。

通常所指的第三方支付公司，一般采用预先收取买家货款的方式，承担买家和卖家之间的信用担保职能。这样卖家得到了支付承诺，同时买家也保留了撤销支付的可能。在我国，第三方支付公司的典型代表就是支付宝。我国最早的第三方支付企业是成立于北京的首信股份公司和上海环迅电子商务有限公司，他们主要为 B2C 网站服务。

第三方支付具有如下特点：

（1）第三方支付平台提供一系列的应用接口程序，将多种银行卡支付方式整合到一个界面上，负责交易结算中与银行的对接，使网上购物更加快捷、便利。消费者和商家不需要在不同的银行开设不同的账户，可以帮助消费者降低网上购物的成本，帮助商家降低运营成本；同时，还可以帮助银行节省网关开发费用，并为银行带来一定的潜在利润。

（2）较之 SSL、SET 等支付协议，利用第三方支付平台进行支付操作更加简单而易于接受。SSL 是应用比较广泛的安全协议，在 SSL 中只需要验证商家的身份。SET 协议是发展的基于信用卡支付系统的比较成熟的技术。但在 SET 中，各方的身份都需要通过 CA 进行认证，程序复杂，手续繁多，速度慢且实现成本高。有了第三方支付平台，商家和客户之间的交涉由第三方来完成，使网上交易变得更加简单。

（3）第三方支付平台本身依附于大型的门户网站，且以与其合作的银行的信用作为信用依托，因此第三方支付平台能够较好地突破网上交易中的信用问题，有利于推动电子商务的快速发展。

在通过第三方平台的交易中，买方选购商品后，使用第三方平台提供的账户进行货款支付，由对方通知卖家货款到达、进行发货；买方检验物品后，就可以通知付款给卖家。第三方支付平台的出现，从理论上讲，彻底杜绝了电子交易中的欺诈行为。

总之，第三方支付为银行和商户提供公共转接平台。在电子商务易当中，银行若逐一给数十万家中小商户开设网关接口，成本过高，得不偿失。第三方支付企业的作用就是通过搭建一个公用平台，将成千上万的小商家和银行连接起来，为商家、银行、消费者提供服务，从中收取手续费。对商家来说，不用安装各个银行的认证软件，从一定程度上简化了费用和操作。为用户提供支付缓冲，包括支付金额上的缓冲和支付信息上的缓冲。第三方支付模式下商家看不到客户的信用卡信息，同时又避免了信用卡信息在网多次公开传输而导致被窃，不仅缓冲了直接支付的风险，还缓冲了银行信息泄露的风险。这两个特点分别对应着第三方支付的两种角色，即网关代理和信中介。

在第三方支付交易流程中，支付模式使商家看不到客户的信用卡信息，同时又避免了信用卡信息在网络上多次公开传输而导致信用卡信息被窃。

以 B2C 交易为例，第三方支付交易流程如下（见图 3-1）。

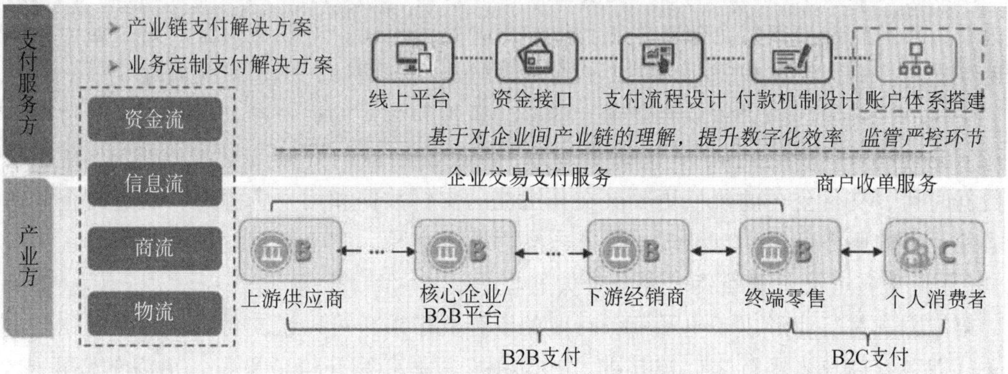

图 3-1 我国第三方支付的服务模式

第一步，客户在电子商务网站上选购商品，最后决定购买，买卖双方在网上达成交易意向。

第二步，客户选择利用第三方作为交易中介，客户用信用卡将货款划到第三方账户。

第三步，第三方支付平台将客户已经付款的消息通知商家，并要求商家在规定时间内发货。

第四步，商家收到通知后按照订单发货。

第五步，客户收到货物并验证后通知第三方。

第六步，第三方将其账户上的货款划入商家账户中，交易完成。

（三）第三方支付的发展历程

1998 年 11 月，由北京市政府与中国人民银行、原信息产业部、原国家外贸局等共同发起的首都电子商务工程启动，确定首都电子商城（首信易支前身）为网上交易与支付中介的示范平台。1999 年 3 月，具有半官方性质的信易支付作为最早的实践者开始运行，标志着我国在第三方支付的实践拉开序幕。紧随其后，环迅支付也于 2000 年在上海开始运营。2002 年 3 月，经国务院同意、央行批准，中国银联成立。同年 6 月，中国银联控股的银联电子支付服务有限公司（ChinaPay）揭牌。2003 年 10 月，淘宝网首次推出支付宝业务，2004 年 12 月，浙江支付宝网络科技有限公司成立。2005 年腾讯的财付通公司成立。

2009 年 7 月，支付宝用户数突破 2 亿大关，从而超越 PayPal（1.8 亿）全球用户数最大的电子支付平台。2014 年年初，支付宝宣布，其已成为最大的移动支付公司。这一金额相当于 PayPal 和另一移动支付巨头 Square 的 3 倍。到 2022 年，支付宝全球用户已经超过 10 亿。

（四）第三方支付企业分类

按照业务类型不同，第三方支付企业可以划分为三类：①依托大型 B2C、C2C 等网站的网关支付，如支付宝、财付通、快钱等；②通过销售时点信息系统（POS）的线下支付，如拉卡拉；③充值卡等预付卡服务。第三方支付服务业务的范围、规模不断扩大，新支付工具不断推广，市场竞争日趋激烈。

按照平台主体不同，第三方支付企业可以划分为两类：①以银联电子支付、快钱、汇付天下为首的金融型支付企业，侧重行业需求开拓和应用；②以支付宝、财付通为首的互联网型支付企业，以在线支付为主，联合大型电子商务网站，迅速做大做强。

支付的广阔发展前景体现在其强大的金融属性和海量的用户参与数量上。支付是一项经济活动的终点（交易完成），同时更是另一项经济活动的开始（数据收集）。在互联网大数据时代，支付公司的价值更凝聚在其沉淀的支付数据和用户资源上，通过向企业和消费者两个方向服务延伸加以变现。第三方支付源于交易，归于数据，成于服务。

（五）第三方支付牌照支付业务准入制度

第三方支付行业形成于电子商务行业的资金流需求，可以说支付企业的作用就是支付网关，即各家商户和银行之间连接的“中转站”。北京的首信易支付、上海的环迅支付、中国银联控股的 ChinaPay 这三家最早的第三方支付企业，虽然出身背景各不相同，但其经营模式基本一致，即向接入商户收取一定的服务费用。它们主要收取三部分费用：新商户接入时的开通服务费、每笔交易的交易手续费以及系统二级开发的定制费用。2004 年后随着支付宝、财付通等一批推行“免费”支付的企业加入竞争，整个行业进入了新阶段。借助淘宝和腾讯等商户平台，支付企业的作用从纯粹的“网关代理商”转变为促成交易的“信用中介”，通过第三方介入有效解决了互联网在线交易中的信任问题。2005年，央行出台《支付清算组织管理办法（征求意见稿）》和《电子支付指引（第一号）》，首次向市场表达了要将第三方支付纳入监管的意图。2007年，央行在首次编写的《中国支付体系发展报告（2006）》中明确提出，当年将正式发布实施《支付清算组织管理办法》，并出台《电子支付指引（第二号）》，进一步规范和发展网上支付服务市场。2009年4月，《中国人民银行公告（2009）第7号》宣布对第三方支付企业进行登记备案。同月，央行筹建的“全国支付清算协会”有关事项协调会召开。2010年6月，中国人民银行公布了《非金融机构支付服务管理办法》，办法规定未经中国人民银行批准，任何非金融机构和个人不得从事或变相从事支付业务。至此，对于支付业务的准入制度正式建立起来。

2011年5月，中国人民银行对外公布了首批27家获得“支付业务许可证”的企业名单，它们可以从事互联网支付、移动电话支付、银行卡收单、预付卡发行与受理、货币汇兑等诸多支付业务。其中，既有支付宝、财付通、快钱、汇付天下等民营第三方支付企业，也有银联商务有限公司、广州银联网络支付有限公司、北京银联商务有限公司等国企。支付业务许可证是对企业发放的牌照，并非完全针对业务类型分类发牌，实际上，获得牌照的支付企业可以根据发展需要，向监管部门提交递补业务申请。比如支付宝申请时公示的支付业务内容是“互联网支付、预付卡发行与受理、银行卡收单”；而批准之后发布的支付业务许可证显示其支付业务类型包括货币汇兑、互联网支付、移动电话支付、预付卡发行与受理（仅限于线上实名支付账户充值）和银行卡收单。截至2022年6月，牌照数量为203张。

从本质上看，第三方支付最初是银行与电子商务之间业务衔接不畅的产物，还承担部分信用担保的工作。伴随着以网购为代表的电子商务和移动互联网时代O2O的爆发，第三方支付行业迎来了爆发式增长。在移动商务时代，第三方移动支付已经超越第三方互联网支付规模。

（六）第三方支付的主要模式

在我国，第三方支付是指具备一定实力和信誉保障的独立机构，通过银联、网联等清算转接机构，与银行支付结算系统接口对接而促成交易双方进行交易的各种支付模式。简单来说，它就是买家和卖家之间建立的一个中立的第三方支付平台，为买卖双方提供资金代收代付，促进交易的完成。

随着2010年6月14日《非金融机构支付服务管理办法》（中国人民银行令〔2010〕第2号）及2010年12月1日《非金融机构支付服务管理办法实施细则》（中国人民银行公告〔2010〕第17号）的出台，第三方支付行业结束了原始成长期，被正式纳入国家监管体系，并拥有合法的身份。

根据《非金融机构支付服务管理办法》（以下简称《办法》），非金融机构支付服务是指非金融机构在收付款人之间作为中介机构提供下列部分或全部货币资金转移服务：①网络支付；②预付卡的发行与受理；③银行卡收单；④ 中国人民银行确定的其他支付服务。

该《办法》中的网络支付，是指依托公共网络或专用网络在收付款人之间转移货币资金的行为，包括货币汇兑、互联网支付、移动电话支付、固定电话支付、数字电视支付等。

该《办法》中的预付卡，是指以营利为目的发行的、在发行机构之外购买商品或服务的预付价值，包括采取磁条、芯片等技术以卡片、密码等形式发行的预付卡。

该《办法》中的银行卡收单，是指通过销售点（POS）终端等为银行卡特约商户代收货币资金的行为。

第三方支付的主要模式有以下三种。

1. 网络支付

根据网络支付服务具体业务流程的不同，网络支付尤其是其中的互联网支付中主要存在两种模式：支付网关模式和虚拟账户模式，其中虚拟账户模式还可以细分为“信用中介型虚拟账户模式”和“直付型虚拟账户模式”两种。

（1）支付网关模式。支付网关模式又称为网关支付，是电子商务中使用最多的一种互联网支付服务模式。该模式的主要特点是在网上商户和网联网关之间增加一个第三方支付接口，由第三方支付接口连接网联，再由网联网关负责集成不同银行的网银接口，从而使得第三方支付平台能够为网上商户提供统的支付接口和结算对账等业务服务。在这种模式下，第三方支付机构连接到国联网关，商户和消费者只需要使用支付机构的一个平台就可以通过网联网关接到多个银行，实现一点接入，为商户和消费者提供多种银行卡互联网支付服务。

（2）虚拟账户模式。虚拟账户模式是指第三方支付机构在自身的系统中为客户提供了一个虚拟账户，该虚拟账户可与客户的银行账户进行绑定或者对接，客户可以从银行账户等资金源向虚拟账户中充入资金，或从虚拟账户向银行账户注入资金。客户在网上的支付交易可在客户的虚拟账户之间完成，也可在虚拟账户与银行账户之间完成。

根据虚拟账户承担的功能不同，虚拟账户模式又可细分为“信用中介型账户模式”和“直付型账户模式”两类。

在信用中介型账户模式中，虚拟账户不仅是一个资金流转的载体，而且还起到信用中介的作用。支付宝提供的虚拟账户支付服务就是一种典型的信用中介型支付模式。

直付型虚拟账户模式交易流程较为简单，支付平台中的虚拟账户只负责资金的暂时存放和转移，不承担信用中介等其他功能。提供直付型账户模式的第三方支付机构很多，国外知名的公司有 PayPal，国内则有快钱、盛付通等。

2. 预付卡

预付卡，是以先付费后消费为支付模式，以盈利为目的而发行的，可购买商品或服务的有预付价值的卡，包括磁条、芯片等卡片形式。预付卡与银行卡相比，它不与持卡人的银行账户直接关联。

目前市场上流通的预付卡主要可分成两大类：一类是单用途预付卡，是企业通过购买、委托等方式获得制卡技术并发售预付卡，该卡只能在发卡机构内消费使用，主要由电信、商场、餐饮、健身、美容美发等领域的企业发行并受理；另一类是多用途预付卡，主要由第三方支付机构发行，该机构与众多商家签订协议，布放受理POS终端机，消费者可以凭该卡到众多的联盟商户刷卡进行跨行业消费，典型的多用途卡有杭州市民卡、资和信商通卡、百联OK卡等。

单用途预付卡由商务部监管，发卡企业应在开展单用途卡业务之日起30日内向各级商务部备案即可，购买者可以登录网站查询发卡机构是否备案。而多用途预付卡由中国人民银行监管，发卡企业须获得“支付牌照”。这里支付牌照是指由中国人民银行颁发的“支付业务许可证”。

3. 银行卡收单

银行卡收单业务是指收单机构通过银行卡受理终端为银行卡特约商户代收货币资金的行为。其中，受理终端是指通过银行卡信息读入装置生成银行卡交易指令要素的各类支付终端，例如销售点（Point Of Sale，POS）终端。收单机构，是指与特约商户签订银行卡受理协议并向该商户承诺付款以及承担核心业务主体责任的银行业金融机构和非银行机构。第三方支付中所指的银行卡收单特指非银行机构的收单业务。例如，我国的三大电信运营商中国移动（中移电子商务有限公司）、中国联通（联通支付有限公司）和中国电信（天翼电子商务有限公司），除了都拥有预付卡发行与受理（仅限线上实名支付账户充值牌照）之外，还都拥有银行卡收单牌照。

（七）网联

网联的全称为“非银行支付机构网络支付清算平台”。非银行支付机构网络支付清算平台是一个通过网联平台与各家银行对接的清算平台。网联清算有限公司（NetsUnion Clearing Corporation，NUCC）是经中国人民银行批准成立的非银行支付机构网络支付清算平台的运营机构。在中国人民银行指导下，由中国支付清算协会按照市场化方式组织非银行支付机构以“共建、共有、共享”原则共同参股出资，于2017年8月在京注册成立，为公司制企业法人。

非银行支付机构网络支付清算平台作为全国统一的清算系统，主要处理非银行支付机构发起的涉及银行账户的网络支付业务，实现非银行支付机构及商业银行一点接入，提供公共、安全、高效、经济的交易信息转接和资金清算服务，组织制定并推行平台系统及网络支付市场相关的统一标准规范，协调和仲裁业务纠纷，并将提供风险防控等专业化的配套及延展服务。

非银行支付机构网络支付清算平台作为国家级重要金融基础设施，由非银行支付机构相关专家共同参与设计，采用先进的分布式云架构体系，在北京、上海、深圳3地建设6个数据中心，实现平台系统高性能、高可用、高安全、高扩展、高可控、高一致性等全面高标准，适应行业高速发展态势。网联清算有限公司及非银行支付机构网络支付清算平台的建立，实现了网络支付资金清算的集中化、规范化、透明化运作，节约连接成本，提高清算效率，支撑行业创新，促进公平竞争，助力资金流向有效监控，保障客户资金安全，并推动行业机构资源共享和价值共赢，实现市场长远健康发展。

网联大事件见表3-1。

表 3-1 网联大事件

时间	事件
2016 年 4 月	《国务院办公厅关于印发互联网金融风险专项整治工作实施方案的通知》（国办发〔2016〕21 号）
2016 年 4 月	人民银行等 14 部委关于印发《非银行支付机构风险专项整治工作实施方案》的通知（银发〔2016〕112 号）
2016 年 10 月	人民银行批准筹建非银行支付机构网络支付清算平台及运营机构
2017 年 3 月	平台启动生产环境试运行，完成首笔跨行资金交易验证
2017 年 8 月	《中国人民银行支付结算司关于将非银行支付机构网络支付业务由直连模式迁移至网联清算平台的通知》（银支付〔2017〕209 号）
2017 年 8 月	网联清算有限公司在北京正式注册成立，获得营业执照
2018 年 3 月	网联平台累计完成资金交易转接清算破百亿笔
2018 年 11 月	网联平台平稳保障“双十一”，单日处理交易笔数 11.7 亿笔，跨机构交易处理峰值超过 9.2 万笔每秒，创下全球最高并发纪录
2019 年 6 月	网联上线一键绑卡业务功能
2020 年 2 月	网联对防疫及重点疫情地区的金融业务实施金融服务手续费优惠；网联开通疫情流行地区绿色通道，与社会各界同舟共济，共抗疫情
2020 年 11 月	网联平台处理最高交易并发量超 9.35 万笔/秒，创历史新高

二、金融科技在第三方支付领域的应用

（一）移动支付

移动支付是指移动客户端利用手机等电子产品来进行电子货币支付，移动支付将互联网、终端设备、金融机构有效地联合起来，形成了一个新型的支付体系，并且移动支付不仅能够进行货币支付，还可以缴纳话费、燃气、水电等生活费用。移动支付开创了新的支付方式，使电子货币开始普及。

2021 年 2 月 1 日，中国银联发布了《2020 移动支付安全大调查研究报告》，2020 年平均每人每天使用移动支付 3 次。长远来看，移动支付将主导未来零售电子支付的发展方向。随着现代社会步入移动时代，移动支付所能够带来的价值附加，将又远甚于互联网支付。

1. 手机银行 App

从银行的角度来看，移动支付主要是以手机银行 App 的形式进行的。手机银行 App 客户端，是以客户端软件形式，通过使用通信运营商网络或无线 Wi－Fi 向个人客户提供汇款转账、账户查询、投资理财、生活缴费、话费充值、贷款业务等功能的金融服务。近年来，为了增加客户，手机 App 成了银行争夺流量入口的主战场，银行业正从“卡时代”走向“App 时代”。

为了解决银行 App 众多的问题，中国银联推出了云闪付 App，它前身是银联钱包，是一种非现金收付款移动交易结算工具。银联云闪付 App 用一个 App 统一绑定各家银行卡账户，实现了支付接口在移动终端上的统一。作为银行卡统一的 App，云闪付 App 拥有强

大的跨行银行卡管理服务，目前云闪付 App 已支持国内所有银联卡的绑定，一次性可管理 15 张银联卡。因此，云闪付 App 与银联手机闪付、银联二维码支付并称为银联三大移动支付产品。

2. NFC 支付

近场通信（Near Field Communication，NFC）技术是一种近距离无线通信技术，这种技术是由免接触式射频识别演变而来的，NFC 手机是指带有 NFC 模块的手机，目前像华为、小米等手机都搭载 NFC 功能。

NFC 具有三种工作模式，分别是：①卡模拟模式（Card Emulation Mode），也称被动模式。在这种模式下，NFC 手机就相当于一张 IC 卡（包括信用卡、门禁卡、优惠券、会员卡等）。此种方式下，有一个极大的优点，那就是卡片自身（如手机）不需要供电，供电是通过非接触读卡器来提供的。②点对点模式（P2P Mode），也称双向模式。在这种模式下，两个 NFC 设备可以交换数据。③读卡器模式（R/W Mode），也称主动模式。在这种模式，开启 NFC 功能的手机可以读写任何支持的标签，比如从海报或者展览信息电子标签上读取相关信息。

在三种 NFC 工作模式中最常见的是卡模拟模式，例如刷手机乘公交、购物等。目前在一部配备 NFC 功能的手机上实现卡模拟模式有两种方式：一种是基于硬件的，称为虚拟卡模式（Vintual Card Mode）。在虚拟卡模式下，手机上需要有安全模块（Secure Element，SE），SE 提供对敏感信息的安全储存和对交易事务安全的执行环境。比如各手机厂家主推的，例如“Apple Pay”“Huawei Pay”或者“小米 Pay”等。另一种是基于软件的，被称为主机卡模式（Host - hase Card Eulation，HEP）。谷歌的 HCE 方案只是模拟了 NFC 与 SE 的通信至于 SE 的实现则是空白，没有提出解决方案和实现。目前业界对 SE 的实现要么是云端的模拟，要么是本地软件的模拟。在 HCE 模式下，由于手机上不需要 SE，而是由在手机中运行的一个应用或云端的服务器完成 SE 的功能，此时 NFC 芯片接收到的数据可以发送至手机 App 或发送至云端的服务器来完成交互，比如京东的京东闪付和各银行主推的云闪付功能，手机上需要安装相关的 App 应用。从交易安全性来说，带有本地 SE 的虚拟卡模式相对 HCE 更安全。

3. 银联云闪付

闪付（QuickPass）是中国银联的产业品牌之一，也是银联的传统品牌，标示银联非接触式支付产品，用于 PBOC2.0 非接触式 IC 卡等支付应用，具备小额快速支付的特征，主要应用于近场支付。具体的使用方式是：用户选购商品或服务，确认相应金额，用具备“闪付”功能的金融 IC 卡（卡面有中文“闪付”和英文“QuickPass”字样）或银联移动支付产品，在支持银联“闪付”的非接触式支付终端上，轻松一挥便可快速完成支付。闪付不仅支持刷银行卡片，而且还支持刷手机。只要带有 NFC 功能的手机绑定银行卡后就可以使用闪付功能。2017 年 12 月 11 日银联发布了新品牌“云闪付”。这是中国银联联合国内主要金融机构、国内外知名手机厂商等共同推出的移动支付新品牌。它以非接触支付技术为核心，涵盖 NFC（近场通信）、HCE（基于主机的卡模拟）、TSM（可信服务管理）和 Token（令牌）等各类领先的创新技术应用，从而具备三大特征：空中发卡、非接闪付、在线支付。

（二）无人商店

无人商店指通过技术手段对商店内导购、收银、安保等环节进行智能化自动化处理，且在运营环节极少存在人工干预行为。无人商店拥有以下特点：一是传统的商店内店员一般为顾客提供导购和收银服务，无人商店内不存在店员，顾客需自行挑选物品和结账；二是无人商店也需要店员，其工作范围主要集中在售后服务、物流等店外运营环节，而不在消费者面前展现；三是无人店能否成功的关键其实大部分在运营上，主要包括：获客、选址、商品选择、日常补货、上货及货架维护、商品损耗管理、防损、安全管理、食品安全问题等。目前智能化的无人店已经能够很好做到的包括客户定位、新店选择、商品选择和日常补货、上货及货架维护这几个方面的问题。

拓展阅读：亚马逊和苏宁的无人商店

（三）刷脸支付

刷脸支付主要依赖于生物特征识别领域中人脸识别技术，基于人们生理特征的识别，通过计算机提取人脸特征，并根据这些特征进行身份识别和验证。人脸识别技术历史悠久，早在1964年就已经出现，并且经历过机器识别、半自动化、非接触式和智能识别4个阶段。智能识别阶段的人脸识别主要包括人脸检测、人脸特征提取和人脸匹配三部分。人脸检测，主要是确定检测到的是人，进而确定人脸的大小、位置等信息；人脸特征提取，指的是通过精确定位面部关键区域的位置，进行特征点抓取；人脸匹配，即判定人脸是不是数据库中存在的，然后在数据库中找到匹配度最高的人脸。目前人脸识别系统最高的识别率可以达到99%以上，识别精度已经超过了人眼。

刷脸支付已经在多个领域中得到了广泛运用。例如2019年1月6日，金华公交成为了全国首个支持“刷脸乘车”的试点，“刷脸乘车”是运用人脸识别技术，只需要建立乘客出行人像信息库，利用摄像头动态获取客流信息，便可利用识别技术进行人脸精确对比。此外，通过刷脸乘车系统，还能实现客流流向大数据分析、班车及驾驶员管理、乘车实名制、公共安全管理等技术。

【案例分析】

北京旷视科技有限公司研发的Face++平台在智能支付领域的应用

支付宝刷脸支付中最核心的是人脸识别算法，该算法来自Face++，即北京某科技有限公司研发的Face++平台，支付宝的刷脸支付中最核心的是人脸识别算法，该算法是新一代云端视觉服务平台，提供整套的人脸检测、人脸识别、面部分析的视觉技术服务。Face++在人脸检测FDDB评测、人脸关键点定位300-W评测和人脸识别LFW评测上，接连拿下了三项世界第一。在最重要的互联网图片人脸识别（Face Recognition）LFW中，Face++团队更是力压Facebook人脸团队，在极难识别的互联网新闻图片上获得了97.27%的准确率。Face++还与360搜索达成了合作，进行试水阶段的图片搜索应用，为360搜索的用户提供“美女魔镜”等服务；同时它也为世纪佳缘设计人脸识别场景，让用户可根据自己对另一半长相的需求，从网站的数据库中搜索相似外貌的用户，除此之外，它的服务对象还包括美图秀秀、美颜相机、联想、神州智联等。

资料来源：https：//baike. baidu. com/item/Face + +/6754083

【案例拓展和实训操作】

验证"拉卡拉"支付是否取得支付业务许可证。

2010 年 9 月，中国人民银行颁行了《非金融机构支付服务管理办法》，对国内互联网支付行业实施正式的监管，其中明确规定非金融机构提供支付服务，应当取得支付业务许可证，成为支付机构，本实训要求学生验证拉卡拉支付是否按照监管要求取得支付业务许可证。

模块四 数字货币

【内容简介】

本模块主要介绍了数字货币的概念、发展历程及应用。

【案例导入】

告别扫码支付？新型支付来了，支付宝微信也没料到来得这么快

如今的移动支付功能也基本都是以扫码的形式来呈现的，第三方支付平台可以向我们提供付款或者是收款的二维码，交易双方可以凭借二维码来实现数据的计算以及资金的线上化转移。不过这一方式如今也是落伍了，因为新型支付方式已然出现。这一支付方式就是数字人民币，所谓的数字人民币，是由中国人民银行发行的数字形式的法定货币，由指定运营机构参与运营并向公众兑换。它的地位与目前的纸币和硬币相等，具有价值特征和法偿性，仅仅只是采用了数字化的形式。

在前几年的时候，我国央行以及财政部门就已经投入了大量资源来开发数字人民币项目，如今这一项目已经大获成功，看来我们很快就要和扫码支付告别了。那么值得我们注意的是，比起扫码支付来说，数字人民币又具有怎样的优势呢？比起扫码支付来说，数字人民币这一新型支付方式所具有的优势主要分为两个方面。

一是数字人民币更加安全。以往的扫码支付功能基本上都是由第三方支付平台来提供的，数字人民币是我们国家的法定货币之一，其地位与央行发行的现钞是完全一样的，这也代表数字人民币的运营平台更具有权威性。在使用数字人民币实现支付和交易的过程当中，我们的财产安全会受到国家财政部门的全面监控和保护，不再具有安全隐患。这也意味着那些网络诈骗和偷税漏税的不法交易行为，今后都无法再进行了。即便是我们在没有网络的环境之下，也可以实现支付结算。

二是数字人民币也不限于通过手机和其他智能电子设备来实现支付过程，如果说我们没有手机和其他电子设备，通过可视卡等形式的设备也是可以实现支付。

目前，我国已经在部分城市进行了试点工作。2023 年 3 月 6 日，数字人民币 App（试

点版）在“钱包快付管理中”新增微信支付，用户在微信小程序场景支付时，可以选择数字钱包支付了。这也是在继支付宝后，在数字人民币 App 中可开通的第二大支付平台。

目前试点工作还是非常的顺利，想必数字人民币不久就会在全国范围内进行推广。不过至于具体时间，目前官方还没有明确的消息，但是有市场机构预测，在两年内我们国家就会实现数字人民币的全国普及。

资料来源：https：//baijiahao. baidu. com/s?id = 1748016365802854400&wfr = spider&for = pc

【基础知识】

一、数字货币的概念和发展历程

（一）数字货币的发展

视频：数字货币

随着互联网时代的发展，人们的生活形态越来越数字化，在这种不可逆转的数字化趋势下，实体货币也不可避免地朝着虚拟化、数字化方向演变。例如信用卡、储蓄卡是最常见的“支付工具”，其涉及的账户信息所代表的信用货币就是电子货币。

虚拟货币是指非真实的货币，而且也只能在特定的网络环境中流通。虚拟货币可以分为人工型虚拟货币和计算型虚拟货币。人工型虚拟货币发行规则简单，总量基本不受约束。比如腾讯 Q 币以及其他的游戏币等。计算型虚拟货币发行规则复杂，总量受到数学规则的约束。例如比特币（BitCoin，BTC）的总数量被永久限制在 2100 万个，莱特币（Litecoin，LTC）的总量上限是 8400 万个等。

与虚拟货币相比，电子货币则更接近并依赖于现实的金融系统，它是基于电子账户实现的支付方式，例如支付宝、微信支付和手机银行等。其实它们并非数字货币，其本质上只是一种对现有法定货币的信息化过程，还不是严格意义上的数字货币。

数字货币也是一种虚拟货币，但是更强调它的产生和发行中是否具备法币地位。非央行发行的虚拟货币例如比特币，可以被称为数字货币。而央行发行的虚拟货币，例如中国人民银行计划发行的 DCEP（Digital Currency Electronic Payment），也可以被称为数字货币。

数字货币可以认为是一种基于点对点网络和数字加密算法的虚拟货币。一提起数字货币，许多人会想到比特币，但实际上，并不是因为有了比特币才有数字货币，而是数字货币本身发展到一定阶段才出现比特币。比特币不是最早的数字货币，早在 20 世纪 70 年代末 80 年代初就有学者在研究数字货币。随着非对称加密思想的提出以及 1978 年 RSA 算法的实现，开启了真正的现代密码学时代。随着现代密码学的发展，数字现金的技术实现逐渐成为可能。

（二）数字货币的进化

世界上第一种数字化货币，是 1982 年由被誉为数字货币之父的大卫·乔姆（David Chaum）发明并且发行的，名为 E－cash。利用盲签名技术来实现货币的流通，并且可以完全保护用户的隐私权。关于盲签名的理解，有一个非常直观的比喻：“所谓盲签名，就仿佛是先将隐蔽的文件放进信封里，任何人不能读取它。对文件签名就是通过在信封里放一张复写纸，签名者在信封上签名时，他的签名便透过复写纸签到文件上。签名者虽然进行了签名，但他不可能得知信封中文件的具体内容。”严格意义上说，采用盲签名的 E - cash 并不是一种法定数字货币，但它提供了一种思路，可以让传统货币以完全数字化的形式，在网络上自由、匿名地传递。

由于无法追踪，完全匿名性可能导致“洗钱”等犯罪活动。盲签名的概念首先由 David Chaum 于 1982 年提出，其实现了签名者对发送者的消息进行签名，却不知签名者消息的具体内容。1995 年，Stadler 等人提出了公平盲签名的概念，可以实现追踪，这是一种有条件的匿名支付系统。到了 1996 年，Camenisch 等人和 Frankel 等人分别独立地首次提出了公平的离线电子现金（Fair Off - line Electronic Cash）的概念。公平电子现金中用户的匿名性是不完全的，它可以被一个可信赖的第三方追踪或撤销，从而可以防止利用电子现金的完全匿名性进行犯罪活动。

以上提及的这些“电子现金”仅仅是初步具备了数字货币的雏形，但始终无法完全克服一个重大的技术难点，那就是“双重支付”的问题。传统解决方案一般是：建立一个所有交易的实时总账，同时需要一个可信赖的第三方进行记账管理。

1998 年，亚裔密码学家戴维（Wei Dai）提出了匿名的、分布式的电子加密货币系统 B - money。“数字加密货币”的概念由此诞生。去中心化的计算架构、匿名交易、点对点网络这些数字货币的显著特征，在 B - money 中已经全部显现。但其最大的障碍在于货币的创造环节。一种公平的派发货币的过程是通过计算点对点网络中每个节点的工作量，根据其工作量大小从而实现“没有中央集权背景下的印钞和分发货币”（即分布式系统的货币自动发行机制）。按照这一规则，要求在 B - money 系统中所有账户持有者共同决定计算量的成本并就此达成一致意见。而每个节点计算量的成本这类信息难以获得，即便获得也并不准确、及时，因而 B - money 没有最终成为一个完备的数字加密货币体系。

2004 年，密码学家哈尔·芬尼（Hal Finney）把亚当·巴克（Adam Back）创造的哈希现金算法，改进为“可复用的工作量证明机制”（Reusable Proofs of Work）。它被用于比特币出现之前的一系列数字货币实验。

在 2007 年次贷危机大背景下，比特币的开发者中本聪（Satoshi Nakamoto）发布了比特币白皮书：《Bitcoin：A Peer - to - Peer Electronic Cash System》（一个点对点的电子现金系统），其框架和内核来自 Ecash 和 B - money，而工作量证明机制等核心技术，则来自亚当·巴克和哈尔·芬尼等人。在比特币的白皮书中，中本聪将哈希现金算法改造成了比特币的发行机制：用户贡献算力，进行哈希运算（即俗称的“挖矿”），作为回报。比特币网络将比特币赠予首个挖出区块的用户（即“矿工”）。这种工作量证明机制 POW（Proof of work）成为了新一代数字货币网络运转的基石。如今，比特币的底层技术“区块链”，正在成为超越数字货币的存在。数字货币和区块链对于人类社会的改造，现才刚刚开始。

（三）数字货币的本质

1. 法定数字货币的本质仍然是信用货币

货币形态经历了变物货币、金属货币、信用货币等几个重要的阶段。信用货币可以定义为：在信用关系基础上产生的能够执行货币职能的一种信用凭证或符号。信用货币的产生和发展，能够促进商品经济的发展，但也增加了商品经济中危机产生的可能性。

进入网络时代之后，虚拟化趋势使得纸币也将被虚拟化为法定数字货币，但是纸币物理形态的消失并不会改变其承载的信用关系和货币职能。即法定数字货币其本质上仍然延续了纸币的信用货币职能。

2. 非法定数字货币的本质是虚拟商品

对于非法定数字货币的代表比特币，在中国当前是禁止国内机构为其提供交易场所的。2013 年 12 月 3 日中国人民银行等五部委发布《中国人民银行工业和信息化部 中国银行业监督管理委员会 中国证券监督管理委员会 中国保险监督管理委员会关于防范比特币风险的通知》[银发〔2013〕289 号]（以下简称《通知》）文件。该《通知》明确了比特币的性质，认为比特币不是由货币当局发行，不具有法偿性与强制性等货币属性，并不是真正意义的货币。从性质上看，比特币是一种特定的虚拟商品，不具有与货币等同的法律地位，不能且不应作为货币在市场上流通使用。《通知》还要求，现阶段，各金融机构和支付机构不得以比特币为产品或服务定价，不得买卖或作为中央对手买卖比特币。不得承保与比特币相关的保险业务或将比特币纳入保险责任范围，不得直接或间接为客户提供其他与比特币相关的服务。

2017 年 9 月 4 日，中国人民银行等七部委发布了《关于防范代币发行融资风险的公告》。该公告中指出，代币发行融资是指融资主体通过代币的违规发售、流通，向投资者筹集比特币、以太币等所谓“虚拟货币”，本质上是一种未经批准非法公开融资的行为，涉嫌非法发售代币票券、非法发行证券以及非法集资、金融诈骗、传销等违法犯罪活动。由于首次代币发行（Initial Coin Offering，ICO）为非法金融活动，严重扰乱金融秩序，因此国内叫停了所有代币融资项目。同时，责令所有境内数字货币交易所限期关闭，并停止新用户注册。

二、数字货币的应用

视频：数字货币的应用

我国监管部门虽然拒绝了比特币、莱特币等虚报货币，但对于法定数字货币，中国人民银行一直在研究探索之中。与比特币更多是作为一种投资品被用来投资、投机不同，中国人民银行推动的法定数字货币 DCEP 会像纸币一样具有无限法偿性，与纸币之间的价值对比也是恒定的。发行数字货币的目的是替代实物现金，降低传统纸币发行、流通的成本，提升经济交易活动的便利性和透明度，便于对货币的合规管理。

自 1971 年布雷顿森林体系瓦解之后，货币的价值便不在于可以兑换多少的金银，而在于其发行方即国家的信用背书，DCEP 也一样。DCEP 是以国家信用为价值支撑，本质上属于中央银行对公众发行的债务，以国家信用为价值担保，具有无限法偿性，可保证法定数字货币有效发挥价值尺度、流通手段、支付手段、贮藏手段、世界货币等五大货币职能。中国人民银行对其定位是代替现金（M0），简单来说，DCEP 具有国家信用，与法定货币等值，其功能属性与纸钞完全一样，只不过是数字化形态。

另外，DCEP 采用的是“中央银行——商业银行”的双层运营体系，通过双层运营体系由商业银行通过电子钱包向终端用户提供数字货币存取等服务。我国法定数字货币之所以采用双层运营体系，是因为这种体系更加适合我国国情，既能利用现有资源调动商业银行积极性，也能够顺利提升数字货币的接受程度，同时还能延续中心化的管理模式。

这种延续性和继承性主要体现在：双层运营体系不会改变流通中货币的债权债务关系，为保证法定数字货币不超发，商业机构向中国人民银行全额缴纳准备金，法定数字货币依然是中国人民银行负债，由中国人民银行信用担保，具有无限法偿性。不仅如此，双层运营体系不会改变现有货币投放体系和二元账户结构，不会对商业银行存款货币形成竞争。因为不影响现有货币传导机制，自然不会强化压力环境下的顺周期效应，所以不会对实体经济产生负面影响。另外，采取双层体系发放兑换法定数字货币，也有利于抑制公众对于加密资产的需求，巩固我国货币主权。

与微信、支付宝等传统支付方式不同的是，DCEP 具有“离线模式（无须网络）”和“可控匿名（无须账户）”两大特点，即用户通过 App 实现数字货币支付时可以无须网络，且在交易过程中无须了解对方的身份，只需通过 App 验证数字货币即可。另外，DCEP 既然和现金等同，那它本质上就是法定货币，无论支付数额大小，收款人都不能拒绝接受。例如，有的超市、便利店只支持支付宝，而有的只支持微信。但是，如果选择使用 DCEP 进行支付的话，那么是不能拒绝的，拒绝接受 DCEP 支付是违法行为。

2020 年年初，中国人民银行发文表示，已经基本完成了法定数字货币的顶层设计、标准制定、功能研发、联调测试等工作。2020 年 4 月以来，法定数字货币在深圳、雄安、成都、苏州四个试点城市开展了首轮测试。2020 年 11 月又新增了上海、长沙、海南、青岛、大连、西安六地试点。根据 2020 年 8 月商务部印发的《全面深化服务贸易创新发展试点总体方案》中的规划，将陆续在北京、南京、杭州、重庆等全国 28 个省市相继开展数字人民币试点。这意味着，中国官方数字货币，距离呱呱坠地已经不远了，这将是全世界第一个以主权货币国家货币为锚的数字货币。

DCEP 的推出至少有以下十个层面的意义。

（1）DCEP 将进一步降低货币发行成本。相较于传统货币中的纸钞和硬币，数字货币可以节省印制、发行、回笼、贮藏和防伪技术升级等各个环节的大量成本，同时也减少了人力物力的使用。

（2）DCEP 将进一步助力维护金融秩序。一旦纸币脱离了金融机构的监管，就会形成盲区或死角，那么将会带来类似于洗钱、偷税漏税、非法融资、走私等非法交易活动。而数字货币可以进行有条件的追踪，更有利于政府监管，有效打击一些违法犯罪行为。同时，法定数字货币问世后，可以清理在市面上些杂乱的虚拟货币，整治币圈乱象。这对稳定金融市场秩序有着积极的影响。

（3）DCEP 将进一步帮助政府的经济调控。数字货币有利于中国人民银行实时监控流通中的货币总量以及流通速度。政府可以根据这些数据对经济发展进行宏观调控。

（4）DCEP 将进一步推动移动支付的发展。DCEP 把口袋中的纸币变成了电子化的货币，这有利于打破目前支付宝和微信支付在移动支付领域的垄断地位，让移动支付又多了一项选择。

（5）DCEP 将进一步增大银行 App 流量。DCEP 钱包完全可以将使用中的巨大流量导入现有的银行 App 中，采用的方式可以多样化，比如 DCEP 功能内嵌入银行 App，或者是通过独立的 DCEP 钱包引导流量进入银行 App。

（6）DCEP 将进一步拓展人民币国际化空间。由于脱离了账户体系，受到的支付系统的原有约束不再存在，例如可以允许境外公民注册使用 DCEP 钱包，一旦推广开来形成忠实的用户群体，则人民币国际化之路将更为通畅。

（7）DCEP 将进一步便利化人民币跨境支付。目前跨境支付中各国分立的网络屏障将不复存在，直接使用人民币付款和贸易便利化将成为可能。

（8）DCEP 将进一步突破美国金融霸权。美国控制下的 SWIFT 系统是国际银行间跨境汇兑市场上的独特垄断机构，这一金融系统就经常被美国操纵用以实现其政治诉求。而 DCEP 加上区块链支付可打破 SWIFT 体系的垄断，真正意义上实现“资金流和信息流的融合”，为全球贸易提供更安全可靠、智能化的新支付体系。

（9）DCEP 将进一步带动国内区块链发展。若把 DCEP 看成是整个区块链行业基础设施的一部分，而且是非常重要的激励机制那一部分，那么一旦各商业银行支持 DCEP 的钱包推出，在接入场景和应用层面上肯定是百花齐放，各种区块链应用的创新和创意将会不断涌现。

（10）DCEP 将进一步融入物联网智能支付。大规模的物联网经济活动会产生大量的交易和支付需求，而机器通过内置符合央行认证要求的 DCEP 钱包，就可以拥有 DCEP 账户，从而实现自动化、智能化的物联网支付。

【项目练习】

一、单项选择题

1. 在 2008 年次贷危机大背景下，（　　）发布了比特币白皮书。

A. 中本聪　　B. 亚当·巴克　　C. 戴维　　D. 大卫·乔姆

2. 超级网银主要用来处理用户通过在线方式发起的小额跨行支付，小额是指（　　）。

A. 金额在 5 万元以下　　B. 金额在 10 万元以下

C. 金额在 50 万元以下　　D. 金额在 100 万元以下

3. 2011 年 5 月，中国人民银行对外公布了首批 27 家获得“支付业务许可证”的企业名单，其中不包括（　　）。

A. 支付宝、财付通、快钱、汇付天下　　B. 银联商务有限公司

C. 广州银联网络支付有限公司　　D. 中国移动

4. （　　），经国务院同意、央行批准，中国银联成立。

A. 2002 年 2 月　　B. 2002 年 3 月　　C. 2003 年 3 月　　D. 2003 年 2 月

5. NFC 工作模式中最常见的是（　　）。

A. 卡模拟模式　　B. 点对点模式　　C. 读卡器模式　　D. 被动模式

6. 1995 年 10 月，全球第一家网络银行（　　）在美国诞生。

A. 安全第一网络银行　　B. 网络银行　　C. 皇家银行　　D. 微众银行

二、多项选择题

1. 与微信、支付宝等传统支付方式不同的是，DCEP 具有（　　）的特点。

A. 离线模式　　B. 无须网络　　C. 可控匿名　　D. 无须账户

2. 银联三大移动支付产品包括（　　）。

A. 云闪付 App　　B. 银联手机闪付

C. 银联二维码支付　　D. DCEP

3. 根据《非金融机构支付服务管理办法》，非金融机构支付服务是指（　　）。

A. 网络支付

B. 预付卡的发行与受理

C. 银行卡收单

D. 中国人民银行确定的其他支付服务

4. NFC 具有三种工作模式，分别是（　　）。

A. 卡模拟模式　　B. 点对点模式　　C. 读卡器模式　　D. 被动模式

5. 闪付以非接触支付技术为核心，涵盖（　　）等各类领先的创新技术应用。

A. NFC（近场通信）　　B. HCE（基于主机的卡模拟）

C. TSM（可信服务管理）　　D. Token（令牌）

6. 按照业务类型不同，第三方支付企业可以划分为（　　）。

A. 依托大型 B2C、C2C 等网站的网关支付

B. 通过销售点终烟（POS）的线下支付

C. 储值卡等预付卡服务

D. 以银联电子支付、快钱、汇付天下为首的金融型支付企业

7. “3A”银行是指（　　）。

A. 任何时间（Anytime）　　B. 任何地点（Anywhere）

C. 任何方式（Anyhow）　　D. 任何人（Anyone）

三、判断题

1. 法定数字货币依然是中国人民银行负债，由中国人民银行信用担保，具有无限法偿性。（　　）

2. 中国人民银行对法定数字货币的定位是代替 M1。（　　）

3. 数字货币也是一种虚拟货币，但是更强调它的产生和发行中是否具备法币地位。（　　）

4. 比特币的总数量被永久限制在 210 万个。（　　）

5. 空中发卡、非接闪付、在线支付是闪付三大特征。（　　）

6. 2020 年年初，中国人民银行发文表示，已经基本完成了法定数字货币的顶层设计、标准制定、功能研发、联调测试等工作。（　　）

7. 网联的全称为“非银行支付机构网络支付清算平台”。（　　）

四、简答题

1. DCEP 的推出有哪些的意义？

2. 中国现代化支付系统由哪些系统构成？

3. 非银行支付机构网络支付业务有哪些特点？

项目四 金融科技在银行业的应用

项目四 PPT

【知识目标】了解传统商业银行的概念、发展现状，了解商业银行贷款业务及其痛点；熟悉金融科技在银行业的具体应用；了解互联网银行的类型和系统、经营模式；了解传统银行与互联网银行所提供的服务。

【能力目标】能够识别银行目前所处发展阶段；能够区分互联网银行和传统银行的区别；能够明确互联网银行对传统银行的影响。

【素养目标】通过金融科技在银行业应用的学习，帮助学生了解商业银行对我国及经济发展所起到的积极作用，明确诚信是银行的立身之本。通过对互联网银行的学习，了解创新在时代发展中的重要性，理解创新是民族进步的，是一个国家兴旺发达的不竭动力。通过将互联网银行与传统银行进行比较，帮助学生树立正确的价值观，树立走中国特色金融发展之路的理念。

模块一 金融科技与传统银行

【内容简介】

本模块主要介绍了互联网银行的产生、起源和发展；互联网银行的概念、特点和功能。

【案例导入】

专家谈银行数字化转型：核心点是线上化和智能化，应从六个方面补齐短板

“现阶段，将传统的金融服务改造升级成较为简单的数字金融服务，是银行共同努力的方向。”7 月 30 日，在“2022 中国财富论坛”上，专家及业内人士围绕传统银行如何数字化融合发展构建金融新业态分享了各自的观点。有专家表示，银行的数字化转型需要通过战略、组织、人才、技术、数据、应用、生态七个方面的突破来实现。

在数字时代，数字化是银行的发展乃至生存的需要，但技术与业务的协同一直是一道

难题。科技如果走得太慢，无法帮助业务提升效能；反之，则短时间内只有投入没有产出，亦不可持续。那么，数字化转型应先从哪些角度切入银行业务？

“银行业的数字化，其核心点是线上化和智能化。”在江苏苏宁银行董事长黄金老看来，衡量一家银行数字化水平高低，主要看业务全流程能否以在线上化、自动化的方式实现。“目前，对传统的金融服务的数字化改造升级，就是让用户和银行员工都容易使用和操作数字金融服务；其中可以实现的，都是数字化比较高的银行。”

此前，原银保监会（现为国家金融监督管理总局）发布《关于银行业保险业数字化转型的指导意见》，要求把推动银行保险机构把数字化转型作为实现金融高质量发展的关键驱动力之一。公开资料显示，工农中建与光大等大型银行早已开启数字化转型；其中，工行已累计获得数字化转型相关专利授权超1300项，中行在过去一年的科技投入同比增长了11%。那么，无法承担高额科技投入的中小银行该如何开展数字化转型？

中小银行互联网金融（深圳）联盟秘书长黄润中认为，中小银行可根据自身特色和实际，选择战略投入、技术路径以及业务融合的诉求，再寻找合适的人才以及场景生态实现数字化转型。“过去三年间，现在中小银行在战略、组织、人才、技术、数据、应用、生态等七个维度都已经有了很大的进步，但仍有很多短板需要补充。”

对此，黄润中认为，对于银行来说，目前最主要的挑战在于国家存量数据还是比较缺乏的，或者还是不能充分获取。“未来，银行的数字化运营还需要在这个框架下来不断适应，来修正自己。”

资料来源：https：//baijiahao. baidu. com/s?id = 1739770469375495434&wfr = spider&for = pc

【基础知识】

随着我国金融科技的发展，在新一轮科技革命和产业变革的背景下，人工智能、大数据、云计算、5G、物联网、区块链等信息技术与金融业务深度结合，互联网银行作为随着互联网信息技术和金融科学技术的融合融入我国的金融领域，互联网银行应运而生。

一、传统银行概述

（一）银行的概念

银行是依法成立的经营货币信贷业务的金融机构，是商品货币经济发展到一定阶段的产物。银行是金融机构之一，银行按类型分为：中央银行、政策性银行、商业银行、专营机构、投资银行、世界银行，它们的职责各不相同。其中，商业银行的职责主要是通过存款、贷款、汇兑、储蓄等业务，承担信用中介的金融机构。商业银行是金融机构之一，而且是最主要的金融机构。商业银行主要的业务范围包括吸收公众存款、发放贷款以及办理票据贴现等。

（二）银行业发展现状

金融是现代经济的核心，而银行业起着至关重要的金融中介作用。自中华人民共和国成立以来，银行业对改善社会民生，促进国民经济发展具有举足轻重的作用。尤其是近些年，持续高速增长的经济和宽松的货币政策，我国银行业呈现出了迅猛扩张的势头。改革开放40多年，尤其是加入世贸组织之后，我国银行业的综合实力

视频：银行业
发展现状

得到了很大提升，已经跃居世界首位。从资产规模来看，照当时的汇率，2022 年年末，中国银行业金融机构总资产 379.4 万亿元人民币，同比增长 10.0%。

我国银行业以中国人民银行为监管机构，由政策性银行、大型股份制商业银行、城市商业银行、农村商业银行等组成。

中国人民银行简称央行，是中华人民共和国国务院组成部门，属于国家机关。主要任务是在国务院领导下，制定和执行货币政策，防范和化解金融风险，维护金融稳定。

国家开发银行是中国最大的对外投融资合作银行、中长期信贷银行和债券银行。我国有政策性银行两家，包括中国进出口银行和中国农业发展银行。中国进出口银行是支持中国对外经济贸易投资发展与国际经济合作、具有独立法人地位的国有政策性银行。中国农业发展银行的主要任务是承担农业政策性金融业务，代理财政支农资金的拨付，为农业和农村经济发展服务。

我国大型商业银行有 6 家，包括中国工商银行、中国农业银行、中国银行、中国建设银行、交通银行、中国邮政储蓄银行。大型商业银行是我国银行体系的主体，无论是在人员、机构网点数量上，还是在资产规模及市场占有份额上，均有绝对领先的地位，对我国经济金融的发展起着举足轻重的作用。

股份制商业银行一般由企业法人持股，业务上自主经营、独立核算，以利润最大化为经营目的。在我国现有 12 家全国性股份制商业银行：招商银行、浦发银行、中信银行、中国光大银行、华夏银行、中国民生银行、广发银行、兴业银行、平安银行、浙商银行、恒丰银行、渤海银行。

城市商业银行、农村商业银行等是中国银行业的重要组成和特殊群体，其前身是城市信用社和农村信用社，当时的业务定位是：为中小企业提供金融支持，为地方经济搭桥铺路。随着中国金融事业的发展，现在的城市商业银行和农村商业银行的主要任务是为地方经济及地方居民提供金融服务。

在银行系统中，大型国有商业银行在规模和品牌等方面明显优于其他银行，吸收了居民储蓄总量的 65%，并承担全社会 80% 以上的支付结算服务，贷款业务也占据全部金融机构总量的 56%。股份制商业银行的市场份额在近几年中大幅度增长。

（三）商业银行贷款业务

贷款业务是商业银行的主要业务之一，也是商业银行资产业务的核心。贷款分类有多种方法，其中最常见的分类是根据贷款的保障程度来划分，可分为信用贷款、担保贷款和票据贴现。

1. 信用贷款

信用贷款是商业银行仅凭借款人的信用而发放的贷款，是银行的高风险贷款。在《巴塞尔协议》中信用贷款的风险权重被确认为 100%。商业银行应当在保证资产安全性的前提下，谨慎地发放信用贷款。

2. 担保贷款

担保贷款是指贷款人为确保贷款的按时收回，要求借款人或第三人提供一定的财产或资信而发放的贷款，这种贷款的风险相对较小。按照担保方式的不同，担保贷款可分为保证贷款、抵押贷款和质押贷款三种。

保证贷款是担保人以其自有的资金和合法资产保证借款人按期归还贷款本息的一种贷款形式。如借款人到期不能偿还债务即由担保人履行保证义务。保证贷款为客户生产经营活动提供信贷资金支持。贷款币种主要有人民币、美元；贷款期限最长不得超过7年，其中贷款宽限期不得超过3年。

抵（质）押贷款是按抵押方式以借款人或第三人的财产作为抵押物而发还的贷款。根据担保物是否移交债权人占有可分为抵押（不移交）贷款和质押（移交）贷款。

（1）抵押物的种类。抵押人所有的房屋和其他地上定着物；抵押人所有的机器、交通运输工具和其他财产；抵押人依法有权处分的固有的机器、交通运输工具和其他财产；抵押人依法承办并经发包方同意抵押的荒山、荒沟、荒丘、荒滩等荒地的土地使用权；依法可以抵押的其他财产。

（2）质押物的种类。可用于质押的质物有：依法可以移交给贷款人占有的一切财产；票据、债券、存单、仓单、提单；依法可以转让的股份、股票；依法可以转让的商标专用权、专利权、著作权中的财产权；依法可以质押的其他权利。

（3）抵（质）押率的确定。抵（质）押率是指抵押、质押贷款本息与抵押（质押）物作价现额（估价）之比，是确定贷款金额的依据。决定抵（质）押率高低的因素是不确定的，需要对借款人资产状况、信誉及抵（质）押物的估价等因素进行合理的分析。因此，抵（质）押率没有统一规定，而视每一笔贷款的具体情况逐一确定，通常情况下，抵（质）押率在70%以下为宜。

3. 票据贴现

票据贴现是指商业汇票的收款人或持票人，在汇票到期日前，为了取得资金而将票据权利转让给银行的票据行为，我国商业汇票按照承兑人的不同可分为商业承兑汇票和银行承兑汇票。票据到期时。贴现银行持票直接向承兑人提示付款。

贴现虽然是贷款，但与一般贷款有所不同。

（1）贷款对象不同。贴现以持票人（债权人）为贷款对象；一般贷款以借款人（债务人）为贷款对象。

（2）信用关系不同。贴现体现银行与持票人、出票人、承兑人及背书人之间的信用关系；一般贷款体现银行与借款人、担保人之间的关系。

（3）计息时间不同。贴现在放款时就计收利息；一般贷款则是到期或定期计收利息。

（4）资金流动性不同。贴现可以通过转贴现或再贴现提前收回资金；一般贷款只能到期收取资金。

贷款业务包括审核、调查、审批等程序。借款人与商业银行建立了信贷关系后方可申请贷款。借款人需要贷款时首先提出贷款申请，经过商业银行信贷部门的贷款调查、信用评估后，按照审贷分离、分级审批的原则进行贷款的审批；然后由借贷双方逐笔签订借款合同，约定贷款金额、期限、利率、用途、还款方式及违约责任等事项，最后逐笔发放贷款。银行的信贷业务包括贷前调查、贷中审查、贷后检查三部分。

（四）商业银行贷款业务的痛点

不良贷款是指银行等金融机构中存在的非正常贷款或有问题贷款，是指借款人未能按照原定的贷款协议按时偿还商业银行的贷款本息，或者已经有迹象表明借款人不可能按照原定的贷款协议按时偿还贷款本息而形成的贷款。不良贷款率是指金融机构不良贷款占贷款余额的比重。银行在进行贷款业务时要采取有效措施降低贷款风险，减少不良贷款，这要求银行具有较高的风险管控能力。传统的贷款业务从流程，操作层面上进行严格的规范管理和风险控制，在一定程度上控制了不良贷款的产生，一定程度上提高了风险控制水平。然而，企业信用违约风险仍在加大，原银保监会（现为国家金融监督管理总局）的数据显示，2023 年 2 月 3 日，原银保监会数据显示，2022 年年末银行业金融机构不良贷款率为 1.71%。偏高的不良贷款率严重阻碍银行业的健康发展。从实际操作层面，出现不良贷款的主要原因如下。

1. 贷前调查不够客观

贷前调查是拓展客户、发放贷款的第一道关，是防范风险、减少坏账的重要前提，其调查的真实性和可靠性，对贷款的安全性意义重大。贷前调查是决定贷与不贷，贷多贷少，贷款期限和方式的重要依据。

（1）信贷员精力有限。从前面的操作流程来看，信贷业务员受理企业的具体贷款申请后，需要严格按照流程投入较大的精力和时间评估企业的经营情况、财务状况、申请项目的可行市场前景以及到企业进行深入的贷前调查。而实际情况是，信贷员面对大量的贷款申请时缺乏足够的时间和精力，不能严格按照操作流程执行，他们往往根据主观意见和既往经验进行判断，其决定也往往主观性强，不够客观。

（2）对企业信用评价不够精确。企业的信用评级是决定是否发放贷款的重要依据，有一套系统的评价标准，要充分考虑借款人的经营状况、资质、借款用途、主要财务指标、还款能力、押物情况等因素。然而实际操作是进行品行调查和征信系统查询，并没有严格按照流程操作，得出的结论并不准确。

（3）对中小企业的贷款申请受理不积极。中小企业的财务状况、信用记录、经营活动等相比于大型优质企业，存在严重信息不对称，贷前调研成本更高、更不客观等情况，这些导致信贷员对中小企业的贷款申请受理积极性不高。

2. 贷中审查不够准确

贷中审查是贷款发放的核心环节。银行按审贷分离、分级审批的贷款管理制度进行贷款审批。贷前调查后信贷员向审核部门提供借款人申请借款的相关资料及调查报告等文件，再由贷款审查人员进行严格的审查。

贷款的审批环节，主要审核以下方面。

（1）主体真实性审查。如果是企业类借款人，需要审查该企业法人营业执照、贷款卡（证）等法律文件。应审查上述法律文件是否在有效期限内办理了年检手续；是否发生内容、名称变更；是否已吊销、注销、声明作废等；审查部分企业“一套人马、多块牌子”以及产权不清、管理混乱情形。如果是个人借款，要审查个人身份证原件以及借款申请书上是否是本人的签字或盖章。

（2）主体合法性审查。要审查法人及法定代表人印章使用是否合法；经办人是否超越职使用法人公章及法定代表人印章；法人及法定代表人授权委托是否真实，授权内容、期限、事项是否清楚；审查法定代表人、经办人身份证号码，核对法人及法定代表人盖章与预留印鉴是否相符；审查有关合同和文件是否有法定代表人、经办人签字，合伙组织是否有各合伙人签字盖章等。

(3) 主体资信程度审查。审查企业（或个人）、关联企业、公司股东及其配偶在金融机构贷款情况，以亲朋名义在金融机构贷款情况，对外担保情况，有无不良信用记录，有无大额或有负债或重大涉讼案件等；审查公司法人代表或个人有无赌博、吸毒、赖账不还等劣迹，有无道德风险等。审查报告中要对以上情况作专门介绍，并在征信系统中查询记录后附佐证。

(4) 对贷款资料进行审查。借款人还款来源是否足额可信，判断是否存在虚假贷款嫌疑。分析贷款的风险因素、风险程度，审核调查人的调查意见是否客观等。在贷款审查过程中，传统的贷款流程和技术存在一些疏漏，影响贷款的发放以及发放效率，具体表现在：传统的人工方式成本高、出错多、效率低；抵/质押物的评估，核实难度大、效率低；银行实时监控无法实现。

3. 贷后检查不够有效

贷后检查贷款发放后对借款人执行借款合同情况及贷款使用的追踪调查和检查。贷后检查主要包括：①重点检查借款人的贷款使用情况、偿债能力变化情况和履行借款合同情况。②定期检查借款人的生产经营状况、资信状况、贷款使用情况。③持续检查借款人的现金流情况。检查抵（质）押物的现状及价值变化情况以及保证人偿债能力的变化情况。了解宏观经济变化和市场波动情况，判断其是否会对借款人或借款项目产生负面的影响。

二、金融科技在传统银行领域的应用

视频：银行业的发展趋势

金融科技底层技术中的区块链采用分布式记账、哈希密码学、不对称加密、时间戳以及点对点传输机制等技术可以提供安全、不可篡改、可追溯的信息和数据，这一特征赋予传统贷款业务以技术为背书的新信用基础，形成新的信用机制，解决传统贷款的业务难题和痛点。

（一）保证数据的可靠性，降低风险

1. 数据可靠

区块链采取分布式记账、点对点传输，因此链上的每笔交易对于各个节点公开透明；不对称加密和哈希函数等技术使链上的交易具备高度的隐私保护特征；交易哈希，区块、区块指针等自带的属性和技术特征决定了区块链上的数据不可篡改；区块链分布式数据存储的数据与传统的中心化记录与存储方式不同，它具备去中心化的特征，51%攻击的可能性非常小，保证交易的真实性和安全性。

以上区块链技术将全面赋能信贷业务风险体系，重构信用机制，强化信息的可靠性。从技术底层有效缓解“贷前调查不够客观、贷中审查不够准确、贷后检查不够有效”等问题，保证和强化银行客户数据的可靠性。这样不仅降低资金端的风控成本，也降低了数据被篡改带来的风险，而且可以控制欺诈、人工操作失误和违约风险。

2. 防范道德风险、实现实时监督

在传统贷款流程中，一些重要环节取决于银行信贷人员的主观决策，这给信贷人员的个人私利留下空间。区块链技术的赋能使银行审核机制更加规范，每笔业务都上链，形成逐笔贷款可追溯机制，每笔贷款的资料数据都如实上链，不同的环节都记录打包在不同区

块中。一笔贷款从贷前、贷中到贷后都完整实时跟踪和记录，银行可对贷款业务逐笔进行质量评价，确保每笔贷款的风险控制落实在每个环节和每个工作人员身上，奖惩机制有效实施，激励银行员工规范自己的行为，从而降低道德风险。

（二）解决信息不对称问题，有效缓解中小企业贷款难

区块链的公开、透明和分布式记账存储的特征，使得上链的中小企业数据更加充分、真实、公开和透明，如果出现造假或虚假信息，链上的每个节点都能查看到；所有信息都可追溯源头，所有信息都有时间戳和数字签名，这样中小企业的经营情况、财务情况、现金流情况都实时上链，真实反映企业的生产经营，为银行提供宝贵的风控资料，企业无法弄虚作假，解决了信息不对称问题。银行可以根据链上区块的数据分析，选择有资质的中小企业进行放款，有效缓解银行对中小企业惜贷、不贷的状况。

（三）区块链技术使贷款管理更加有效

区块链技术中的智能合约，使链上的各参与方执行合约层的指定命令，在智能合约中可以明确还款条件、数额、期限、逾期罚款、终止合同等内容，当达到设立的一系列触发条件后，区块链参与方将自动执行指定合约操作。比如，借款者可以停止贷款资金的发放或提前清收；根据客户还款资金的筹集情况，可以分析客户经营状况；帮助银行识别高风险客户，避免高负债用户继续申请贷款等。智能合约没有人为因素干扰，可以降低人工操作风险，降低借款者的违约风险，大幅提升效率。

区块链分布式存储特点，使得每个节点都有区块链上的相关数据，其数据记录都有时间戳及采用非对称加密技术，保证数据的可追溯和不可篡改。利用这些特点，银行可以随时监控定期反馈贷款的去向。如果贷款的用途与原来申请时的贷款用途不一致，银行就能实时监控到，并跟企业沟通、切实采取行动，作出风险预警。

（四）金融科技在供应链金融业务中的应用举例

在银行信贷业务中，作为一个新兴领域，供应链金融为中小企业的融资过程提供了更加广阔的渠道。供应链金融的实际含义是，商业银行分别为核心企业、核心企业的供应商以及核心企业的分销商等提供结账服务、融资服务以及理财服务、及时收款发放融资服务，以及预付款代付服务等。简而言之，传统商业银行以核心企业为中心，同将其紧密连接于上游和下游的中小企业，形成纵横交错的产业生态网络，并向其提供灵活的金融产品和金融服务的一种融资模式。由于存在信息不对称的问题，商业银行在传统的供应链金融模式下往往只对核心企业的上游一级供应商提供有限的融资服务，或者只能对下游一级经销商提供有限的融资服务，以便将风险控制在最低水平，因此供应链金融的便利融资、结算及其他理财的金融服务将很难触及处于供应链边缘的那些小微企业。

1. 传统供应链金融业务模式

（1）应收账款融资。依据未到期的应收账款进行融资办理的活动，被称为应收账款融资模式，在该模式中，在金融机构的帮助下，短期融资能够被企业所获取。该模式使得中小企业短期融资问题得到有效缓解，对于中小企业的未来长期健康发展具有至关重要的意义，能够使得中小企业供应链上的所有环节能够稳定运行。

（2）保兑仓融资。下游企业通过向金融机构进行贷款融资申请的活动，并将其使用在对上游供应商货物货款的支付方面，上游供应商依据货物回购来作出担保处理，让商业

银行拥有提货权的新型融资模式，被称为保兑仓融资。该模式的使用，能够使得下游融资企业的全额购货的资金压力得到显著释放，通过分批支付货款并分批提取货物的方式能够使得企业短期融资问题得到合理解决，同时也能够对下游融资企业的杠杆采购活动产生驱动作用，为供应商的批量销售提供一定的保障。从商业银行的角度来看，其在向下游融资企业提供保税仓融资服务的同时，也能够获取相应的营收。

（3）存货融资。有融资需求的企业以自身存货为质押物向金融机构申请贷款融资的行为被称为存货融资。目前我国的存货质押融资主要有存货质押授信、融通仓和统一授信三种模式。

2. 传统供应链金融业务存在的问题（见图4－1）

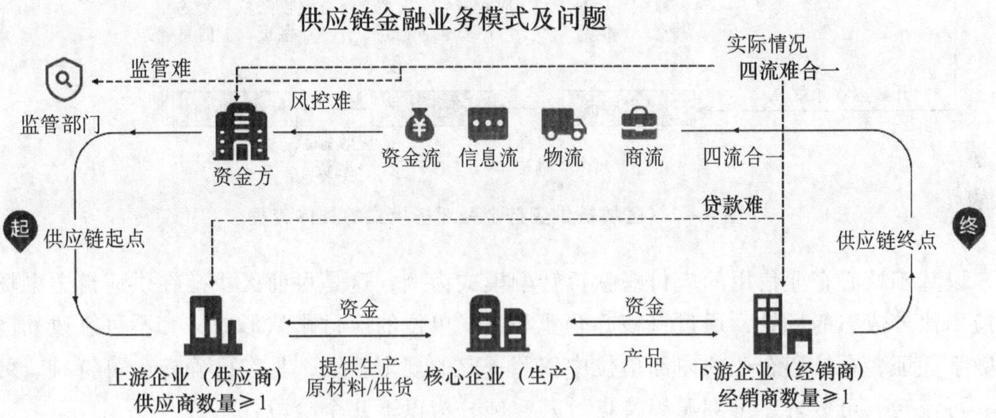

图4－1 供应链金融业务模式及问题

（1）中小企业融资难。核心企业信用只能传递至一级供应商，上游的多级供应商难以直接获取核心企业的信用背书。由于供应链上游的中小微企业单凭自身条件往往难以满足银行信贷融资标准，导致金融服务无法向供应链更深层次渗透，限制了供应链金融业务规模的发展。

（2）交易真实性验证成本高。为了明确没有直接合同关系的间接供应关系，金融机构需要投入大量额外的成本来校验相关信息的真实性，导致风控成本居高不下，业务扩展范围受限。

（3）信息相互割裂、无法共享。缺乏技术手段把供应链生态中的信息流、商流、物流和资金流打通，导致信任传导困难、流程手续繁杂、征信成本高昂。

3. 基于区块链技术的供应链金融模式

商业银行通过区块链技术的应用可以建立一个联盟链，即区块链供应链系统，然后将核心企业的上下游中所有企业都整合到这个公开透明的区块链产业网链系统中。商业银行即资金方也作为一个节点参与到该产业网链系统中，监管部门同样可以作为一个节点整合进来，然后利用区块链技术中的共享账本、共识机制以及智能合约等技术对全产业的数据和交易进行的实时监控，因此核心企业的二级供应商和二级经销商甚至更边缘化的小微企业的相关情况均可以得到掌控，进而得到精准的评估，商业银行可以拓展的业务服务对象，为更多中小企业提供相应的金融产品和金融服务，而供应链金融的发展模式也得到了进一步的优化。区块链供应链金融业务模式的具体流程见图 4－2。

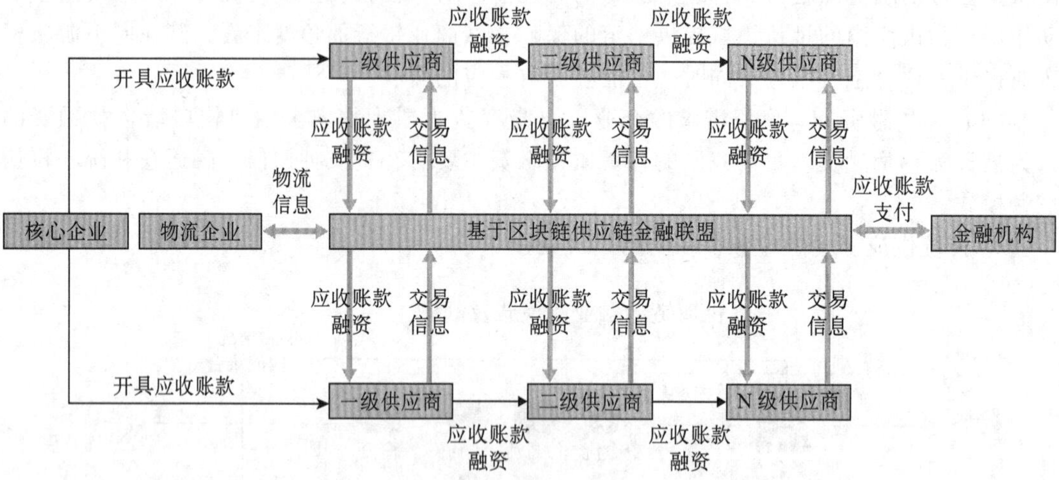

图 4－2　区块链供应链金融业务模式的具体流程

以基于核心企业信用的应付账款拆转融模式为例，这是目前区块链在供应链金融场景中应用比较成熟的场景，通过将核心企业和下属单位的应付账款形成一套不可篡改的区块链数字凭证，在核心企业的内部单位中依照一定的规则签发，具有已确权、可持有、可拆分、可流转、可融资、可溯源等特点。其实施分为以下几个阶段：

（1）系统对接。金融机构与商业银行签订总对总的整体合作协议，将核心企业 ERP 系统的业务流、合同流、物流、资金流等关键点数据按照时间顺序直接上链存证，由金融机构根据核心企业的资产实力情况给予一定额度的授信。

（2）供应商推荐。核心企业将可能有存在应收账款融资需求的一级供应商直接推荐给金融机构，由金融机构逐个对供应商进行合规性准入审核；对于金融机构审核通过的一级供应商，可以推荐其上游二级供应商给金融机构，以此类推。

（3）融资申请。在核心企业确认的前提下，已经形成应收账款的一级供应商，可以向金融机构申请融资，或者将已确权的应收账款拆分给二级供应商。

（4）审核放款。金融机构对核心企业的确权审核无误后，并向供应商收集发票复印件、对账单等相关资料，同时，确认核心企业支付款项的账户为已开设的专项监管账户，并签署合同，便可以开始启动放款。

（5）到期扣款。实到资金到期后，核心企业直接将款项偿还给金融机构。

三、银行系金融科技子公司

近年来，为摆脱银行传统体制的束缚，顺应互联网浪潮与新兴技术的变革，银行纷纷加大金融科技投入，每年将一定比例的营收投入到金融科技领域。银行系金融科技子公司应运而生，通过在场景、流量、客户、技术等方面的快速布局，实现科技赋能行内各项业务的同时又进行了科技输出。

银行业设立金融科技子公司具有以下两方面的优势。一方面，金融科技业务有别于银行传统业务，独立化运作有助于迅速提升专业化管理优势、研发优势、激励机制等。另一方面，子公司的防火墙设置和保密机制加强，小型金融机构更易接受。因此，股份制大行纷纷设立金融科技子公司，既满足银行自身需求也对外提供技术服务，深化内外部开放合作，成为银行业未来发展重要趋势。

2015 年，兴业银行旗下的兴业数字金融服务（上海）股份有限公司（简称“兴业数金”）开启银行设立金融科技子公司的模式，此后平安集团、招商银行、光大银行等股份制银行也纷纷加入设立金融科技子公司的行列。2018 年，建设银行作为国有大行率先设立金融科技子公司建信金融科技有限公司（简称“建信金科”），随后工商银行和中国银行也开始跟进。同年，北京银行将此前全资控股的京辉投资改为北银金融科技有限责任公司，成为了首家独立设立金融科技子公司的城商行。

银行系金融科技子公司（见表 4－1）在股权结构方面，可分为合资型和全资型两类。合资型是指银行作为控股股东，通过和其他外部机构共同出资成立的金融科技子公司，例如兴业数金，由兴业银行与兴业财富、高伟达软件股份有限公司、福建新大陆科技集团有限公司、深圳金证科技股份有限公司共同出资设立。这种合资的股权结构兼顾了各方在银行、证券以及支付系统上的研发特长，可充分借助股东的技术、资源及人员优势共同发展。而中国建设银行、中国工商银行、中国银行三家国有大行均采用全资控股形式设立金融科技子公司，实现统一化管理，加强与银行内部联系。

表 4－1　银行系金融科技子公司一览表

子公司（简称）	所属银行	成立时间	股权架构	服务对象	主要产品
兴业数金	兴业银行	2015 年 11 月	合资，母行 51%	中小银行、非银机构、政府与公共服务等	银行云、基础云、非银云、开放银行＋智慧银行
金融壹账通	平安集团	2015 年 12 月	全资，平安科技持股 44.3%	银行、保险、投资等全行业金融公司	移动银行、壹金业、车险运商与服务、智能客服智能保险销售管理、智能风控壹企银、壹资管资产负债管理互联网银行平台等解决方案
招银云创	招商银行	2016 年 2 月	全资	金融同业机构	专项咨询与服务金融业务云、金融基础云
光大科技	光大银行	2016 年 2 月	全资	光大集团和成员企业	集团内部云产品缴费平台、各类解决方案等
建信金科	建设银行	2018 年 4 月	全资	建行集团、同业、社会大众	金融机构、政府、企业、通用解决方案等
民生科技	民生银行	2018 年 4 月	全资	民生银行、金融联盟成员、中小银行、民营企业、互联网用户	云产品、解决方案、技术服务等

续表

子公司（简称）	所属银行	成立时间	股权架构	服务对象	主要产品
龙盈智达	华夏银行	2018 年 5 月	全资	华夏银行和同业	人工智能、物联网、大数据、云平台等
工银科技	工商银行	2019 年 3 月	全资	工行及行业客户	系统研发、托管服务、生态云建设、科技产品输出、科创企业股权投资
北银科技全资母行、投资机构、中小金融企业北银科技	北京银行	2019 年 5 月	全资	母行、投资机构、中小金融企业	北银科技
中银金科	中国银行	2019 年 6 月	全资	中行及行业客户	集团内金融科技服务、外部金融科技服务、基础技术研究、金融云服务、其他行业云服务及金融科技资源整合

【案例拓展和实训操作】

（一）LinkEye：区块链 + 征信的初步尝试

LinkEye 是一套基于区块链技术的征信共享联盟链解决方案，通过区块链技术和信贷经济模型的整合，来构建联盟成员（金融公司）之间的征信数据共享和服务平台。联盟成员在传进行为发生前，与借款人达成协议，发生失信行为将在平台公示，区块链的签名机制保证了数据的不可篡改，从而完成失信人名单共享，同时开放对外查询接口，向社会共享数据。自 2017 年 8 月上线以来，已有包括快惠金服、钱袋宝等在内的 13 家机构参与其中。

（二）区块链 + 征信：促进共享，数据确权

通过将区块链技术和信贷经济模型深度整合，LinkEye 将各个征信数据孤岛串联起来，在联盟成员间共享失信人名单，形成真实可靠、覆盖面广的全社会征信数据库，有效促进完善社会信用体系。通过黑名单（掩码 + 签名）、联盟成员入驻机制、成员信用机制、仲裁机信息共享机制、智能定价机制、数据安全防火墙机制、开放全网查询接口等七大机制，确保平台高效、有序地发展。

通过系统各节点的信息共享，区块链可以构建一个完整的“信用分评价体系”，根据个人行为对信用的影响程度高低（例如信贷数据影响较高、非信贷数据影响较低）来评估个人的整体信用水平，并根据联盟机构对信用评价的贡献分配信用使用方查询数据产生的收益，解决“信息孤岛”问题。

区块链技术的应用有助于进一步厘清征信数据的归属问题。当前的征信体系下，信用数据全部掌握在机构手中。区块链模式下，个人所产生的信用行为记录由机构向区块链进行反馈，并在个人的“账簿”上进行记录，向全网广播，通过共识机制进行记录，信用查询时，则需要经用户许可才能查询个人信息。

目前，互联网金融行业坏账率畸高，一个重要原因是现有的上万家互联网金融企业间缺少一个有效的失信“黑名单用户”征信信息共享平台，这样就形成一个个数据孤岛，为部分高风险用户多头借贷、借款不还提供了可乘之机。另外，由于技术原因以及由此导致的平台核心利益冲突，各平台没有足够的动力共享“黑名单用户”数据。LinkEye 所打造的区块链征信联盟最大限度地解决了中心化机构所不能解决的问题，消除了不同信贷平台对于己方数据安全和核心利益的顾虑，准确地抓住了互联网金融信贷业务的行业痛点，取得了显著的成绩。

模块二

金融科技与互联网银行

【内容简介】

本模块主要介绍了互联网银行的产生、起源和发展；互联网银行的概念、特点和功能，以及我国的互联网银行。

【案例导入】

我国十大互联网银行

1. 微众银行

深圳前海微众银行股份有限公司，为我国首家互联网银行、首家民营银行、首家获得国家高新技术企业认证的商业银行。在民营银行行列，微众银行一骑绝尘。微众银行是我国目前最大规模的互联网民营银行。

2. 网商银行

浙江网商银行股份有限公司，由蚂蚁金服作为大股东发起设立，为中国首批 5 家民营银行之一、中国首家将核心系统架构在金融云上并且没有线下网点的科技银行。截至 2022 年年初，已有超过 4000 万小微经营者使用网商银行的数字信贷服务。

3. 百信银行

中信百信银行股份有限公司，由中信银行和百度联合发起设立，为中国首家国有控股互联网银行。截至 2022 年元旦，百信银行服务用户规模超过 6900 万，覆盖全国 800 多个县市。

4. 新网银行

四川新网银行股份有限公司，由新希望集团、小米、红旗连锁等发起设立，为我国第三家、中西部首家以互联网模式运营的数字银行，也是四川省首家民营银行。

5. 苏宁银行

江苏苏宁银行股份有限公司，由苏宁云商与日出东方共同设立，为江苏省首家民营银行。截至 2022 年元旦，苏宁银行总资产约为 1008 亿元，成为第三家总资产突破千亿元的民营银行。

6. 众邦银行

武汉众邦银行股份有限公司，为湖北省首家民营银行，2019 年获得国家高新技术企业认定。众邦银行由卓尔控股、钰龙集团、当代集团等六家企业联合发起设立。

7. 富民银行

重庆富民银行股份有限公司，为中西部第一家民营银行，主要目标客群是小微企业和灵活用工群体。

8. 亿联银行

吉林亿联银行股份有限公司，为东北首家民营银行、国内较早获得线上信贷业务资格的互联网民营银行。亿联银行现已与美团、百度、京东、维信等多家平台建立了广泛连接创新金融服务。

9. 华通银行

福建华通银行股份有限公司，为福建省首家民营银行、全国第二批试点民营银行之一。永辉超市、阳光控股有限公司是该银行的两大股东。

10. 金城银行

天津金城银行股份有限公司，成立于2015 年，国内较早的民营银行，由天津华北集团和麦购集团发起设立，提供普惠金融服务，为实体经济提供更便捷的金融供给，致力于打造基于供应链的互联网化的公司银行。

资料来源：https：//www. maigoo. com/top/418943. html

【基础知识】

一、互联网银行概述

互联网银行（Internet bank or E－bank）是指借助现代数字通信、互联网、移动通信及物联网技术可以吸收存款、发放贷款、结算支付，通过云计算、大数据等方式在线实现为客户提供存款、贷款、支付、结算、汇转、电子票证、电子信用、账户管理、货币互换、P2P 金融、投资理财、金融信息等全方位无缝、快捷、安全和高效的互联网金融服务机构。

（一）互联网银行的产生

海外互联网银行诞生于 20 世纪 80 年代末，在互联网技术革命浪潮推动下顺势而生，至今已走过三十多年的历程。其发展历程可分为三个阶段，每个阶段都呈现出不同的产品服务和渠道特征。

1989—1998 年：萌芽阶段。英国的米特兰银行创办了全球第一家直销银行 First Direct。

1998—2010 年：技术爆炸，创新突破。受益于互联网技术的普及与商业化，直销渠道由原来的电话、邮件转向互联网。

2010 年至今：技术升级，体验优化。手机 App 等移动互联网渠道开始成为重要的流量入口，产品与服务日益丰富完善，从满足更广泛的客户需求向优化用户体验和提升运营效率转变。

全球第一家互联网银行是美国第一安全网络银行（Security First Net－work Bank，SFNB）。1995 年 10 月，美国三家银行 Area Bank 股份公司、Wachovia 银行公司、Hunting

Bancshares 股份公司、Secureware 和 Five Space 计算机公司联合在 Internet 上成立全球第一家无任何分支机构的纯网络银行，即美国第一安全网络银行。SFNB 是得到美国联邦银行管理机构批准，在因特网上提供银行金融服务的第一家银行，也是在因特网上提供大范围和多种银行服务的第一家银行。1995 年 10 月正式开业，在互联网上提供银行金融服务。开业后的短短几个月，就有近千万人次在网浏览，给金融界带来极大震撼。于是若干银行紧随其后，在网上开设银行。随即，此风潮逐渐蔓延全世界，网络银行走进了人们的生活。1998 年 10 月，在成功经营了 3 年之后，由于受到金融危机和互联网泡沫等影响，SFNB 被加拿大皇家银行金融集团（Royal Bank Financial Group）以 2000 万美元收购。被收购后，SFNB 获得了强大的资金支持，业务范围扩大了，力图继续保持在纯网络银行领域内的领先地位。

（二）我国的互联网银行

在我国互联网金融市场中，阿里、百度、腾讯、京东等互联网科技公司都涉足支付、理财、基金、贷款、保险、众筹等金融领域。但在 2013 年国家颁布了《关于金融支持经济结构调整和转型升级的指导意见》后，由民间资本发起设立的自担风险的民营银行等金融机构才被法律认可，这也就是互联网银行的诞生。

二、互联网银行的特点

互联网银行概念由互联行创始人林立人先生率先提出，并付诸实施，互联网银行是对传统银行颠覆性的变革，是未来金融格局的再造者。互联网银行业务是一种全新的服务模式，有如下特点。

1. “AAA” 式银行

互联网银行是依托信息技术、互联网的发展而兴起的一种高科技、高智能的 “AAA” 式银行，能在任何时间（Anytime）、任何地方（Anywhere）、以任何方式（Anyhow）为客户提供服务，突破了时间和空间的限制、突破了服务手段的限制。互联网银行无须分行，服务全球，业务完全在网上开展；互联网银行既无营业网点，也无营业柜台，更无须财产担保，而是通过人脸识别技术和大数据信用评级发放贷款。因此，互联网银行是 24 小时的银行、全球化的银行、服务方式多样化的银行。

视频：互联网银行的特点与现状

2. 经营成本低

通过互联网技术，取消物理网点和降低人力资源等成本，极大地降低银行的经营及运行成本。与传统银行相比，具有极强的竞争优势。互联网银行的主要运行渠道是计算机网络系统，它是虚拟的，没有固定的场地，只需要在网络上设置相应的网站服务，避免了传统银行建立时所需要的大量人力、物力、财力的投入，例如场地费用、室内装修费、照明及水电费、人员费用等。

3. 客户体验感好

以客户体验为中心，用互联网精神做金融服务，全球互联。客户可以享受到方便、快捷、高效和可靠的全方位服务，可以在家里利用计算机网络开立账户，除了可以办理一般的银行业务，还可以通过互联网银行全面地了解保险、证券、基金等金融产品的详细介绍，互联网银行专业人员也可以通过网络很方便地回答全球的客户提出的各类问题。

4. 服务高效便捷

互联网银行通过网络进行运作，处理业务的速度以计算机的处理能力为依托，处理速度远远高于传统银行的处理速度。互联网使银行服务活动的节奏大大加快，网络银行服务便捷、产品更新快、服务创新时间短。同时，银行业务的电子化大大缩短了资金的在途时间，也大大提高了资金的利用率和整个社会的经济效益。

5. 无纸化交易

互联网银行在通过网络进行业务办理的过程中，传统银行业务所使用的票据和单据被电子支票、电子汇票和电子收据所代替；原有的纸币被电子货币，即电子现金、电子钱包、电子信用卡所代替；原有的纸质文件的邮寄变为通过数据通信网进行传送，真正实现了"无纸化"交易。

6. 信息共享

互联网银行可以通过网络更广泛地收集和分析最新的金融信息，并以更快捷便利的方式传递给网络银行的客户。由于网络资源的全球共享性，可以使银行与客户之间相互了解对方的信用及资产状况，从而大大减少了信用风险和道德风险，实现了信息的有效共享。

三、互联网银行与传统银行的区别

视频：互联网银行与传统银行的区别

互联网银行与传统银行最大的不同，就是互联网银行的全部业务都是通过纯线上形式完成的，不需要线下网点和柜台。

传统商业银行所遵循的"二八定律"，是19世纪末20世纪初意大利经济学家巴莱多总结的，他认为世界上大部分的财富流向了极少一部分人的手里。一直以来，"二八定律"被各家银行视作金融决策的重要依据，80%的银行利润来自20%的重要客户，其余20%的利润则来自80%的普通客户。而这样的定律也决定了传统银行的服务模式：提供差异化服务，设立VIP区域，普通用户办理业务等候时间长。但互联网银行则更多针对的是80%的客户，试图通过"长尾效应"服务更广泛的人群。而"长尾效应"的目标是通过对于本来不被重视的"尾巴"的挖掘，获得更多的利润和价值。互联网银行的优势在于利用大数据和云计算等技术，能够对用户的信用情况进行分析以给出最终的信用评分并提供服务。最直观的对比是：在传统银行最为看重的贷款业务上，互联网银行有极强的速度优势。传统银行需要5—10个工作日的审批和放款，互联网银行可能只需要15—20分钟而且只需要线上操作就能够实现。这样更为便捷的操作是格外有利于增强用户黏性的。对于很多中小型用户来说，使用互联网银行确实要比与传统银行沟通体验更好。

互联网银行与传统银行的差异如下。

1. 服务不受时空因素的限制

传统银行的营业时间与营业地点是固定的，即使传统银行因应客户要求而采取延长营业时间或增加分行数的方式使客户更加容易获得服务，但其成本较高，可行性较小，这些举措仍不及网上银行便利，互联网银行具有"随行""可携带"的性质，只要客户手机在手，联机至银行的计算机系统，互联网银行基本上处于24小时可使用的状态，不会因客户所在地的不同而影响服务内容，因此明显优于自动柜员机及简易型银行。互联网银行突破了时空因素的限制，是客户对其青睐的一大原因。

2. 成本低，效率高

首先，传统银行的设置往往需要高额的资金，除了办公处所的购置成本，也包括大量的人力资源成本。只要传统银行不断地对客户提供服务，其人力的支出必然节节上升无法削减。反观互联网银行，其信息提供与交易进行皆在线上实时完成，由客户直接通过网络与银行端对话，客户的需求与申请皆经由银行计算机系统的自动化流程迅速完成，无须经过中介柜员咨询、处理及复核流程，节省了人力成本。调查显示，传统银行每笔交易成本约需 1 美元，如果利用互联网银行进行交易，则每笔交易成本将只需要 0.015 美元甚至更低。二者竟相差 60 倍以上。

其次，大部分传统银行均具备多种作业平台与独立的后台办公系统，彼此不相往来。许多传统银行往往投入数百万或数千万美金将上述系统予以整合，但碍于内部限制等诸多原因，无法将这些系统直接提供给客户服务。互联网银行则完全借由单一的 Web 接口来提供服务。在此 Web 接口上，可将所有提供给客户的服务共同呈现，使客户一览无余，并供其任意点选连接。如此，当客户一旦登录互联网银行，所面对的将不是单一服务，而是综合性的产品选择。再者，互联网银行的效率高。传统银行受制于营业场所及人力，于同时段内可接受的客户量是固定的，也是有限的。当业务增长、客数增加时，其便面临着大排长龙及客户流失的问题。而互联网银行，则可以在一时段内容留大量客户数，同时供大量的客户浏览、试算、使用其服务，而鲜少有人满为患的困境。

综上所述，互联网银行人力需求低、服务选择多、同时可供多人使用，具有低成本、效率高的特征。

3. 专属性的服务

综观现今的银行服务，致力于小众化与分殊化是其趋势所在。传统银行纷纷设立贵宾理财中心或类似机制，以一对一的咨询服务彰显其专业度与个人专属性。然而此类服务因为成本高昂，通常设有某些进入限制，银行往往只能对所谓“贡献度较高”的客户提供一对一个人理财服务。然而，互联网银行却能成为一般客户专属的理财工具。借由互联网银行数据库中累积的个人理财及交易往来历史和网上银行提供的各类试算程序，一般客户得以掌握对自己最有利的投资组合。更有甚者，是由互联网银行积极提供建议，协助客户管理跨产品的需求，在线上真正实现“一对一个人化”的网上银行服务（One to One Personalized Internet Banking Service）。

从不同的角度来看，互联网银行与传统银行的区别主要体现在如下几个方面。

（1）从货币的角度来看，互联网银行使货币的形式发生了本质的变化。传统的货币形式以现金和支票为主，而互联网银行的流通货币将以电子货币为主。电子货币不仅能够令商业银行节约使用现金的业务成本，而且可以减少资金的滞留和沉淀，加速社会资金的周转，提高资本运营的效益。同时，基于网络运行的电子货币还可以给政府税收部门和统计部门提供准确的金融信息。

（2）从销售渠道来看，互联网银行是计算机网络化的金融服务机构。在计算机网络环境支持下，银行客户可以在有 PC（联网）的任何地方进行业务处理，如汇款、存款、支票、银行资金调拨、付账、贷款、清算、外汇、证券买卖、托收与信用证、旅行支票、购买保险、贵金属买卖等。这种营销渠道最大的好处就是客户处理金融服务业务不会受到太多空间和时间因素的限制。相比之下，传统银行的销售渠道是分行及其广泛分布的营业网点，传统银行提供的服务严格受到时空的限制。

（3）从业务范围来看，银行客户主要需要五类金融服务产品，即交易、信贷、投资、保险和财务计划。传统银行通常只能同时满足其中的一至两项服务，互联网银行则可以同时向客户提供这五类金融业务，提高了客户对商业银行及其服务质量的信任。除了传统业务以外，互联网银行还提供了一些全新的业务，如公共信息服务（包括利率、汇率信息、经济、金融新闻等）、理财服务和综合经营服务等，其中综合经营服务既包括直接或者间接控制网上商店，提供商品交易服务，也包括发行电子货币，提供电子钱包等服务，同时还从事或者代理证券保险业务，提供网上金融超市等。所以，互联网银行并不是单纯的传统银行业务网络化，而是传统银行业务的延伸和发展。

（4）从服务方式来看，传统银行拥有众多的银行网点，所以主要采用面对面的人工服务，这种服务的主要优点是容易与客户建立亲善的人际关系，对于客户的综合情况较为了解，而且在现金的收取与支付方面也不需要花费额外的精力。互联网银行主要采用数字化、开放式的服务方式，这种服务方式在财务查询、转账、代理、数据分析等方面具有传统银行所无法比拟的优势，但同样也存在一定的问题，例如在现金收付方面，可能还需要传统金融机构的协助才能完成。

（5）从运行模式来看，传统银行的运行模式是具有物理实体性的柜台交易模式，而互联网银行则从物理网络转向虚拟数字网络，客户通过登录互联网银行站点来获得金融服务。由于互联网银行和客户之间是通过互联网相联系的，所以这种运行模式存在着相互身份确认的问题，这就要求金融交易信息在互联网上的传输必须保护其机密性和完整性。另外，网上交易的所有流程都必须依赖技术手段（例如加密、认证、数字签名等）提供支持，不能像传统柜台操作那样通过客户签名来完成支付指令的确认。因此，互联网银行是一种区别于传统银行服务环境的全新服务模式和运行模式。

（6）从银行收益差异来看，互联网银行使商业银行获得经济效益的方式发生了根本性的改变。传统银行获得规模收益的基本途径是不断追加投入、多设网点，从而获得服务的规模效益，而互联网银行主要通过对技术的重复使用或对技术及服务内容的不断创新来提高效益。互联网银行降低了经营成本和管理成本。

四、互联网银行典型代表——微众银行

微众银行是经原中国银监会（现为国家金融监督管理总局）批准设立的国内首家民营银行，其全称是深圳前海微众银行股份有限公司，其总部设立在深圳前海，注册资本30亿元。微众银行在区块链、人工智能、大数据和云计算等核心技术的底层算法研究和应用方面开展技术攻关，在2017年成为国内首家获得国家高新技术企业资格认定的商业银行。目前，微众银行已推出微粒贷、微车贷、微业贷、微众银行App、微众企业爱普App、小鹅花钱等系列产品，主要服务于普罗大众和小微企业。

微众银行于2014年正式开业，是以科技为核心发展引擎的国内首家数字银行。微众

银行坚守依法合规经营、严控风险的底线，专注为小微企业和普罗大众提供差异化、有特色、优质便捷的金融服务，并不断拓展服务的广度和深度，已形成商业可持续的数字普惠金融发展模式。

微众银行既无营业网点，也无营业柜台，更无须财产担保，而是通过人脸识别技术和大数据信用评级发放贷款。其经营范围是吸收公众、主要是个人及小微企业存款；主要针对个人及小微企业发放短期、中期和长期贷款；办理国内外结算；办理票据承兑与贴现；发行金融债券；代理发行、代理兑付、承销政府债券；买卖政府债券、金融债券；从事同业拆借；买卖、代理买卖外汇；从事银行卡业务；提供信用证服务及担保；代理收付款项及代理保险业务；提供保管箱服务；基金销售；经银行业监督管理机构和有关部门批准的其他业务。

微众银行是一家定位于服务个人消费者和小微企业客户的民营银行，主要为个人消费者和小微企业客户提供优质金融服务。微众银行曾表示个人业务是其经营的核心，其个人业务也会聚焦中等阶层，甚至是中等偏下阶层的金融需求，而不会竞争传统银行相对强势的大额财富管理和私人银行业务。

微众银行目前主要业务分为三大板块：消费金融、大众理财以及平台金融。

1. 消费金融

微粒贷是国内首款实现从申请、审批到放款全流程实现互联网线上运营的贷款产品，具有普惠、便捷的独特亮点。微粒贷依托腾讯两大社交平台——QQ 和微信，无担保、无抵押、无须申请；客户只需姓名、身份证和电话号码就可以获得信用额度；500 元—20 万元的额度设置，可以满足普罗大众的小额消费和经营需求。微粒贷循环授信、随借随还；1 分钟到达客户指定账户；提供 7 × 24 小时服务。用互联网技术触达海量用户，将极其便捷的银行服务延伸至传统银行难以覆盖的中低收入人群。

2. 大众理财

2015 年 8 月 15 日，微众银行正式推出首款独立 App 形态产品。依靠微众银行专业团队的风险把控和质量甄选，通过联合优质可靠的行业伙伴，微众银行 App 为用户优选符合多种理财需求的金融产品，且支持实时提现，实现资金调度高效便捷，切实帮助用户轻松管理财富。微众银行 App 产品经过多次反复测试调研，考虑到大众理财时可能遇到的时间受限、知识欠缺等问题，不断降低操作门槛，以明了清晰的产品说明和用户指导，持续优化用户使用体验。

3. 平台金融

微众银行已与物流平台“汇通天下”、线上装修平台“土巴兔”、二手车电商平台“优信二手车”等国内知名的互联网平台联合开发产品。通过连接有数据、有用户的互联网企业，将微众银行的金融产品应用至它们的服务场景中，将互联网金融带来的普惠利好垂直渗透至普罗大众的衣食住行，实现资源有效整合和优势互补，达成合作共赢的崭新模式。

受益于超半数的科技人员，微众银行在人工智能、区块链、云计算、大数据等科技领域陆续推出了行业领先的金融成果。例如，在人工智能方面，微众银行探索将机器学习应用于客服、催收和精准营销等方面，科技的运用可以使得微众银行实现 8 名人工客服每日信息处理量峰值超过100万条的效率；在生物科技方面，微众银行将人脸、声纹等生物识别技术作为主要风控手段，更精准地识别客户身份、防范欺诈风险；在大数据方面，以大数据为核心构建风控规则，引入逻辑回归、机器学习等方法，建立社交、征信和欺诈等系列风控模型；在区块链技术创新方面，为解决金融机构间对账成本高的问题，微众银行推出了机构间对账平台，通过区块链技术，优化微粒贷业务中的机构间对账流程，实现了准实时对账、提高运营效率、降低运营成本等目标。

知识拓展

中国第一家互联网银行是深圳前海微众银行

2014年12月12日，原中国银监会（现为国家金融监督管理总局）正式批准国内互联网巨头腾讯公司旗下民营银行——深圳前海微众银行（以下称：微众银行）已正式获准开业。腾讯占30%的股份，由于有了腾讯的基因，民间就把微众银行昵称为“企鹅银行”。12月28日，“深圳前海微众银行股份有限公司”的微众银行官网成立，成为第一家上线的互联网银行。

作为国内首家开业的民营互联网银行，微众银行在成立之初就在微信和QQ两大社交平台上推出了“微粒贷”产品。借款额度和期限都由用户自由选择，旨在做QQ或者微信用户人手一个的“钱包”。据微众银行公布的数据，“微粒贷”作为全线上运营的信贷产品，依托微信和手机QQ提供个人小额信用循环贷款。

网商银行是由蚂蚁金服作为大股东发起设立的我国第一家核心系统基于云计算架构的商业银行。它作为原银监会批准的中国首批5家民营银行之一，于2015年6月25日正式开业。浙江蚂蚁小微金融服务集团有限公司认购该行总股本30%股份；上海复星工业技术发展有限公司认购该行总股本25%股份；万向三农集团有限公司认购该行总股本18%股份；宁波市金润资产经营有限公司认购该行总股本16%股份。其他认购股份占总股本10%以下企业的股东资格由浙江银监局按照有关法律法规审核。网商银行的三大目标客户群体是小微企业、个人消费者和农村用户，解决困扰这些企业的融资难、融资贵等问题。

【案例拓展和实训操作】

微粒贷是微众银行推出的首款纯线上个人小额信用循环消费贷款产品，2015年5月在QQ手机端上线，同年9月在微信上线。“微粒贷”采用用户邀请制，受邀用户目前可以在QQ手机端的“QQ钱包”内以及微信的“微信钱包”内看到“微粒贷”入口，并可获得最高30万元借款额度。

（一）产品定位

微粒贷最早是通过白名单机制筛选出首批最符合微粒贷客户定位用户，主要以微众和腾讯内部为主，并逐渐扩大服务范围至全体目标用户，如果用户在QQ手机端钱包里发现“微粒贷”的图标，则证明其已成为微众银行的第一批客户。现在，微众银行已在QQ钱包和微信钱包中上线，采用用户邀请制，受邀用户可在“微信—我—钱包”或“QQ手机端—我—QQ钱包—资金理财”中找到“微粒贷”，点击获得产品体验。目前，“微粒贷”授信用户已超过3000万人。

（二）产品特点

与传统银行个人贷款不同，微粒贷具有以下特点：

1. 无抵押、无担保

传统金融机构提供的个人贷款，大部分要求借款人提供抵押等担保，无法提供担保或者名下没有固定资产的个人用户很难获得贷款。“微粒贷”无须抵押和担保，不需要提交任何纸质材料，能够较好地满足信用良好的个人用户的小额融资需求。

2. 7×24 小时服务，最快 1 分钟完成放款

微粒贷依托严谨的风险控制规则及完备的技术支持体系，提供 7×24 小时线上服务，办理手续便捷高效，全部流程都在手机上操作完成，借款可最快 1 分钟到账。

3. 随借随还，提前还款无手续费

传统金融机构大多要求用户在还款日当天还款，用户如果希望提前还款，需要申请并缴纳手续费。除常规默认代扣还款外，“微粒贷”亦支持用户随时结清贷款，且不收取任何其他额外手续费用。

（三）额度和利率

微粒贷目前给用户的授信额度为 500 元～30 万元之间，依据个人综合情况而异。单笔借款可借 500 元～4 万元之间。

微粒贷采用按日计息方式，日利率为 0.05%，比如贷款一万块钱，一天利息即为 5 元。

（四）贷款流程

1. 申请条件

申请开通微粒贷，微信账号或 QQ 账号需要满足以下基本条件：①微信或 QQ 账户状态正常；②账户经过实名认证；③账户已绑定手机号；④账户已绑定银行卡。

需要注意的是，微粒贷没有任何用户自助申请开通的渠道，都是由微众银行采用白名单的机制主动邀请，因此以上四条是申请开通微粒贷的基本条件，但最终能否开通微粒贷还要根据微众银行的系统评定结果来定。系统一般会根据用户在微信或是 QQ 上的活跃程度并结合个人资信条件进行综合评估。因此，保持良好的征信和软件使用习惯将有助于获得申请资格。

2. 操作步骤

一旦用户获得微粒贷的使用权限，就可以在微信或 QQ 的应用界面上看到微粒贷借钱的图标（见图 4-3），点击图标进入即可根据系统操作提示在几分钟内就可获得借款。具体操作步骤如下（以微信手机 App 为例）：

①在微信【我】【支付】点击【微粒贷借钱】图标进入；

②界面显示可借额度，点击下方【借钱】进入；

③输入要借的钱数，选择贷款期数和收款银行卡，并点击【下一步】进入；

④进入身份验证界面，输入【支付密码】；

⑤密码正确即进入手机验证，点击【获取验证码】并输入验证码后，点击【下一步】进入；

⑥继续点击【下一步】进入，按照提示完成【人脸识别】，即可成功获得借款。

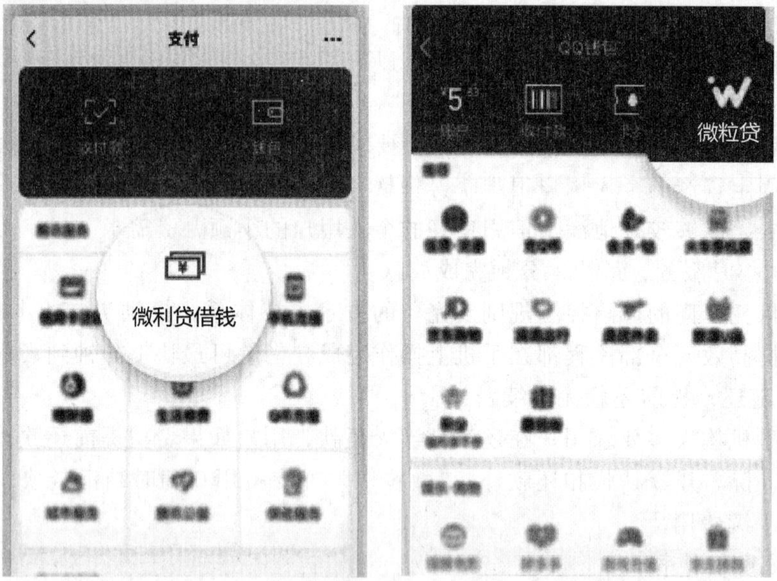

图 4－3 微粒贷在微信和 QQ 手机 App 的登录界面

在客户最高额度审批上，运用互联网大数据风控模型，数据来源包括用户基本信息、基于 QQ 的互联网行为数据以及其他第三方数据等多维度数据。微粒贷的贷款的最高额度在微粒贷向客户开放前就审批完成，一次审批，一定期限内有效，系统自动审批、放款。微粒贷上线背后，依托于腾讯的互联网大数据征信技术。

【项目练习】

一、单项选择题

1. 我国银行业以（　　）为监管机构。

A. 中国银行　　B. 中国人民银行

C. 国家开发银行　　D. 中国建设银行

2. 商业银行贷款按贷款期限短期贷款为（　　）。

A. 一年以下，含一年　　B. 一年以上，五年以下，含五年

C. 五年以上　　D. 十年以上

3. 我国首家互联网银行是（　　）。

A. 网商银行　　B. 深圳前海微众银行

C. 百信银行　　D. 新网银行

4. 金融壹账通所属银行为（　　）。

A. 兴业银行　　B. 平安集团　　C. 招商银行　　D. 光大银行

5. 以下不属于全国性股份制商业银行的是（　　）。

A. 招商银行　　B. 浦发银行

C. 中信银行　　D. 中国农业发展银行

二、多项选择题

1. 银行按类型分为（　　）、投资银行、世界银行。

A. 中央银行　B. 政策性银行　C. 商业银行　D. 专营机构

2. 对于传统的供应链金融来说，其模式有以下三种（　　）。

A. 应收账款融资　B. 保兑仓融资　C. 存货融资　D. 抵质押融资

3. 传统供应链金融业务痛点有（　　）。

A. 中小企业融资难

B. 交易真实性验证成本高

C. 信息相互割裂、无法共享

D. 供应链生态中的信息流、商流、物流和资金流无法打通

4. 互联网银行的特点有（　　）。

A. “AAA”式银行　B. 经营成本低　C. 客户体验感好　D. 服务高效便捷

5. 微众银行目前主要业务分为（　　）三大板块。

A. 信贷业务　B. 消费金融　C. 大众理财　D. 平台金融

三、判断题

1. 中国银行是中国最大的对外投融资合作银行、中长期信贷银行和债券银行。（　　）

2. 商业银行贷款业务按照贷款对象分为工商企业贷款、不动产贷款、农业贷款和消费贷款。（　　）

3. 银行系金融科技子公司在股权结构方面，可分为合资型和全资型两类。（　　）

4. 微业贷是微众银行推出的首款纯线上个人小额信用循环消费贷款产品。（　　）

5. 英国的米特兰银行创办了全球第一家直销银行 First Direct。（　　）

四、简答题

1. 互联网银行与传统银行的区别？

2. 互联网银行的特点？

项目五 金融科技在保险业的应用

项目五 PPT

【知识目标】了解保险的概念和分类、可保风险的内涵；熟悉商业保险的业务流程；掌握金融科技在保险行业的应用；掌握互联网保险的概念和营销模式；掌握互联网公司的典型代表。

【能力目标】能够结合保险行业的特点分析金融科技在保险业的应用；分析传统保险行业的痛点；分析保险行业创新的突破口及未来发展趋势和方向。

【素养目标】通过保险业金融科技的学习，引导学生理解保险在中国特色社会主义建设中发挥的全面保障作用。通过对保险科技的学习，培养学生的风险防范意识和保险理念。

模块一 保险概述

【内容简介】

本模块主要介绍了保险的概念和分类、可保风险应具备的条件、保险业务的痛点分析以及金融科技在保险领域的应用。

【案例导入】

新华保险：2022 年 AI 客服累计服务超 6000 万人次

新华保险践行“科技赋能”战略，运用多种人工智能技术构建了“线上 + 线下、智能 + 人工”多平台交互、全场景覆盖的智慧服务平台集群。2022 年，以“智多新”“随信通”及智慧柜员机为代表的系列智慧客服，累计为超 2500 万客户提供全天候、多样化、高质量的保险服务。

人工智能客服“智多新”由新华保险自主设计、研发，综合应用了语音识别、语义理解、语音合成、OCR、人脸识别、电子签名等多项人工智能技术，为公司客户、销售队伍提供智能互动咨询、智能外呼、智能回访系列智能服务。2022年，智能互动咨询拥有37万智能服务场景，日最高服务客户4.3万人次，年服务客户超1000万人次；智能外呼主动为787万客户送出暖心关怀，提醒续交保费、告知业务员信息、提示防范金融风险；超过96%的新契约客户使用电子化回访服务，服务效率大大提升。

“随信通”轻量级、分布式客户服务云平台是新华保险自主研发的全新客户自助服务平台，借助免下载、免注册、精准触达、一站办理的优势，在客户有需求时，可通过短信、95567客服热线、业务员、在线客服等线上线下多种渠道向客户精准发送随信通短信或二维码，为客户提供一对一的保全办理、信息查询、资料下载等20余项服务。2022年累计服务客户近5000万人次。

新华保险新一代智慧柜员机功能全面、安全高效，免排队、零接触、快办理，可为临柜客户提供自助查询、打印、交费、保单服务等多项功能，形成“智能+人工”的双在线柜面服务新模式。全公司配置智慧柜员机超900台，覆盖柜面近800家，实现重点柜面全覆盖，累计服务客户超过300万人次，临柜客户自助服务率稳定保持在30%以上。

资料来源：https：//finance. sina. com. cn/jjxw/2023－03－01/doc－imyikent4694279. shtml

【基础知识】

一、保险的概念和分类

（一）保险的概念

保险是指投保人根据合同约定，向保险人支付保险费，保险人对于合同约定的可能发生的事故因其发生所造成的财产损失承担赔偿保险金责任，或者被保险人死亡、伤残、疾病或者达到合同约定的年龄、期限等条件时承担给付保险金责任的商业保险行为。保险本义是稳妥可靠保障，后延伸成为一种保障机制，是用来规划人生财务的一种工具，是市场经济条件下风险管理的基本手段，是金融体系和社会保障体系的重要的支柱。

从经济角度看，保险是分摊意外事故损失的一种财务安排；从法律角度看，保险是一种合同行为，是一方同意补偿另一方损失的一种合同安排；从社会角度看，保险是社会经济保障制度的重要组成部分，是社会生产和社会生活“精巧的稳定器”；从风险管理角度看，保险是风险管理的一种方法。

知识拓展

人类社会从开始就面临着自然灾害和意外事故的侵扰，在与大自然抗争的过程中，古人萌生了对付灾害事故的保险思想和原始形态的保险方法。公元前2500年前后，古巴比伦王国国王命令僧侣、法官、村长等收取税款，作为救济火灾的资金。古埃及的石匠成立了丧葬互助组织，用交付会费的方式解决收殓安葬的资金。古罗马帝国时代的士兵组织，以集资的形式为阵亡将士的遗属提供生活费，逐渐形成保险制度。随着贸易的发展，大约在公元前1792年，正是古巴比伦第六代国王汉谟拉比时代，商业繁荣，为了援助商业及保护商队的骡马和货物损失补偿，在汉谟拉比法典中，规定了共同分摊补偿损失之条款。

（二）保险的分类

保险可分为社会保险和商业保险两种。社会保险包括养老保险、医疗保险、失业保险、工伤保险和生育保险。商业保险可分为财产保险和人身保险，其中财产保险又分为财产损失险、责任保险、信用保证保险三大类险种。按保险风险分类，可将人身意外伤害保险分为普通意外伤害保险和特定意外伤害保险。这里我们主要介绍金融科技在商业保险中的应用。

商业保险是指通过订立保险合同运营，以营利为目的的保险形式，由专门的保险企业经营。商业保险关系是由当事人自愿缔结的合同关系，投保人根据合同约定，向保险公司支付保险费，保险公司根据合同约定的可能发生的事故因其发生所造成的财产损失承担赔偿保险金责任，或者当被保险人死亡、伤残疾病或达到约定的年龄，期限时承担给付保险金责任。

（三）可保风险具备的条件

1. 损失程度较高

潜在损失不大的风险事件一旦发生，其后果完全在人们的承受限度以内，因此，对付这类风险根本无须采用物品，即使丢失或意外受损亦不会给人们带来过大的经济困难和不便。但对于那些潜在损失程度较高的风险事件，如火灾、盗窃等，一旦发生，就会给人们造成极大的经济困难。对此类风险事件，保险便成为一种有效的风险管理手段。

2. 损失发生的概率较小

可保风险还要求损失发生的概率较小。这是因为损失发生概率很大意味着纯保费相应很高，加上附加保费，总保费与潜在损失将相差无几。如某地区自行车失窃率很高，有40%的新车会被盗，即每辆新车有40%的被盗概率，若附加营业费率为0.1，则意味着总保费将达到新车重置价格的一半。显然，这样高的保费是投保人无法承受的，而保险也失去了转移风险的意义。

3. 损失具有确定的概率分布

损失具有确定的概率分布是进行保费计算的首要前提。计算保费时，保险人对客观存在的损失分布要能做出正确的判断。保险人在经营中采用的风险事故发生率只是真实概率的一个近似估计，是靠经验数据统计、计算得出的。因此，正确选取经验数据对于保险人确定保费至关重要。有些统计概率，如人口死亡率等，具有一定的“时效性”，像这种经验数据，保险人必须不断做出相应的调整。

4. 存在大量具有同质风险的保险标的

保险的职能在于转移风险、分摊损失和提供经济补偿。所以，任何一种保险险种，必然要求存在大量保险标的。这样，一方面可积累足够的保险基金，使受险单位能获得十足的保障；另一方面根据“大数法则”，可使风险发生次数及损失值在预期值周围能有一个较小的波动范围。换句话说，大量的同质保险标的会保证风险发生的次数及损失值以较高的概率集中在一个较小的波动幅度内。显然，距预测值的偏差越小，就越有利于保险公司的稳定经营。这里所指的“大量”，并无绝对的数值规定，它随险种的不同而不同。一般的法则是：损失概率分布的方差越大，就要求有越多的保险标的。保险人为了保证自身经营的安全性，还常采用再保险方式，在保险人之间分散风险。这样，集中起来的巨额风险在全国甚至国际范围内得以分散，被保险人受到的保障度和保险人经营的安全性都得到提高。

5. 损失的发生必须是意外的

损失的发生必须是意外的和非故意的。所谓“意外”，是指风险的发生超出了投保人的控制范围，且与投保人的任何行为无关。如果由于投保人的故意行为而造成的损失也能获得赔偿，将会引起道德风险因素的大量增加，违背了保险的初衷。此外，要求损失发生具有偶然性（或称为随机性）也是“大数法则”得以应用的前提。

6. 损失是可以确定和测量的

损失是可以确定和测量的，是指损失发生的原因、时间、地点都可被确定以及损失金额可以测定。因为在保险合同中，对保险责任、保险期限等都作了明确规定，只有在保险期限内发生的、保险责任范围内的损失，保险人才负责赔偿，且赔偿额以实际损失金额为限，所以，损失的确定性和可测性尤为重要。

7. 损失不能同时发生

这是要求损失值的方差不能太大。如战争、地震、洪水等巨灾风险，发生的概率极小，由此计算的期望损失值与风险一旦发生所造成的实际损失值将相差很大。而且，保险标的到时势必同时受损，保险分摊损失的职能也随之丧失。这类风险一般被列为不可保风险。

可保风险与不可保风险间的区别并不是绝对的。例如地震、洪水这类巨灾风险，在保险技术落后和保险公司财力不足、再保险市场规模较小时，保险公司根本无法承保这类风险，它的潜在损失一旦发生，就可能给保险公司带来毁灭性的打击。但随着保险公司资本日渐雄厚，保险新技术不断出现，以及再保险市场的扩大，这类原本不可保的风险已被一些保险公司列在保险责任范围之内。可以相信，随着保险业和保险市场的不断发展，保险提供的保障范围将越来越大。

（四）传统保险业务的痛点分析

1. 数字保单

电子保单的使用率仍然比较低，尤其是在长期险保单方面。虽然《中华人民共和国电子签名法》等相关法律法规明确赋予了电子保单与纸质保单等同的法律效力，但是即使如此，保单的数字化程度仍然不高，与证券、期货等相关行业已经实现完全的无纸化交易相比，保险业的数字化进程仍然有较大空间。这主要是因为一方面很长一段历史时期内形成的消费习惯，导致许多长期客户更加习惯且信任纸质保单；另一方面，保单数字化之后的数据登记和保管功能一般由保险公司承担，投保人难免对电子保单产生一定的不信任感。

2. 再保险业务

再保险亦称“分保”，是保险人在原保险合同的基础上，通过签订分保合同，将其所承保的部分风险和责任向其他保险人进行保险的行为。在再保险交易中，分出业务的公司称为原保险人或分出公司，接受业务的公司称为再保险人或分保接受人或分入公司。原保险人需要在签订契约时将保单信息、保费分摊信息发送给再保险人，发生理赔时，再将理算信息、赔付信息发送给再保险人。目前保险公司之间进行再保险业务结算时，大多采用人工发送、接收和录入系统，需要定期进行人工对账。传统再保险交易业务流程中，存在信息不对称、运营效率低、成本高、风险大等问题。

3. 保险风控

目前保险行业存在着严重的数据孤岛现象，风险数据分布分散化、碎片化，相对独立，共建共享程度低，导致保险合同双方在被保险人风险信息方面存在严重信息不对称的情况，严重影响了保险机构的风险识别及风险管理能力。多家保险机构都希望能够实现行业内保险信息的互联互通，有效规避重复投保、重复理赔、保险风险保额累计问题。但是传统的集中数据采集方式长期受到诟病，存在的问题是数据安全和数据所有权得不到保障，个人隐私安全得不到保护，不能满足互联网保险投保查询的实时性要求。

以商业险中的健康险为例，由于数据分散，个人无法获取到完整的健康数据，这与个人健康管理的需求不平衡。由于缺乏相应的法律法规，技术水平限制，患者的医疗数据隐私得不到有效保障。数据存储相对独立，数据孤岛林立，数据监管困难。医疗健康数据无法安全授权和流通，缺乏可持续的商业模式。保险机构之间的医疗数据不互通，导致骗保、骗赔事件频发，医疗系统数据到保险理赔系统数据的数据标准不统一，数据集成困难。

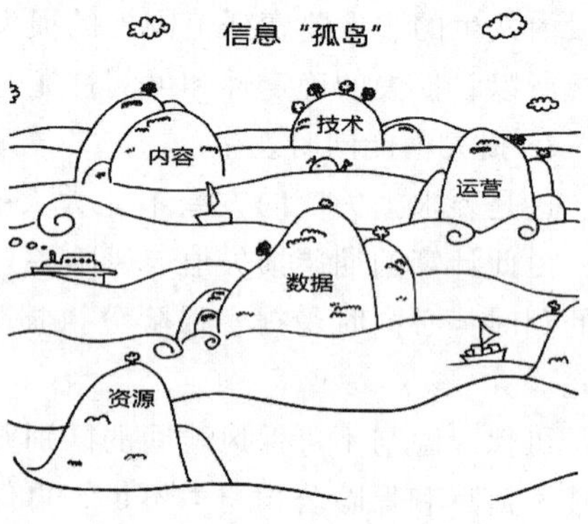

信息“孤岛”（图片来源：每日甘肃网）

二、金融科技在保险领域的应用

（一）数字保单应用场景

保险公司向投保人出具保单的同时，将相同的保单托管至可信的第三方机构，第三方机构利用区块链技术以保障所托管保单的安全和不可篡改，并为投保人配发实名制保险账户，将托管保单以电子簿记的方式统一登记至该账户内，同时向投保人提供保单信息的在线查询验证服务。

（二）再保险业务应用场景

针对目前再保业务流程中的问题，采用区块链来连接参与的各方，达到数据共享，实时对账，数据安全传递的目的。业务参与的各个机构作为构成区块链网络的节点，所有的数据都是加密上链，只有参与方才能解密查看具体业务数据。保险机构的业务系统通过前置系统调用智能合约，同时前置系统负责数据的预处理和加解密工作。

（三）保险风控应用场景

基于区块链技术，让各家保险机构公平参与，节点数据保留在机构本地，保障机构数据所有权的同时实现行业内互联互通，共享重复投保、重复理赔风险保额累计等风控风险信息，降低投保的道德风险，提高风险管控能。还是以商业险中的健康险为例，借助金融科技能够实现保险、医疗、健康、养老等数据的互联互通，打通医疗系统与保险系统之间的信息壁垒，使得医疗系统数据与保险系统数据可以在一个可信的通道上进行实时互联互通，形成完整的用户医疗及保险档案。借助区块链技术实现医疗与保险的点对点交互，个人健康信息通过区块链隐私保护技术进行加密及隔离，保护信息不被非法泄露和违规使用。通过区块链技术授权用户凭证，将用户数据所有权真正还给用户自己。可以在医保、人社、保险监管等机构部署节点，对每一笔数据进行实时监管。

知识拓展

农业保险应用场景

在农险领域，各类保险产品的推进举步维艰，最主要的挑战是投保标的的唯一识别和管理。由于信息不对称，保险机构没有办法掌握投保牲畜的具体信息，比如无法辨别哪头牲畜进行了投保哪头没有投保。由此可能会发生当某一个养殖户购买了保险之后，全村甚至邻近村只要家里死了牲畜都会拉到投保户家里要求赔付，造成保险公司查勘难、理赔难、道德风险高等问题。

以区块链技术为核心，以生物特征、DNA和耳标等多种生物识别为基础，能够解决农业保险中的标的唯一识别和管理问题。通过生物识别技术，提取每一头牲畜独一无二的识别信息，通过加密并将牲畜的饲养、防疫、屠宰、物流等养殖和食品供应等全方位和全流程信息分布式存储于保险公司、银行、检疫部门等，实现牲畜乃至肉制品的全生命周期唯一识别和连续记录。

三、金融科技在保险业务场景中的价值创新

在业务运营成本方面，创新前需要授权商业伙伴来开展保险理赔业务，保险公司的业务运营成本高；业务运营依赖人工，效率低成本高。创新后通过区块链的分布式共享账本技术，将业务相关方整合在一起，重构了业务流程，智能合约实现了自动理赔，无须授权商业伙伴来开展保险理赔业务；业务过程对人工依赖性降低，提高了业务运营效率、降低了业务运营成本。

业务管理成本方面，创新前由于存在着大量的渠道伙伴和服务伙伴等合作伙伴，保险公司需要配置人员来进行管理保险业务，对相关资料信息的真实性要求严格，审核流程多，导致管理成本高。创新后通过基于区块链的保险业务流程，将渠道伙伴、服务伙伴连接在一起协同工作，相关的管理成本得到降低；通过数据共识共享，减少数据资料的重复对账的审核流程，降低了管理成本。

客户消费体验方面，创新前需要客户提供证据启动理赔流程，过程烦琐，客户体验差，投诉多。创新后保险理赔过程实现自动化，自动获取保险事故信息，智能合约自动触发进行保险理赔，无须客户提供证据，就可以方便地获得理赔款项。

保险业务风控方面，创新前作为保险业务开展依据的保险信息分散在多个角色之间，形成信息孤岛，手工传递信息，有作假骗保的风险；作为保险产品研发依据的数据信息真实性、完整性、及时性上存在风险。创新后形成了多方共享、可信的信息平台，解决了信息不对称的问题，以及信息数据的真实性问题；通过实时共享的区块链信息平台，保险产品研发依据的数据信息的真实性、及时性、全面性得到保证。

模块二

互联网保险

【内容简介】

本模块主要介绍了互联网保险的概念、销售模式和特点；互联网保险公司的典型代表。

【案例导入】

“双十一”剁手无忧？退货运费险有了新花样 高保费、骗保等难题仍待解

随着2022年“双十一”落下帷幕，全国也迎来一轮物流高峰。在消费狂潮下，与网购相伴而生的退货运费险也在摸索中走过了12年，从小众创新走向主流，从承保亏损走向盈利，但仍有诸多问题难以被忽视。自2010年上线以来，退货运费险的承保主体从华泰保险一家扩容至众安保险、国泰产险、太保、大地保险、泰康在线等多家公司，退货运费险的流程也与电商平台交易融为一体，理赔更加方便。

根据保险业协会发布的《2022年上半年互联网财产保险发展分析报告》，上半年退货运费险保费收入82.7亿元，占互联网财产保险的15.6%，较去年同期提升5.4个百分点，同比增长51.3%，同比增量达28亿元。在退货运费险蓬勃发展之时，2022年“双十一”，许多网友在社交媒体上抱怨，之前主动赠送退货运费险的商家，在今年取消了这项服务。消费者选择自行投保，保费价格已明显高于以往，甚至出现了保费9.7元，退货理赔10元的情况。对于保费的涨价，淘宝官方客服解释，运费险保费与订单退货风险息息相关，可能由买家退货率较高、卖家退货率较高或同一订单内商品数量增加而导致保费上涨。

一方面是保费的步步提高，另一方面是退货运费险长期处于承保亏损状态。以退货运费险最大的参与方国泰产险为例，尽管借退货运费险的东风，公司保费规模逐年翻倍，但净利润一直为负，直到2019年才扭亏为盈。国泰产险相关负责人对界面新闻表示，运费险是伴随着电商的快速发展而衍生的一个年轻的保险产品，新业务的诞生和成长伴随着不断的试错和调整。运费险在上线之初的几年确有亏损，但公司首要目标能够覆盖更多的商家和用户。在有了扎实的业务价值和大量的业务数据之后，配合产品的迭代、数据的分析和风险的调控，亏损只是暂时的。电商行业的蓬勃发展，特别是以各平台直播电商和私域为代表的新电商崛起，为退货运费险带来了新的业务增量，也带来了新玩法。

蚂蚁保联合多家财险公司上线全网运费险，据了解，全网运费险主要应用于电商购物场景，9.9元一次购买可享4次退货保障，包括2次免首重权益、2次运费立减3元权益，有效期为1年。当需要退回网购商品时，在支付宝内发起退货并点击“我要理赔”选择运费权益即可进行抵扣。然而退换货理赔的低成本和便利性也激发了不法分子以此骗保的想法。

此前，北京市第二中级人民法院公开的一份刑事裁定书显示，来自湖北的王某利用退

货运费险漏洞“薅羊毛”。2016 年前后，他购买多个淘宝店铺号和淘宝买家号，虚构交易订单后申请退货，4 个月内骗取获得运费险理赔金上千万元。案发后，王某因犯保险诈骗罪、伪造金融票证罪、犯妨碍信用卡管理罪，被法院判决有期徒刑 13 年，并处罚金 15 万元。

另有上海长宁区的案例显示，胡某利用平台漏洞，购买有退货运运费险的商品后拒收，再申请退货以获得理赔。经调查，2017 年 5 月至 2020 年 2 月，胡某的 4800 多笔订单均申请了保险理赔，骗取运费险赔付款 7.3 万余元。为降低承保风险，早在 2014 年，淘宝与多家险企联合对退货运费险开始进行改革，引入淘宝等电商平台的用户数据。在防范欺诈上，保险公司也在不断升级。国泰产险相关负责人介绍，在承保端，会多维度对恶意刷单、虚假交易等行为进行风险评估，能够有效拦截大部分高危订单；在理赔端，建设了一套物流核查能力，确保物流发生的真实性和理赔金额的准确性。

资料来源：https：//finance. eastmoney. com/a/202211152560695156. html

【基础知识】

一、互联网保险概述

互联网保险是伴随电子商务在保险业的渗透应运而生的，可以理解为保险公司或保险中介机构以互联网和电子商务技术为工具来支持保险经营管理活动的经济行为；也可以认为是保险公司通过网络和电子商务技术实现全方位的保险服务，即在网上实现投保人的咨询、投保、审批、交费、理赔、投诉等业务流程及对业务员和代理人提供服务以及后台的一系列管理工作，比如与保险监管、税务、工商等机构之间的信息交流活动等。因此，互联网保险颠覆了保险营销员与客户面对面交流沟通的传统经营模式，开创了全新的保险销售方式和渠道，以及全新的经营理念和管理模式。2019 年 12 月出台的《互联网保险业务监管办法（征求意见稿）》将互联网保险业务定义为“保险机构依托互联网订立保险合同、提供保险服务的保险经营活动。”征求意见稿中还明确，“保险机构通过互联网和自助终端设备销售保险产品，消费者能够独立了解产品信息并自主完成投保行为的属于互联网保险业务。”突出了互联网保险在平台、产品和数据处理方面能够发挥的优势。

从互联网保险产品和服务的提供者和接受者来看，目前产品和服务主要由保险公司和保险中介机构等提供，而接受对象可分为企业客户和个人客户两大类；从互联网保险目标来看，主要是通过互联网实现投保、核保、理赔、给付等。

二、互联网保险的销售模式和特点

（一）互联网保险的销售模式

互联网保险销售模式没有一个统一的划分标准，根据保险这一特殊金融产品的特点，可以将互联网保险销售模式分为如下四类。

1. B2C 电子商务模式

该模式基本都是保险机构自建 B2C 电子商务网站，以保险客户为对象，将本机构设计的保险产品直接销售给保险需求客户的一种模式。这种模式是一些传统的保险公司利用计算机网络技术对传统保险产业进行改造，全面提高企业整体素质，实现保险行业传统服务模式的重大变革。一般来讲，该类网站拥有明确的业务和客户资源，有母公司的强有力的支持，为传统保险公司提高经营管理水平、整合内部和外部资源实现跨越式发展，提供前所未有的机遇。对于消费者来说，由保险公司设立的网站上面信息更为真实、可靠。

2. 第三方网络平台模式

该类网络平台不属于任何保险公司或者附属于某大型网站，它们既可以是为保险公司、保险中介、客户提供技术平台的专业互联网技术公司，保险公司可以依托有成熟技术的第三方提供的网站进行保险产品的销售；也可以是保险中介和兼业代理行业网站，为多个买方和多个卖方提供信息和交易等服务。该模式与现实中的大型超市类似，可容纳大多数保险企业开设门店及网上交易和清算，在互联网上建立交易平台、内容平台等，介绍行业内的信息和资讯，进行不同保险公司业务的比较。代表性网络平台和网站有中国保险网、易保网、慧择网等。

其中，中国保险网作为中国最早的保险行业的第三方网络平台，自成立以来，与保险行业组织、学术、院校机构、保险传统媒体、大型综合财经网站建立了广泛的战略联盟。

以慧择网为例，慧择网于2006年成立，是原保监会（现为国家金融监督管理总局）批准的最早获得保险网销资格的网站之一，总部位于深圳，在成都设有技术研发中心，在合肥设立了全国互联网保险平台的首家后援中心。2020年2月，慧择在美国纳斯达克证券交易所上市（股票代码：HUIZ）。慧择累计合作保险机构超过100家，提供保险产品数超过1000个，涵盖健康险、人寿险、意外险、旅游险、企业险等全险种，提供保险资讯、保险咨询、风险评估、保险方案定制、在线投保、保单保全、协助理赔等保险服务。

3. 专业网络媒介模式

这种模式主要是借助于专业财经网站和大型综合门户网站开辟的保险频道进行保险营销的一种模式，本质上属于网上保险信息传播或网络新闻广告模式。其目的在于保险机构通过专业媒介的影响力和受众覆盖面，把自己的保险产品与服务信息最大限度地传达给广大消费者，满足其消费群体的各项保险消费需求。如新浪财经和搜狐财经纵横的保险频道、和讯网保险频道。一般来讲，这些网站不提供在线交易，但是保险公司、经纪人等主体可以利用门户网站访问量大、宣传力度广的特点，在这些网站的保险栏目通过投保人教育、保险规划、行业新闻甚至博客等方面的内容吸引潜在的消费者。

4. 广电通信终端销售模式

该模式是保险机构借助于广播电视和通信终端开展的一种网络销售模式，也是最接近大众生活的一种宣传推广通道，因此，对通信终端尤其是移动手机的利用也就成了保险机构进行产品销售的重要方式。例如腾讯财付通与各大保险公司官方合作的保险平台——财付通保险超市，能够在1分钟内完成保险的在线购买。

（二）互联网保险的特点

保险经营活动仅仅涉及资金和信息的流动，不会遭遇物流配送的问题。这也是互联网保险的先天优势。除了虚拟性、直接性、电子化和时效性外，互联网保险还具备以下特征：

（1）保险行业的销售误导和理赔服务问题，很大程度上正是源于供求双方之间的信息不对称，抬高了交易成本，增加了交易风险。互联网保险具有信息量大、传导速度快、透明度高的特点，可以改善保险交易双方信息不对称的现状。互联网以及相依托的信息技术是非常好的解决方案。

（2）互联网保险具有极低的上架成本，不受销售场地、位置、时间等方面的制约，可以大大降低销售成本，从而提升消费者的实际利益，推动整个行业的更快发展。互联网金融为消费者提供低成本、低风险和高效率的支付、理赔等多样化服务选择，大数据和云计算的存储、计算和分析能力为保险消费者提供完整服务，让消费者可以快速、精准地搜索和比较保险产品。

（3）数据管理方面的天然优势。保险市场专业化的深入、经营水平的提高、服务品质的提升，都要建立在对数据，尤其是客户消费数据的深入挖掘和分析的基础之上。互联网本身就是一个数据平台，通过大数据挖掘，增强市场竞争力和盈利能力，将基于顾客行为的挖掘分析用于决策制定，通过大数据挖掘将业务重点从高风险用户细分市场中的欺诈检测和亏损防堵转移到个性化定价上来。

三、互联网保险的主要业务和业务模式

（一）互联网保险的主要业务

1. 网络宣传推广业务

互联网保险公司的网站主要针对个人客户和企业客户介绍保险的相关产品、服务、投保信息和经营理念，并对保险公司、保险中介机构和业务员进行介绍和宣传，具有成本低，时间持续长，介绍清晰，个体需求针对性强的特点。另外，不同的保险公司和保险机构也可以互相链接，相互推介；还可以通过个性化的保险网页展示业务员的素质和特长。

2. 信息咨询业务

互联网保险可以向客户提供财务数据报告、保险产品种类及费率、保险新闻、政策法规、监管机构要求等信息的咨询业务，使客户对保险机构和保险行业有基本了解和认知；在与客户的交流咨询中，可以通过网页文字说明，对客户的常见问题进行汇总解答，也可以通过网上在线交流，直接解决客户问题。

3. 网上投保和理赔

从核心业务来看，互联网保险在保险业务的基本环节上并没有发生变化。消费者通过网络平台了解保险产品的特点和功能，在网上直接选购保险产品，计算保费，投保下单，完成电子支付，获得电子保单或者纸质保单，从而实现全流程的网上投保。如果出险，客户可以获得网上报案、理赔单证下载等理赔服务。互联网保险公司可以对客户出险之后的报案、理赔和给付及时作出反馈。

4. 其他业务

对消费者来说，互联网保险流程涵盖了售前、售中、售后服务，还包括保单和产品价格查询、保全、续期缴费和咨询投诉等业务。针对保险业务员以及保险公司提供一系列管理工具和应用服务，以提高工作效率及管理控制能力，实现业务系统之间的网上连接。

（二）互联网保险险种的典型代表

1. 中秋赏月险

“中秋赏月险”是由安联财险与阿里小微金融服务集团（筹）旗下淘宝保险共同合作推出的产品，是指被保险人针对中秋之日是否因为天气原因在赏月城市看到月亮而投保，根据情况获得理赔的保险。“中秋赏月险”的主险责任为在每年的中秋节当日，被保险人因遭受意外伤害事故导致身故、残疾或烧烫伤，保额最高为 10 万元；附加保险责任为中秋节当日 20:00 至 24:00，被保险人指定的赏月城市的天气情况是阴或雨导致被保险人不便赏月，则保险人向被保险人支付赏月不便津贴。“赏月险”的保费设置分为两档；①投保 20 元，若被保险人在赏月城市（上海、广州或深圳）由于天气原因看不到月亮（即阴天或雨天），可获保险理赔 50 元。②投保价格为 99 元，赏月城市也从 3 个增加到北京、西安、乌鲁木齐等 41 个城市。依照保险内容，如果被保险人所在赏月城市由于天气原因看不到月亮，即可获保险理赔 188 元。相应赔付金额会汇至被保险人的支付宝账户内。理赔标准将依据 2013 年 9 月 19 日中秋节当天 20 时至 24 时中国天气网的天气播报进行评判。如果在这一时段内，天气播报为阴天或雨天，则界定为未能看到月亮，可获得理赔。而如果这一时段内为其他天气情况，则界定为看到月亮。赏月险的赔付只和天气有关。并不是以个人是否实际看到月亮为准。

当然前提是被保险人所在赏月城市由于天气原因看不到月亮，即可获保险理赔。否则投保人投保时在上海，中秋当晚飞到美国，则是不符合理赔条件的。对于符合条件的被保险人，保险人将主动向被保险人支付津贴，支付方式为保险人向被保险人的支付宝账户转入赔款金额。款项转入被保险人的支付宝账户后，视为被保险人已收到津贴款、保险人责任已履行完毕。记者查询这款产品具体条款后顿时恍然大悟，这款保险产品和赏月有关的信息只是被放在“附加保险责任”，其“主保险责任”为：“在 2013 年 9 月 19 日中秋节当天，被保险人因遭受意外伤害事故导致身故、残疾或烧烫伤的，保险人依照下列约定给付保险金，且被保险人给付各项保险金之和不超过保险金额（10 万元每位被保险人）。”其实质就是一款保障时间只有 1 天的人身意外险。

2. 熊孩子险（监护人责任保险）

熊孩子险是一款由中国人保家庭财产保险推出的监护人责任保险。该保险投保期限为一年，在保险期限内，因小孩造成第三者人身伤亡或财产损失，依法应承担赔偿责任的，保险公司会根据保险合同的规定负责赔偿。产品主要面向有 18 周岁以下未成年孩子的家庭，由于其未成年子女造成他人伤亡或财产损失，依法应由被保险人承担的经济赔偿责任，由保险公司来负责赔偿。保障项目包括大人和小孩两部分：一是个人综合责任，二是监护人综合责任。保费根据保额的不同而有所区别。每次事故保额从 1 万元到 10 万元不等，保费最低每年 44 元，最高 194.6 元，累计最高保额 50 万元。以最低档为例：在个人综合责任方面，每次事故限额 1 万元，累计限额 4 万元。在监护人综合责任方面，每次事故限额 1 万元，累计限额 1 万元，保费金额合计为 62 元，而会员价是 44 元。

3. 支付宝账户安全险

账户安全险是指保障用户支付宝账户因被他人盗用而导致的资金损失的保险。

（1）支付宝账户安全险是支付宝推出的可以保障支付宝账户安全的保险产品，赔付范围包括支付宝账户中资金因为被盗取等发生的直接损失，包括余额，余额宝，快捷支付等资产账户，一年保障期内可无限次赔付。如果用户购买了此保险，只要是支付宝里面的账户都是可以得到保障的。

（2）个人账户资金安全险的保障额度最高达 50 万元，保障期限为 1 年，但最高保费仅需 135 元，18～60 周岁的消费者均可投保。这款产品不仅能承保账户被盗刷、盗用、复制等风险，还可针对被保险人在被歹徒胁迫的状态下，将账户交给他人使用或透露账号及密码等情形造成的账户资金损失进行赔偿，保障力度非常大，值得消费者投保。

账户安全保险承保个人名下的所有账户资金的安全，一般最低只需几元保费就能获得上万元的保障。需要提醒的是，虽然有了账户安全险，但还需消费者本身进行防范，才能让不法分子无机可乘。

（3）账户安全险向用户提供全年不限次数、全额赔付、案件快速响应、全程在线赔付等极致保障服务。赔付范围是支付宝账户里所有因被盗发生的直接损失。购买成功后即时生效，从购买日起 1 个自然年内的时间，账户都是得到保障的。只要是因账户被盗导致的资金损失，账户安全险负责赔付，100 万元保额，不限理赔次数。

4. 准时宝

准时宝是美团店铺商家为美团外卖用户投保的外卖延误险保险产品，它的作用是在外卖订单未在承诺时间内送达且满足延误送达时间条件时，由美团店铺商家为用户投保的合作保险公司向用户赔付一笔保险金。目前，根据准时宝的服务协议，外卖订单延误送达时间及赔付保险金比例如下：订单实际送达时间晚于承诺送达时间 10 分钟以上、20 分钟以下的，赔付 4 元；订单实际送达时间晚于承诺送达时间 20 分钟以上、30 分钟以下的，赔付 6 元；订单实际送达时间晚于承诺送达时间 30 分钟以上的，赔付 13 元；当订单无骑手接单转为商家自配送时，按照第一档延误进行赔付。在此需要注意的是，若是因为以下原因导致订单延误送达或无法送达的，那么保险公司是不负责承担给付保险金的责任的：因用户要求更换地址、用户提交的收货地址错误、联系不上用户或无人收货、拒收等导致订单延误送达或无法送达的；因用户的配送地址所在地不允许骑手入内，导致订单延误送达或无法送达的；其他因为用户的原因导致骑手延误送达或无法送达的。

四、金融科技在互联网保险领域的应用

（一）产品环节

保险科技在产品环节的应用主要是基于用户需求与业务场景，通过大数据等技术，实现产品灵活定制与创新。基于用户的身份信息、生理自然信息、社会关系信息、特征偏好信息、业务活动信息等大数据的处理分析与 AI 建模，保险公司可以生成客户画像，对客户进行分群，区别需求特征，设计差异化的保险产品与服务，实现精准定价，甚至一人一价。

传统保险产品开发和定价，主要依赖于大数据法则，受数据处理能力的限制，往往采用抽样的方式进行数据选取和测算。在数据类型庞杂、数据维度众多、数据样本差异巨大的环境下，往往无法满足保险产品精准定价和快速开发的需求。借助于云计算和大数据等技术，产品开发人员实现了对全量数据样本的数据分析，从而根据完整的数据表现，进行

更全面的风险评估，开发出更符合市场需要的保险产品。

算法是人工智能的核心之一，算法的不断演进，推动着人工智能领域技术的发展，也为大数据领域的保险定价提供了更加便利可靠的工具来进行模型搭建和产品开发。通过大数据的分析和深度学习，基于人工智能的保险精算就可以提供更精准的风控方案和定价模型，为客户订制个性化的保单。尤其是在小额、高频、碎片化的场景化保险产品开发过程中，大幅提高了产品开发成效。

德国安联财产保险运用机器学习、大数据分析等技术开发了新一代承保定价系统，可根据客群细分与市场环境实现高度灵活的价格配置，为安联全球多个子公司带来了显著的经营效益提升。该系统包括四大核心，即通过数据收集与清理建立定价所需的基础数据库，通过复杂的精算与统计模型计算出基础费率，再结合市场定价与客户分层确定面向不同客群的市场价格，最后将定价向市场并通过持续动态的指标监测不断调整定价。该系统的风险因子输入超过 800 个，可支持每日进行一次市场价格调整。

传统的保险产品主要是约定保险事故发生后的经济补偿，但对于用户而言、其更核心的诉求是对风险事故本身的化解。新技术的发展赋予保险公司在设计保险产品时满足用户核心需求的可能。例如，通过可穿戴设备的数据记录，为客户提供基于健康运动管理的保险产品，激发客户自觉的健康维护行为。另外，通过在保险服务中增加体检等服务，帮助客户了解潜在的健康风险，进而为客户打造专属的健康维护方案等，都是保险公司在应用创新技术过程中，不断地进行人性化产品设计的有益尝试，扩展了保险产品设计的思路。

（二）营销环节

保险科技的应用让保险营销环节更精准有效。通过大数据分析和机器学习技术的应用，可以识别客户潜在需求，实现无人工干预的智能化保险推荐。同时也可帮助保险公司销售人员和代理人更了解客户，推进传统的线下营销向嵌入式、互动式、社交化营销转变，提升销售成功率、降低退保率。

例如，针对精准销售难的痛点，平安人寿进行销售模式变革，推出 SAT（社交辅助营销）系统，帮助代理人实现实时连接、高频互动和精准营销。“S”是基于社交渠道的客户服务与沟通工具，如微信群与朋友圈管理助手，助力代理人高效沟通；“A”是业务办理与销售的移动工具，包括代理人 App 和客户 App，可实现即时询报价、移动出单等；“T”是空中座席，通过电话渠道对意向客户进行及时跟进。同时，SAT 智能营销工具还融合了平安集团人脸识别 OCR 文字识别、智能推荐、智能派工、基于移动位置服务（LBS）和语音交等领先技术，使各类数据流和信息流均可以客户需求为驱动自动流转，实现全渠道、全链条打通。2018 年，平安人寿 SAT 智能营销系统触达人数 2.2 亿次，互动次数 13 亿次，配送线索达 10.8 亿条，取得卓著成效。

（三）承保环节

承保的核心环节是保险公司对被保人的风险评估，即核保。传统核保流程复杂、审核材料多，但仍难以对风险进行精准量化的评估。将大数据、人工智能等技术应用于核保全流程，可以实现更快速且有效的核保，帮助保险公司降低风险、提升绩效。如通过 AI 赋能，实现对投保材料的自动识别与结构化，提升信息采集效率；通过 AI + 大数据建模，自动识别高风险客户与异常指标，为核保与定价提供辅助。

泰康保险开发的认知核保系统，将人工智能技术与医学知识、保险业务紧密结合，打造AI体检数据采集引擎和AI核保决策引擎，使核保更便捷，风控更有效。体检数据采集引擎以客户体检报告影像为输入，自动定位、识别健康数据，依据自然语言和医学语义将其结构化，并自动识别异常体检项目；核保决策引擎构建可解释的算法模型，预测客户健康风险，并且结合投保产品特征评估承保风险，输出核保结论与解释。该核保系统支持超过10类常见疾病患病风险的预测，准确率近80%，同时也将核保环节人工审核的效率提升超过25%。

理赔难、理赔慢、手续繁，历来是保险行业饱受诟病的几大顽疾，也是保险投诉高发的"重灾区"。随着保险技术的深度应用，保险公司理赔服务正在升级。不少保险公司的App、微信公众号都已实现电子化自动理赔，客户只需将原件材料拍照上传到理赔系统，就可以完成理赔支付。此外，部分险企还推出智能理赔服务，无须人工介入，支持低风险、小额案件全流程自动作业，大幅提升了理赔服务效率。例如，金融壹账通推出的智能闪赔，对车险理赔的端到端流程进行了全面的梳理与优化，并应用深度学习算法、大数据挖掘等技术，为保险客户提供极致的智能车理赔服务体验。"智能闪赔"包括理赔作业全平台，车物定损、人伤定损、反欺诈等，覆盖从报案调度、查勘定损核价、理算核赔到结案支付的理赔全流程。该解决方案搭建了覆盖98%市场车型、85%定损配件、96%定损工时等的千万级、地域化数据库，配合一整套反渗漏及反欺诈模型，实现车物定损与人伤定损的自动化。同时，智能闪赔应用最先进的图片识别技术，提供通过拍照自动识别车辆损失的图片定损工具，将车理赔定损缩短至"秒级"。

（四）运营环节

机器人技术、流程自动化、远程音视频技术的成熟及应用，极大地颠覆了传统保险公司朝九晚五、线下和人工为主的运营和服务方式，打破了保险公司经营管理与客户服务的时空限制，使保险公司可以更快速、更全面地响应客户需求、改善用户体验，优化服务质量。

例如，富国生命保险（Fukoku Mutual Life Insurance）引入IBM公司的Watson AI系统（Watson是一种认知技术，可以像人一样思考），采用人工智能取代赔付评估部门的30多名员工。Watson AI系统负责阅读医生撰写的医疗证明和其他文件，以收集确定保险理赔金额所必需的信息，比如医疗记录、住院时长和外科手术的名称等。除确定保险理赔金额之外，系统也能核对客户的保险合同，发现特殊保险条款，并阻止赔付疏忽。预计该系统每年可核查总计超过13.2万宗案例。

华夏保险使用机器人辅助人工，为客户提供业务覆盖面广、响应及时准确的服务。其智能客服由文本客服"小华e问"和语音客服"智语小华"组成。"小华e问"涵盖20大类40细项共计3000余条知识，覆盖相似问法上万种。能处理多个业务领域的常见问题，回答准确率高达93%。"智语小华"能在特定业务场景中与客户进行实时语音互动，响应迅速、理解准确、回复高效、语气自然。除华夏保险以外，其他很多保险公司，如平安、人保等也都开始采用机器人代替人工处理大量的客户咨询与服务要求，提高业务效率和时空覆盖。

五、互联网保险公司——众安保险

2013年3月，备受业界关注的“三马”共同发起筹建的众安在线财产保险股份有限公司（以下简称“众安在线”）正式获得原保监会批复。众安在线财产保险股份有限公司（简称：众安）由蚂蚁金服、中国平安和腾讯于2013年联合发起设立。众安专注于应用新技术重塑保险价值链，围绕健康、数字生活、消费金融、汽车四大生态，以科技服务新生代，为其提供个性化、定制化、智能化的新保险。业务和关联公司的业务包括：众安保险、众安医疗、众安小贷、众安科技、众安经纪、众安国际、众安银行等。2022年，众安保险今年服务用户超过5亿人，出具了91亿张保单，实现总保费人民币236.5亿元，同比增长16.1%。科技驱动效能提升，受益于有质量的增长及自营渠道的建设，综合成本率较2021年同期改善1.1个百分点至98.5%，承保利润持续释放。2022年承保盈利3.29亿元，同比增长338%。

在资本市场上，众安保险首次公开发行10亿美元境外票据，是2020年全球保险科技行业最大的一笔融资；在大健康生态，众安保险2020年上半年总保费同比增长115.6%；升级尊享e生2020和门急诊版，2020年前三季度众安百万医疗险在保保单数达到1226万件；在国际板块，众安银行、众安人寿正式在香港地区开业，其中众安银行运营仅100天就吸收存款超27亿港元。

2017年9月28日，众安在香港联合交易所主板正式挂牌，股票代码为6060，成为全球首家互联网保险公司，董事长兼执行董事是欧亚平。财报显示，于2021年12月31日，众安有3791名正式员工。众安在《2017年全球金融科技公司百强》中排名第2位、《2019胡润中国500强民营企业》中排名第189位、《2022年中国品牌力指数》财产险行业排名第6位。众安保险业务涵括医疗保险、重疾保险、大病保险、健康医疗保险、意外保险、少儿保险、女性保险、成人保险、中老年保险、航旅保险、旅游保险、团体保险、汽车保险等综合保险。在众安保险App上，消费者能够从软件中获取各类综合保险，从而保障自身在合同约定的可能发生的事故因其发生所造成的财产损失获得赔偿保险金。

在科技板块，众安成立以来累计研发投入超人民币30亿元，完成482项科技专利申请，合作客户超400家。其中，保险客户次年复购率达80%。针对保险核心系统，年初全面升级无界山2.0，随着云上系统的不断完善，赋能业务增长的价值越发显著。在区块链领域，2020年4月，众安科技牵头制订的《信息技术区块链和分布式记账技术智能合约实施规范》获批区块链国家立项标准。供应链金融领域，利用众安区块链技术成立众企安链，成立当年完成数千万元人民币Pre-A轮融资。在科技输出方面，众安科技成为国家发改委“数字化转型伙伴行动（2020）”首批转型伙伴之一，并响应监管要求，于2020年7月在业内率先推出可视化回溯系统，最快3天完成系统对接，目前已帮助40余家保险机构实现可回溯管理，助力合规经营。

与此同时，还将先进的商业模式和技术经验输出或复制到海外。其与东南亚领先出行O2O平台Grab的合作进一步拓展至印度尼西亚，在众安科技能力的支持下，Grab生态已累计产生超过1200万张保单。近期众安科技与友邦保险成为区域科技合作伙伴、并与

OVO 集团携手于印度尼西亚推出全新保险科技业务。截至上半年，科技输出收入人民币已达 1.2 亿元。在用户服务方面，借助数据智能，提升客服和理赔效率：首先，推出全新智能客服，已覆盖公司 62% 服务场景、智能 VR 导航率达 97%、促进运营效能提升 108%。其次，优化智能理赔，以尊享为例，通过 1000 家医院数据直连，90% 用户实现在线申请理赔、自动化理算达 90%，最快可秒级赔付。在大健康生态，尊享 e 生 6 年 22 次迭代，从标准体到慢病体，逐渐覆盖更多人群和家庭。“尊享 e 生 2023” 升级主打“慢病能买，门诊、急诊能用”，从可保人群和可保责任两个方面填补了当下百万医疗险产品的空白，为用户提供一站式的“保险保障、健康管理和医疗服务”闭环。

在生活消费生态，众安保险也在挖掘更多的家庭式保障需求。与支付宝合作无忧保、全家保家财意外综合保障产品，共计服务近 100 万个家庭。同时，在宠物经济迅速发展的当下，再次拓宽了“家庭成员”的概念——正式推出宠物险：利用支付宝鼻纹识别技术的开放，产品可实现 100% 在线投保理赔，并与全国超 7000 家知名宠物医院合作。完善风控的同时，产品也更加符合用户需求痛点。

目前，众安保险的合作伙伴领域横跨了保险公司、金融机构、经代平台、汽车生态、医疗健康、科技与互联网平台等。例如，为银行提供 SaaS 化技术服务支持，定制保险商城、App、小程序等。同时也与银行等金融机构合作推出场景化保险产品：比如与微众银行合作小微企业主健康保障计划、与翼支付（甜橙保险）合作定制健康险、车险产品。在汽车领域，与一汽解放合作，成立联合数据实验室，探索基于车联网的 UBI 创新保险。此外，与出行平台滴滴合作的点滴保升级健康、重疾等产品，共出具 19 亿张保单，服务超 240 万用户。针对互联网保险中介平台，合作健康险、意外险、车险、拓展健康医疗服务等，也可以在数字化转型方面更有深入的合作。与 OPPO 合作了健康险产品，刚上线就服务 10 万用户。众安还在长沙“星城园丁” App 上，推出意外险、车险产品，这也标志着在与政府服务类平台合作上的突破。

众安保险以数字为驱动，关注用户、优化用户体验，促进保险品牌力的提升。众安自主研发的智能营销系统拥有超 2000 个用户标签，与生态伙伴无缝对接，能够让获客成本降低 30%，投放效率提升 50%，运营效率提升 80%。在保险数字化增长的探索中，众安坚持回归用户价值，释放保险的创新力。一直以来以数据驱动，通过精准的用户洞察，为用户提供了更多个性化、定制化的产品服务。合以致远，即坚持开放共赢。众安一直坚持通过自身验证过的技术，对外进行输出，以帮助保险行业实现数字化转型。目前，众安科技的合作伙伴领域横跨保险公司、金融机构、经代平台、汽车生态、医疗健康、科技与互联网平台，已与超过 400 家企业及机构合作。2022 年，众安保险科技输出继续稳健发展，下半年科技收入实现超过 40% 的同比增长，国内外科技共签约 112 家保险产业链客户以及 18 家银行和券商客户，全年收入 5.9 亿元，截至 2022 年年底累计服务超过 700 家客户。同时，众安还将先进的商业模式和技术经验输出到海外，助力全球行业生态数字化转型。

【案例拓展和实训操作】

（一）退货运费险

退货（售中）运费险是一种运费保险，分为退货运费险（买家）和退货运费险（卖家）两个类别，交易成功后运费险将自动失效，运费险一般在 10 元至 25 元之间，根据距离，商品重量计算。

网购时代，邮费成为了电子商务发展的一大瓶颈，制约着网商的成本，在网络购物中，由于一直存在退货时谁来承担运费而产生的纠纷或者顾虑，在当前的退款交易纠纷中，有 42% 是由于买卖双方对退货邮费问题协商不一致产生的，为售后问题增添了很多麻烦。经过长达 6 个月的调研分析，华泰保险针对网络交易推出专用保险产品——退货运费险。2010 年 11 月 9 日，运费险正式登录淘宝网进行销售。该保险产品具有 4 大特点：①保险费用低，一般在 2—6 元左右（受受保人信誉影响，即投保赔付率，赔付次数越多费用越高，最高可拒绝受理）；②投保方便，只需在购买商品时选择即可，可和货款合并到一起支付；③理赔速度快，无须报案，无须举证，退货成功后 72 小时内理赔款项直接支付到买家支付宝账户；④理赔额度高，根据买家的收货地与卖家退货地间的距离、物品重量来判断赔付额度，最高赔付 25 元。

保障期限是自买家或卖家代表签收货物之时起 15 日内，更新后不受“确认收货”限制。

理赔流程为：买家发起退款时选择需要退货，在淘宝网输入退货物流单号，将购买的货物通过物流退还给卖家；卖家收到货物后确认退款；保险公司在退款完成 72 小时内核实买家损失，确认损失发生无误后将理赔款项支付到买家支付宝账号。

（二）实训操作

支付宝全网运费险购买方法：打开手机支付宝，点击【我的】-【蚂蚁保】-【财产】-【电商】进入到产品页面，就可以看到全网运费险了，进入请查看保障内容和理赔说明。

【项目练习】

一、单项选择题

1. 以下关于保险说法错误的是（　　）。

A. 保险类型有社会保险和商业保险两种

B. 社会保险包括养老保险、医疗保险、失业保险等

C. 商业保险分成财产保险和人身保险

D. 工伤保险和生育保险属于商业保险

2. 2013 年 3 月，备受业界关注的“三马”共同发起筹建的（　　）正式获得原保监会批复。

A. 众安在线财产保险股份有限公司　　B. 众平在线财产保险股份有限公司

C. 平安在线财产保险股份有限公司　　D. 三马在线财产保险股份有限公司

3. 以下关于可保风险说法错误的是（　　）。

A. 深圳前海微众银行

B. 损失发生的概率较大

C. 损失具有确定的概率分布

D. 存在大量具有同质风险的保险标的

二、多项选择题

1. 可保风险应具备的条件有（　　）。
A. 损失程度较高
B. 损失发生的概率较小
C. 损失具有确定的概率分布
D. 存在大量具有同质风险的保险标的
2. 互联网保险险种的典型代表有（　　）。
A. 退货运费险　　B. 中秋赏月险　　C. 熊孩子险　　D. 生育险
3. 互联网保险业务主要包含（　　）。
A. 网络宣传推广业务　　B. 信息咨询业务
C. 网上投保和理赔　　D. 其他业务
4. 互联网保险的特点有（　　）。
A. 上架成本低　　B. 信息量大　　C. 传导速度快　　D. 透明度高
5. 互联网保险销售模式分为（　　）。
A. B2C 电子商务模式　　B. 第三方网络平台模式
C. 专业网络媒介模式　　D. 广电通信终端销售模式

三、判断题

1. 互联网保险的先天优势。除了虚拟性、直接性、电子化和时效性。（　　）
2. 2019 年 12 月出台的《互联网保险业务监管办法（征求意见稿）》将互联网保险业务定义为“保险机构依托互联网订立保险合同、提供保险服务的保险经营活动。”（　　）
3. 慧择网是中国最早的保险行业的第三方网络平台。（　　）
4. 专业网络媒介模式。这种模式主要是借助于专业财经网站和大型综合门户网站开辟的保险频道进行保险营销的一种模式。（　　）
5. 损失是可以确定和测量的，是指损失发生的原因、时间、地点都可被确定以及损失金额可以测定。（　　）

四、简答题

1. 互联网保险的销售模式有哪些？
2. 互联网保险的代表险种有哪些？

项目六 金融科技在证券业的应用

项目六 PPT

【知识目标】了解证券的概念和发展历程；了解金融科技在互联网证券领域的应用；了解互联网基金的概念和典型代表。

【能力目标】能够识别证券行业在新科技时代的变化和发展；能够比较证券机构的业务、管理等在过去与现在的不同；能够应用金融科技在证券业的产品和服务，感知行业发展趋势。

【素养目标】通过证券业发展现状的学习，帮助学生了解我国证券领域相关政策运行机制和资金操作规律，引导学生像对待投资一样理性对待职业发展和人生规划；通过证券业务所面临挑战的学习，培养学生自我分析解决问题的能力，从而能正确认识和分析复杂的社会现象；通过证券业务管理创新的学习，融入风险意识、职业道德、家国情怀，培养学生诚实守信、团队协作等优良品质。

模块一 互联网证券

【内容简介】

本模块主要介绍了证券的概念和发展历程；金融科技在互证券领域的应用。

【案例导入】

金融科技如何赋能中小型证券公司数字化转型

在国内市场，多家证券公司均启动了一站式财富中心的建设。2022 年 7 月，国泰君安数字型财富中心落地，建设了数字网点、数智队伍、数字底座、数智平台；大力推进 10.5 亿互联网用户的转化，为海量基础客群提供边际成本极低的数字化财富管理服务。

面向用户建设一站式财富中心，重点在于持续引流创新、完善客户画像、智能财富服务三个环节。先通过推广手段，不断拓展长尾新增互联网年轻客户；再建设公司级数字底座，汇总全部数据，完善客户画像、产品画像、队伍画像、渠道画像；最后向用户提供智能资讯、智能理财、智能交易、智能投后服务；实现一站式财富中心的建设。

2021 年 12 月，中信证券成为综合客户账户试点单位，开始构建以客户为中心的财富管理业务体系，实现客户多领域的财富归集，包括普通账户、信用账户及期权账户、场内资产与场外资产的归集，有效提升客户资金划转效率，实现同一客户在普通经纪、基金投顾、信用、股票期权等业务项下资金的互联互通，更好地满足客户一站式综合财富管理的需求。

2021 年，银河证券在 App 端推出了 23 个智能交易工具，触发成交手续费超 3 亿元，互联网渠道开户数和有效户比例大幅提升，线上渠道有效户率超过 40%，远高于传统开户模式。

在机构交易方面，证券公司需要面向机构投资者，以服务客户为中心，提供产品交易平台、研究服务、运营管理、投后服务等核心服务场景，支持多品类交易和个性化对账单，覆盖权益、利率、信用、汇率、FICC 等多资产类别，覆盖场外金融业务全生命周期，依托金融科技，打造一站式金融产品交易服务平台。

资料来源：https：//www. sac. net. cn/wzgn/zt/szhzx/ztyj/202211/t20221123_169753. html

【基础知识】

证券行业一直是科技产品的积极使用者和受益者，从过去电报、电话的使用，现在的网络交易和智能交易，每一次科技的进步都促进了行业的发展。目前，我国正处于金融科技与证券行业初步融合的阶段，在未来，移动互联网、大数据、云计算、人工智能、区块链等金融技术将在证券行业进一步产生广泛而深刻的影响。

传统证券服务以线下的人工服务为主，所以客户群体主要集中在大中城市，镇和边远地区的投资者几乎无法购买证券产品和享受金融服务，在金融科技的支撑下，零散、小量、遥远的投资者的需求也能得到满足，只要能上网的地方，通过计算机或移动设备便能够获得跟其他客户一样的信息、产品和服务；此外，一些小的细分市场，过去由于证券从业人员数量和能力的限制。无法提供定制化、个性化服务，通过金融科技应用也能使这部分需求得到满足。当这些零散、差异化、小量的需求累加起来，会形成一个比过去更大的市场空间，这就是互联网时代的“长尾效应”。

一、证券的概念和发展历程

证券是多种经济权益凭证的统称，也指专门的种类产品，是用来证明券票持有人享有的某种特定权益的法律凭证。证券主要包括资本证券、货币证券和商品证券等。狭义上的证券主要指的是证券市场中的证券产品，其中包括产权市场产品如股票，债权市场产品如债券，衍生市场产品如股票期货、期权、利率期货等。

我国证券公司的发展被大致分为三个阶段：1987—2003 年为早期设立与清理规范阶段；2004—2007 年为综合治理与风险处置阶段；2008 年后，证券行业进入了规范创新与高质量发展阶段。

（一）早期设立与清理规范（1987—2003 年）

证券公司的发展必然以资本市场的发展为依托，从总体上看，中国资本市场的萌生源于中国经济转轨过程中企业的内生需求和公众对可支配收入管理的需要。在发展初期，市场处于一种自我演进且规范性相对不足的状态，各方对资本市场的发展在认识上也存在一定的分歧。党中央、国务院从经济社会发展全局和改革开放大局出发，明确了发展资本市场的战略意义，为其发展和壮大破除了思想障碍，也为其改革发展指明了方向。作为资本市场的主要中介机构，证券公司在资本市场的运行中发挥着重要作用，它既是投融资服务的提供者，也是市场重要的机构投资者。

1987 年，我国第一家专业性证券公司——深圳特区证券公司成立。此后几年，在证券经营业态上，混业经营的特征比较明显，兼营证券业务的机构和专门经营证券业务的证券公司并行存在。1995 年，我国第一部《商业银行法》的颁布，对银证混业经营作了明确的规定。1997 年，中国金融体系进一步确定了银行业、证券业和保险业分业经营、分业管理的原则。1998 年，中国人民银行对证券经营机构的监管职能被划入中国证监会。1998 年以前，证券公司得到了快速的发展。1992 年国泰证券、华夏证券和南方证券这三大证券公司的成立标志着全国性证券公司开始兴起。20 世纪 90 年代中期，国家对银行、证券分业经营的要求推动了证券行业的大规模重组，超过 760 家证券营业部与银行等原有母体脱钩，并入证券公司或信托管理公司。

截至 1998 年年末，国内共有证券公司 90 家，证券营业部超过 2400 家。在快速发展的同时，证券行业积累的一些问题也逐渐暴露。部分证券公司挪用客户交易结算资金、账外经营等问题制约了资本市场的健康发展，也引起了有关部门的重视。1999 年，中国证监会明确了对证券公司监管的要求，规定了经纪类证券公司和综合类证券公司的最低注册资本要求，制定了证券公司管理、客户资金监控、内部控制等工作的管理办法，也加强了审计和监管。此后，规范发展成为了行业发展的主旋律。

（二）综合治理与风险处置（2004—2007 年）

从 2001 年开始，中国的资本市场进入了连续 4 年的调整阶段，沪深股市大幅下挫，新股发行和上市公司再融资难度加大。在这样的市场环境下，证券公司的经营业绩受到了较大影响，行业出现了连续 4 年的总体亏损。为积极推进资本市场改革开放和稳定发展，国务院于 2004 年 1 月发布《关于推进资本市场改革开放和稳定发展的若干意见》（简称“国九条”），首次就发展资本市场的作用、指导思想和任务进行了全面明确的阐述，对发展资本市场的政策措施进行了整体部署，将发展中国资本市场提升到国家战略任务的高度。“国九条”的发布，标志着证券行业进入综合治理阶段。综合治理给证券公司经营带来了积极的变化。一方面，证券公司的历史遗留风险被彻底化解，财务状况明显改善，合规经营意识不断加强，风险管理能力显著提高；另一方面，对证券公司的监管法规和制度逐步完善，资本市场基础性制度的改革取得了实质性进展，日常监管、市场退出和投资者保护的长效机制初步形成，监管的有效性、针对性明显增强。综合治理为证券公司实现从“站起来”到“大起来”夯实了基本盘，也让其逐渐步入了良性发展的轨道。

2005 年起，为解决困扰中国资本市场多年而启动的股权分置改革有序推进，A 股市场逐渐进入“全流通”时代，为实现市场化定价和股市长远发展奠定了坚实的基础，也给证券公司的进一步发展创造了良好的外部环境。规范创新与高质量发展（2008 年至今）这一阶段，行业创新业务扎实开展，行业经营机构的业务范围不断扩大。在传统经纪业务、股票承销和证券自营等业务的基础上，证券公司可以开展报价回购、约定式购回、私募股权投资、融资融券、股票质押式回购等业务。随着创新业务的不断扩展和其占收入比重的持续增加，证券公司的收入结构得到有效优化，这也一定程度上改变了原先证券公司对资本市场行情过度依赖的窘境。我国资本市场与境外市场双向打通的步伐进一步加快，国际影响力明显增加。2014 年 11 月“沪港通”正式开通，交易标的数量从 2014 年的北向沪股通 596 个和南向港股通 273 个扩大至 2020 年的北向 963 个和南向 325 个。深港通于 2016 年 12 月启动，交易标的数量从 2016 年的北向深股通 881 个和南向港股 5 通 417 个扩大至 2020 年的北向 1347 个和南向 498 个。继“沪港通”“深港通”前期实践后，“沪伦通”“债券通”又进一步为我国资本市场和境外市场建立了连接渠道。行业监管部门赋能证券经营机构高质量发展的力度进一步加大。2009 年，中国证监会发布《证券公司分类监管规定》，确立分类监管的框架和指标体系，引导证券经营机构突出主业、发掘特色；同时，提升风险管理能力。2014 年，中国证监会印发《关于进一步推进证券经营机构创新发展的意见》，从建设现代投资银行、支持业务产品创新、推进监管转型三个方面明确了推进证券经营机构创新发展的主要任务和具体措施。

（三）多层次资本市场体系日益完善（2019 年至今）

2019 年 7 月，科创板并试点注册制改革顺利实施，一批具有关键核心技术的企业在科创板上市。2020 年 7 月，新三板改革进一步深化，在新三板中新设立“精选层”，并允许符合条件的“精选层”公司转板上市，形成新三板“基础层—创新层—精选层”的梯次结构；同年 8 月，创业板改革并试点注册制正式落地，支持传统产业与新技术、新产业、新业态、新模式深度融合。在这样的行业背景下，证券公司的综合实力显著提升，截至 2022 年年末，全行业 140 家证券公司实现营业收入 3949.73 亿元，实现净利润 1423.01 亿元。

（四）区块链在区域性股权市场的应用试点正式启动

我国证监会 2020 年 7 月 7 日发布《关于原则同意北京、上海、江苏、浙江深圳等 5 家区域性股权市场开展区块链建设工作的函》，原则上同意了北京、上海、浙江、江苏、深圳区域性股权市场参与区块链建设试点工作。

从北京市地方金融监管局的网站上可以看到，北京股权交易中心是获得首批开展区块链试点建设资格的区域性股权交易市场。

北京区域性股权交易市场，即北京股权交易中心有限公司（四板市场）于 2013 年年底正式启动，是北京市政府批准设立并报证监会备案的区域性股权市场运营机构。此前，北京股权交易中心已“试水”区块链应用。2017 年 11 月，北京股权交易中心联合深圳证券交易所及其他家区域性股权市场运营机构，共同推出了区域性股权市场中介机构征信链，着力建设标准统一、无法篡改的中介机构执业信息共享征信区块链，是行业内第一个正式上线的区块链应用项目。

2022 年 9 月，北京股权交易中心纳入“基于区块链的私募基金份额转让平台”。它基于私募基金份额转让、质押业务的私募性、安全性要求，以区块链作为底层技术核心，应用云计算技术，结合基金份额转让业务独特属性，开发建设基于区块链的私募基金份额转让系统，成功实现私募基金份额登记、质押、转让、结算、信息披露、市场参与方管理、统计汇总、数据报送等功能，为基金份额转让、质押提供安全合规可信、有效信息汇聚的交易场所，为市场化基金份额转让交易提供全流程基础设施保障。

二、金融科技在证券领域的应用

通过解决信息不对称、中介机构的中心化以及“信息孤岛”等问题，金融科技可大大提高传统金融业务的广度、深度及效率，金融科技正在深刻地影响着金融业务的演化。针对证券基金业务存在的问题，金融科技都有相应的解决方案。

（一）证券发行

证券发行一般指发行人通过向投资者销售股票、债券等证券的方式筹集资金的活动，以证券的首次公开发行（Initial Public Offering，IPO）为例，其主要发行程序包括：企业股份制改造，保荐机构开展尽职调查与上市辅导等活动，会计、评估等中介机构提供专业服务并出具专业报告，监管部门进行辅导报备、辅导验收、上市审核，通过核准后进行询价、定价、申购等活动。在以上证券发行程序过程中，可能出现信息不对称、信息不完全、潜在利益冲突等问题。

知识拓展

证券公司与基金公司是我国资本市场主要的市场主体。其中，证券公司（Securities Company）是专门从事有价证券买卖的法人企业。广义层面的证券公司可分为证券经营公司和证券登记公司，狭义层面的证券公司则仅指证券经营公司。不同注册资本的证券公司在证券交易过程中充当不同的角色，主要业务包括：证券经纪；投资咨询；与证券交易、证券投资活动有关的财务顾问业务；证券自营、证券的承销与保荐或资产管理等。

证券投资基金管理公司（基金公司）是指经中国证券监督管理委员会（简称证监会）批准的在中国境内设立并从事证券投资基金管理业务的企业法人。广义层面的基金公司根据面向对象的不同可以分为公募基金和私募基金，其中私募基金又可以分为私募股权（PE）、风险投资VC）、私募证券等。证券类基金主要投资于二级市场，股权类基金主要投资于一级市证券投资基金，是基金公司发行的产品，是指通过发售基金份额募集资金形成独立的基金财产，由基金管理人管理、基金托管人托管，以资产组合方式进行证券投资，基金份额持有人按其所持份额享受收益和承担风险的投资工具。在与基金相关的发行、管理、托管、注册登记、销售等环节中，与基金管理人（即基金公司）相关的包括基金的发行和管理、登记注册、部分销售业务（直销）。

资料来源：郑红梅，刘全宝. 区块链金融［M］，西安：西安交通大学出版社，2020

在证券发行方面，区块链可一定程度优化证券发行的诚信环境、提升市场交易效率。以IPO为例，区块链可在以下方面赋能证券发行业务：①区块链可提升IPO的透明度，即利用区块链技术进行IPO信息的共享，方便监督部门、审计机构以及其他市场参与者对数据进行查询与核验，降低信息不对称情况及可能的造假风险；②区块链可弱化或替代承销机构，利用区块链技术实现点对点发行，弱化承销机构的功能，可降低发行成本的同时明显降低承销商与保荐人相冲突的隐患；③发行人可借助区块链和智能合约实现自主办理证券发行，提高发行效率。

（二）证券登记与存管

当前，我国证券登记业务已经交由专门的证券登记机构进行无纸化登记操作，但只是将证券纸质凭证电子化，整个登记业务流程电子化，相应的登记业务流程并未简化，业务流程依然烦琐复杂，例如签署合同准备申报材料、材料审核、相关权威部门的批准文件都需要耗费登记机构与证券持有人大量的时间和精力，导致登记业务的成本依然较高。

在证券登记与存管方面，区块链的应用可以有以下好处：①不再依赖传统的登记机构，而是保存在区块链这本总账上，由全链进行公证证明；②证券权属变动将在全链进行传播和更新，确保与区块链总账保持同步；③股份拆分、权益分派、股票质押、股东投票等经登记而派生的业务，也都可以借助区块链及智能合约实现。

（三）证券清算与交收

目前我国证券结算主要由中央国债登记结算有限责任公司（简称中债登）和中国证券登记络算有限公司（简称中证登）负责，其职责主要包括证券登记、结算和账户维护三个方面。证券结算过程中结算公司与交易所、结算参与人（银行或证券公司等）之间相互配合，保管所有交易数据、进行数据更正和维护等，共同完成结算行为，目前证券结算的主要问题有：交易成本高且效率低、安全性较差等。

在证券清算与交收方面，通过金融科技进行证券清算交收有以下好处：首先，证券交收和资金交收被包含在一个不可分割的操作指令中，交易同时成功或失败，实现货银兑付并降低因一方违约另一方受损的风险。其次，证券结算不再完全依赖中央登记结算机构，每个结算参与人都有一份完整的账单，任何交易都可在短时间内传送至全网，分布式账本可以保证系统的安全降低操作风险。最后，区块链技术将减少中介、简化结算流程。证券交易流程中的证券代理机构、托管机构、清算参与机构、中央证券存管机构、中央对手方等都可能被代替，直接实现交易各方的对接，进而提升清算交收效率。

（四）资产证券化

在资产证券化过程中，主要的问题包括信息不对称、效率低等问题。一方面，资产证券化的基础资产存在信息不对称风险，主要矛盾在于投资人及中介机构难以穿透底层资产以把握险。另一方面，资产证券化业务同样存在参与机构较多、业务链条较长且复杂等问题，多参与时由于数据系统不一致可能导致数据流转效率较低，对账成本较高。

资产证券化的参与机构见图6-1。

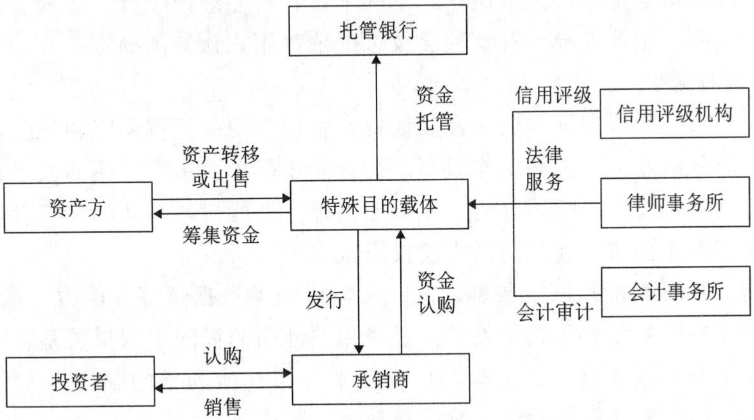

图6-1 资产证券化的参与机构

在资产证券化方面，区块链可有效解决信息不对称及工作效率低等问题。首先，可借助区块链和智能合约使得 ABS 的各参与方作为区块链节点共享实时交易数据，提升交易透明度，缓解信息不对称问题，并且降低对账成本。其次，可借助区块链技术实时监控并共享基础资产的相关交易情况及风险变动情况，以便投资者及时把握风险点。

三、金融科技在证券业务场景中的价值创新

（一）智能投顾

智能投顾，是基于对用户基本信息、社交行为、消费记录、财务状况、理财目标等数据进行综合分析、结合现代投资组合理论、效用函数理论、行为金融学理论等，应用一系列人工智能算法为客户量身定制打造资产配置方案，并对投资组合进行实时跟踪和自动再平衡。

（1）价值定位：以客户需求为导向。

（2）主要目的：将理财服务普及到未被人工覆盖的群体，带给用户更好的体验，并使金融服务成本降低、效率提高。

（3）主要驱动力：大数据、云计算、机器学习、语音识别、语言处理、知识图谱与传统金融理论、产品、服务的结合。

（4）一个理想中完整的智能投顾流程大致可以分为：用户分析、资产配置、投资分析、策略生成、交易执行、分析反馈、调整优化等阶段。金融科技在不同服务阶段的应用，可以对应不同类型的智能系统。

与传统的投资顾问工作方式不同，智能投顾将过去的“个人经验判断”模式升级为“数据算法判断”模式，根据投资者的风险偏好、资产状况、收益目标等，提供差异化服务，发挥大数据、算法、机器学习、自动交易等优势，可规避人工服务的认知水平、信息容量、情绪影响等不足，形成效率更高、速度更快、准确率更高的投资决策。

智能投顾服务有数字性、普惠性、便捷性和低成本性等特点，客户主要通过互联网渠道获取服务，而应用了智能化手段改造的智能理财服务系统，能够更加了解用户并提供个性化的高质量理财服务。机器主导的服务方式解放了人工服务在时间、精力、能力等方面的限制，从而能够覆盖更多的投资用户。总的来说，智能理财服务一定程度上攻克了传统理财服务供需失衡、服务差异、利益冲突及过度依赖用户认知的痛点。

（二）智能投研

智能投研是人工智能在证券公司及其他资产管理公司的投资研究领域应用，其核心是提升金融数据的分析能力，提高工作效率。在智能投研中，主要应用的人工智能技术包括图像识别、自然语言处理、情感分析、知识图谱等。智能投研行业的参与者包括传统的金融数据服务商、创业公司、互联网巨头及投资机构内部研发。

（1）优势。人工智能拓展了数据来源，大幅提升了数据运算的能力，通过机器学习、深度学习，可以分析多元、非线性关系，寻找相关性而非局限于因果关系。

（2）不足。现阶段来看，人工智能自身技术、与其他场景的融合广度、深度等仍有很大发展空间，还需要进一步调试、改进和升级。

（3）约束条件。数据质量影响智能投研的效果，随着底层数据质量不断提升，智能

投研的效果会越来越好。智能投研的产业链涉及数据的获取、处理及应用：上游数据源包含传统金融数据、爬虫数据及另类数据等；中游主要是数据的采集和标准化；下游是数据的需求方和应用场景，包括投资机构、监管部门及非金融机构等。

智能投研具有三种商业模式：金融文本处理工具、一级市场数据库和二级市场数据库。

（1）金融文本处理工具。针对特定场景的金融数据处理的工具，所处理的文本以标准化的金融文本为主，其主要功能是审核检查。客户以证监会、交易所等监管职能部门，其次是券商投行部门、银行信贷审核部门等，交付方式以项目制为主。

（2）一级市场数据库。提供全方位了解一级市场公司的数据库和搜索工具。产品的核心是标签体系。目标客户包括一级市场投资机构、券商投行部门及直投部门、银行企业客户部门等。一般采用数据终端或者数据接口的方式交付。

（3）二级市场数据库。提供比传统金融数据服务商颗粒度更高的数据产品，重点在非结构化数据的处理。成熟资本市场客户主要是二级市场投资者，尤其是量化投资。国内的客户还包括券商和综合金融集团。

从长期来看，智能投研的潜在市场空间远大于现有金融数据行业规模。在考虑资产管理规模和资产管理机构数量之外，智能投研的收入增量空间还包括对数据量、数据维度、数据综合服务需求的提升，以及投资机构之外其他机构对金融数据的需求。目前，资产管理机构在数据及技术方面的投入增速大于资产管理规模的增速，大量科技公司正努力拓展人工智能的边界，在可见的未来，智能投研行业将有广阔的发展空间和强劲的增长动力。

（三）程序化交易

程序化交易在近年得到快速发展，不仅在于其在有效利用计算机和网络技术的支撑下，对海量数据的处理能力以及对市场信息快捷、高速的应对能力更重要的是它可以克服人工交易时恐惧、贪婪、犹豫和冲动等人性的弱点，严格地按照规则和程序进行交易决策和执行。

1. 程序化交易的类型

程序化交易是一种在计算机和网络技术的支持下，根据事先制定的入市、离市、资金和仓位管理及风险控制等一系列交易规则，由计算机自动完成的交易方式。根据交易方式的不同，程序化交易可分为久期平均、组合保险、指数套利、量化交易、算法交易和智能交易等类型。

（1）久期平均（Duration Averaging），指在股票组合价格较低时买入，在股票组合价格较高时卖出，从而获得价差收益的交易方式。

（2）组合保险（Portfolio Insurance），指当市场处于下跌行情中，对股票组合最小价值的一个保全措施安排，同时，当价格上涨时，股票组合仍不失去盈利机会的交易方式。

（3）指数套利（Index Arbitrage），指套利者利用程序化交易在指数现货市场与指数衍生品市场之间，利用两类产品在不同市场上出现的瞬间定价差异迅速实现低买高卖，从而获取盈利的交易方式。

（4）量化交易（Quantitative Trading），指依据一个混合的数量模型来进行一揽子股票买卖，该数量模型既遵从市场的内在规律，又顾及股票的历史性和理论逻辑的相关关系。

（5）算法交易（Algorithmic Trading），指运用较为复杂的数学模型来确定订单的最佳执行路径、执行时间、执行价格及执行数量的交易方法。

（6）智能交易（Intelligent Trading），指将人工智能技术引入程序化交易，通过机器学习，自动地总结、归纳和学习金融交易规律，不断完善交易策略的一种程序化交易模式，是程序化交易发展的高级阶段。

2. 程序化交易的特点和优缺点

程序化交易具有的特点：

（1）以计算机数量化模型分析决策为基础；

（2）由计算机系统实时接收信息、处理信息、做出交易决策并自动下单；

（3）智能化的程序化交易系统具有自主学习、自我总结和自动完善的交易策略，可不断适应新的市场情况。

程序化交易的优点有：

（1）根据规则自动交易，有利于克服人性的弱点；

（2）可以突破人的生理极限，大幅度提高投资效率，并降低人的体力和脑力消耗；

（3）系统性的交易、资金管理和仓位管理，有利于投资的组合优化管理和风险控制；

（4）程序化交易与大数据、互联网和人工智能方法的结合，有利于从海量金融数据中发掘投资机会，总结交易规律，制定最优交易决策并快速执行，从而实现系统化、智能化的金融交易和资产管理。

程序化交易的缺点有：

（1）程序化交易是由人根据历史经验开发出来的，人的认知局限和小概率事件可能导致程序中存在不可预知的风险；

（2）程序化交易的批量快速反应，可能在市场剧烈波动时引发羊群效应，从而导致系统性崩溃。

3. 程序化交易的基本原理

程序化交易并不是一个简单的由计算机进行自动交易的过程，而是一个由交易策略构思、计算机程序实现、历史数据回测、参数优化、模拟应用检验、实盘交易、跟踪监测、改进完善等众多相互独立又相互联系的环节构成的系统性动态过程。程序化交易从接受信息、分析信息、制定决策、下达指，到交易信息反馈、账户管理、风险控制等全过程，都是在计算机实时联网中完成的。

在程序化交易中，需要制定清晰的交易策略，并且通过计算机程序将其完整、准确地表达出来，而且还必须通过历史数据进行回测、优化和模拟检验，以判断其交易策略的盈利性和风险性。然而，经济形势和金融市场瞬息万变，根据历史经验总结的交易策略并不能完全反映这种变化，一方面是由于人的认知能力和历史经验具有有限性，另一方面，历史不是简单的重演。在程序化策略投入使用后，还必须密切跟踪其运行情况，当发现有较大问题和漏洞时，对策略进行调整和优化，甚至中断其运行，以达到最佳投资效果。

（四）证券业务管理创新

以 A（Artificial Intelligence，人工智能）、B（Blockchain，区块链）、C（Cloud Computing，云计算）和 D（Big data，大数据）为代表的金融科技正逐步应用于证券行业的多

个领域。

1. 人工智能的应用

人工智能应用于证券行业，目前的主要成果有智能投顾、智能投研、量化投资、智能客服、智能营销等，以技术创新为突破口改造提升传统金融服务渠道和服务能力。发展相对成熟的智能客服，借助网上开户、单向视频、人脸识别、活体检测等创新技术，实现了45秒极速开户体验，线上开户率达到99%以上；通过PC端、移动端、网站、微信公众号、小程序等，打破过去与客户交互的时间、空间限制，由线下的有限场景转变为线上多样化场景，客户可以24小时登录各类终端获取相关证券信息，与机器客服或人工客服取得联系，极大改善了客户获取证券相关服务的体验感受。在智能客服中，主要运用到聊天机器人和自然语言处理（NLP）的技术。机器人客服能够快速回答简单、同质的标准化问题，人工客服主要用于处理更加复杂、个性化的咨询，将有效提高服务效率和客户满意度。

目前，人工智能在证券行业的应用还处于发展初期，用人工智能进行决策技术还未成熟。人工智能技术的发展离不开大数据、云计算以及智能硬件的发展，这些技术作为基础支撑了人工智能技术的发展，而智能化将是金融科技今后发展的重要方向。智能化是指用计算机代替人脑来进行分析并作出决策，利用人工智能完成大规模量化、部分或完全替代人力分析的工作，将人工智能应用于包括用户行为和产品分析、智能工具、量化交易、高频交易等。

2. 区块链的应用

将区块链技术应用于在证券行业的服务和管理中，有以下几个优点。

（1）实现证券交易流程自动化。将原本需要客户反复填写和签字的内容，变为标准化、自动化的智能合约，通过手机、计算机等终端一次输入可多次调取，从而实现避免重复劳动、提高工作效率和改善客户体验。此外，当客户达到办理某些特殊业务的条件时，比如符合开户时间、资金额度、适用性条款、风险等级等，系统可自动提醒客户选择或直接开通权限范围内的服务，从而减少了重复询问、无效沟通等问题。区块链技术的应用，能够简化过去的交易流程，减少重复交互、提高交易时效性、降低交易成本。

（2）保护证券交易数据的不被篡改。区块链是一种能够实现数据一致存储、无法篡改、无法抵赖的技术体系。通过区块链可以构建一个更加可靠的互联网系统，解决价值交换与转移中存在的欺诈和寻租现象。区块链技术的重要特点之一是去中心化，分布式共享数据库中的数据信息不可篡改，并可以存储子系统成立以来的所有记录，这就使得所有交易活动都能被追踪和查询，在任何时候出现纠纷都能够追溯到最初的数据。此外，区块链通过纯数字方法来保证交易，用户的身份信息、交易信息等由数字化的地址来代替，这将在一定程度上减少人工操作过程中出错和被篡改的可能性。

（3）提升证券交易系统的安全性。基于区块链技术的分布式数据存储、多方验证、信息实时更新等特点，使得人们可以在相互无信任的情况下，无地域限制地进行大规模协作，从而提高效率、降低成本。传统的证券交易、结算和清算体系等，存在周期较长、集中度不高、需人工核对、环节较多等不足，区块链技术的使用，可以实现全网同步更新账本，将高信用背书的节点设置成为“主中心”，由多个“主中心”共同制定平台规则，从而实现增强系统稳定性的目标。另外，可根据实际需要将监管机构设置为最高层级的“特权”节点，在出现特殊情况时，“特权”节点可根据实际情况进行监察稽核，这样不仅增加了区块链在特殊情况下的适用性，而且可以维护金融市场的稳定，降低监管机构和市场参与者的成本。

3. 云计算的应用

在实际运用中，云计算不仅可以为证券行业提供类似 IDC 托管机房的互联网接入、主机托管等传统服务，还可以提供虚拟化主机及云计算、大数据处理等更高层的服务。例如，“上证云”（上交所行情及委托交易云服务）为券商提供的上交所行情数据推送服务，满足了该业务带宽消耗大、网络延时短、安全要求高、系统吞吐速度快、发布中心地域散、建设周期短的需求，充分发挥了云资源池覆盖广、网络配套能力强、云安全服务合规的技术架构和资源能力优势，为证券市场提供了一个低成本、高可用的云服务平台。通过云计算的解决方案，有效解决了证券行业发展所依赖的数据存储和计算能力。

从成本的角度看，使用云计算可以节省证券公司自身建设数据中心和服务器投入的资金，只需支付所消耗的资源费用，并根据实际需要增加或减少的使用量，也可以减少因事前预测不准带来的不必要支出；当一定数量的用户集中使用云平台服务时，规模经济将转化为更低的付费价格，并可将节省的成本以降价的形式回馈于客户，提升客户体验；云计算还能够使券商管理者更容易识别各项成本，透明地确定各项支出，有助于衡量投资回报率。

4. 大数据的应用

证券行业和其他金融机构一样，业务开展过程中对数据的贡献度和依赖程度较高。随着时代变化，证券公司逐步意识到大数据在企业战略中的作用和地位，并在大数据应用领域快速布局。大数据技术、模型和算法等逐渐融入证券公司各项日常运营活动中，如营销、研发、决策、交易、服务等环节，将大数据作为未来业务发展的重要支撑手段，凸显“数据驱动业务”的重要地位。

（1）利用大数据为客户画像，进行精准营销，提供个性化、智能化的产品和服务。证券行业拥有的数据类型有客户基本信息、资产信息、交易记录、收益数据等，券商可以利用多元化平台数据和外部数据进行综合分析，在用户授权的前提下，获取到用户实时、变化的最新数据，在提高风险评估精准度的同时，深度挖掘用户的理财需求和风险承受能力，并可根据数据的更新，实时了解、捕捉用户的需求与偏好，并不断完善用户画像，实现对用户的动态画像，为用户提供更合适的服务。

（2）利用大数据建立投资数据库，实现量化模型的构建和应用。传统的证券投资分析方法有基本面分析、技术面分析、组合分析和心理分析等，主要依靠个人专业知识和实践经验积累后提供服务，服务效果也因个人水平的不同而有较大差异。通过建立投资数据库，纳入影响资产价格变动的各种因素，并进行实时跟踪，通过量化分析方法，从数量化的角度去挖掘存在某种数学关系的投资策略，从而实现提高投资收益的目标，方法包括量化选股策略、量化择时策略、市场中性策略、算法交易、套利交易和高频交易等。

（3）利用大数据进行客户细分和有效管理。客户细分是市场竞争格局下的一种必然选择，通过分析客户的账户状态（类型、生命周期、投资时间）、账户价值（资产峰值、资产均值、交易量、佣金贡献和成本等)、交易习惯(周转率、市场关注度、仓位、平均持股市值、平均持股时间、单笔交易均值和日均成交量等)、投资偏好(偏好品种、下单渠道和是否申购)及投资收益,来进行客户聚类和细分,从而发现客户交易模式类型,找出最有价值和盈利潜力的客户群以及他们最需要的服务。

未来证券行业将逐步拓展金融科技的应用场景,从过去的营销、服务等非核心环节,进一步扩展到行业的核心业务,如投资分析、风控、决策等。比如,利用智能投顾替代现有的人工投顾,智能投研替代传统分析师,计算机程序用于进行风险控制和投资决策,云平台替代现有技术系统设施等。

随着金融科技的发展和标准化程度的提高,证券产品的创新速度正逐步加快,发展重点从过去的技术突破逐步变为应用场景的选择和融合。一旦发现与技术契合度高的证券业务场景,就可以以最快的速度进行产品开发和推广,比如通过网络进行客户引流和精准推送,通过数据挖掘对客户需求进行深层次挖掘,通过云平台将基础设施和服务渠道、客户需求等进行整合重组,最终实现精准、高效、优质、低价地为客户提供证券产品和服务。

【案例拓展和实训操作】

(一)金融科技在证券行业的应用——京东白条ABS债券创新场景案例

1. 场景业务说明

资产证券化的基础资产类型可以是:债权类基础资产,如企业应收账款、融资租赁债权、消费贷款等;收益权类(企业经营收入类)基础资产,如公用事业收入、企业经营收入等;权益类基础资产,如商业物业、租赁住房等不动产财产。

资产证券化产品可以按照规定在证券交易所、全国中小企业股份转让系统、机构间私募产品报价与服务系统、证券公司柜台市场以及中国证监会认可的其他证券交易场所进行挂牌、转让。出售过程中原始权益人把证券化基础资产的收益和风险转让给了特别目的载体(资产支持专项计划,SPV),基础资产要求做到真实出售,与原始权益人的经营风险相隔离,起到"破产隔离"的保护作用。

京东白条应收账款债权资产支持专项计划(以下简称京东白条ABS)于2015年10月28日在深圳证券交易所正式挂牌交易。京东白条ABS的标的资产为白条,即京东提供给用户分期支付货款的消费贷款。该计划由华泰资管作为计划管理人发行,首次发行总额为8亿元人民币,期限为24个月,前12个月是循环购买期,在循环期内循环购买符合资产筛选条件应收账款的资产人池;后12个月为分配期,分配期内不再循环购买资产。

京东白条ABS的结构主要分为优先级(优先01)、次优级(优先02)和次级三档;优先级和次优级的产品由机构认购持有且可以在深交所综合协议交易平台转让交易,次级由京东持有且不得转让。在收益分配上,优先级和次优级产品在循环期内按季度付息,分配期摊还本息。次级产品在循环期不参与收益分配。在分配期待优先级和次优级本息偿付完毕之后获得全部剩余收益。分级结构本身提供了信用增级,次优级为优先级提供信用增级,次级为优先级、次优级提供信用增级。

2. 传统业务痛点

从业务本身的角度出发,目前国内大部分互联网消费金融公司虽然具有场景优势,但其所发行的ABS资产仍面临与资金端对接的困难，整个市场对此类ABS仍存在“看不清”“管不住”等问题。传统业务的痛点主要体现在三个方面：①底层资产的真假无法保证；②如果消费金融公司本身出了问题，没人来解决借款人偿还的后续问题；③资产证券化产品呈现出结构复杂、参与主体多、操作环节多、数据传递链条长、数据及现金流分配过程繁复等特征，投资人和中介机构难以穿透底层把握风险。这三大痛点，决定了互联网消费金融公司虽有很强的资产生产能力，却很难得到低成本资金方的认可，所以只能选择成本较高的资金来源，因而限制了发展。

从业务数据的角度出发，目前存在着的痛点有：①各参与方之间的数据流转效率不高，消费类资产小而分散，一家机构可销售资产往往上亿笔，而每个ABS产品里有数百万笔数据。没有标准的数据流转流程，各方获取数据，处理数据都存在着很大的困难。②各参与方涉及多个业务系统的对接，交易系统间的资金清算和对账问题往往需要占据大量人力物力，还经常产生系统间账目不统一的问题。③资产的回款方式不闭环，回款方式有线上、线下等多种渠道，难以监控资产真实的表现情况。④资产包形成后，交易链条各方机构对底层资产数据真实性和准确性的信任存在问题，要提高资产在资金端高效准确的对接，就必须建立标准化的数据流转格式、数据流转方式、数据流转内容和标准的面向投资者的数据披露方法。需要真实有效的控制资产端的回款情况，使回款端闭环，从而保持资产端数据的真实性。

3. 区块链创新思路

京东白条ABS债券区块链应用在创新思路上，考虑如下四个方面。

（1）基础数据可信。利用区块链的密码学方法和特殊数据结构等提供的不可篡改特性，保证底层基础数据的真实、可信。通过时间戳保证每个区块按时间顺序相连，可以看到资产的“全生命周期”，数据全面可信。当托管人、管理人等参与方要核查贸易、供货、物流等信息时，无须再通过律师做低效的穿透式核查。

（2）数据实时共享。建立京东白条ABS参与各方的联盟链，形成协同工作平台的分布式共享账本，数据自动同步，提高数据透明度实时性，提高整体业务工作效率，解决信息不对称问题，减少重复对账成本，降低项目的融资成本。

（3）自动数据协同。利用智能合约，实现流程参与方规范化协同工作，提高自动化程度，自动对账清算，减少操作风险和成本。在达成多方共识的基础上，实现数据报告自动生成、款项自动划拨、资产循环购买和自动收益分配等功能，使底层现金流透明化并可进行穿透式查询监管。

（4）交易平台可靠。不再依赖中心化的结算系统，参与者在多中心化的交易平台上进行交易，可以提高交易效率和透明度，交易结果及时可靠。现金流数据真实、全面、及时、准确地自动获取促进了资产评估定价的合理性，提高了风险定价效率和二级市场交易的流动性。

4. 创新解决方案

京东金融（现为京东数字科技核心子品牌）、华泰证券资管、兴业银行等京东白条ABS的重要参与方共建联盟链。京东金融将自身ABS云平台向合作伙伴开放，各方技术团队一同对区块链底层技术进行了升级完善，不仅在基础资产层面实现了数据保真、防篡改。并且在专项计划层面逐步加入校验机制与自动化的流程管理等功能，为联盟链上各方提供有效穿透ABS产品管理链条的科技服务。三个参与方实现了对等部署：先由各方在独立环境单独部署，再实现组网；华泰证券资管、兴业银行内部的IT系统，相应作改变，以支持京东白条区块链ABS平台的运行。

京东白条区块链ABS的阶段流程包括Pre-ABS阶段、ABS债券产品设计和发行阶段以及存续期管理阶段。

(1) Pre-ABS底层资产形成阶段：放款、还款现金流和信息流实时入链，实现底层资产的真实防篡改；同时，各类尽职调查报告，资产服务报告可以通过智能合约自动生成。

(2) ABS债券产品设计和发行阶段：入链信息包括评级公司和券商确认后的评级结果和交易结构、投资人身份以及认购登记份额，交易所获取链上申报信息进行审批并将审批结果入链。

(3) 在ABS债券存续期管理阶段：回款数据、循环购买数据、资产赎回、置换和回购数据均可入链，并生成资产服务报告。

5. 创新价值要点分析

在基于区块链技术的资产证券化管理模式中，由于区块链技术中的分布式技术特征，所有参与方作为区块链的节点均可共享实时数据，解决交易链上各方信任问题，缓解信息不对称问题，使得风险更加可控；通过区块链技术中的智能合约保障资产证券化可以自动履行，不仅可以使违约风险得到有效化解，还可以省去冗余环节、减少人工操作，达到降低成本的目的；区块链技术中信息可追溯的特点使得资产证券化业务中资产信息可追溯并可实时查看，也可实时监控，利于穿透式监管，防范金融风险。具体来说，基于区块链技术的资产证券化管理模式相对于传统模式，具有以下优势：

(1) 通过利用智能合约技术保障交易自动履约，从而使得违约风险显著减少，资产证券化管理效率已经有所增加。在基于区块链技术的资产证券化管理模式中，区块链技术中的智能合约不仅能够实现自动购买标的资产，也能够同时实现现金流的高效分配，针对资金权益进行自动清算和合约终止等。可以发现，无论是哪一个环节，都必须通过发挥节点的作用来达成共识并对其予以实时记录，方便后期的执行。所以，基于区块链技术的资产证券化管理模式大大降低了各主体间的违约风险，同时在降低项目的管理成本同时大大提升了项目管理的效率。

(2) 通过利用分布式技术使所有参与方作为区块链的节点均可共享实时数据，增加透明度的同时，跨机构协调更高效，大大地降低信用成本，也间接地提升资产流动性。在区块链资产证券化管理系统中，区块链实时写入了所有资产信息和全部交易信息，所有参与方作为区块链的节点均可共享以上实时数据和信息，传统模式下信息不对称问题被很好地解决，在大大地降低了信用成本的同时，间接提升了资产证券化二级交易市场的流动性，与此同时也使得机构投资者信心不断增强，项目融资成本也会在原有基础上有较大程度的减少。

(3) 区块链技术中的不可篡改的特性显著改进资产证券化底层资产管理机制，从而进一步达到穿透式监管的目的。不论是在哪一笔资产证券化业务中，往往都会涉及多笔底层资产，而每笔底层资产通常会有多个权利主体和多个义务主体，这不仅使得资产证券化管理机构在管理底层资产权属方面充满了各种潜在风险，也同时使得资产证券化管理机构在现金流管理方面面临着诸多挑战。但是基于区块链技术的资产证券化管理模式中的底层资产权属以及现金流管理过程中的所有交易信息等都会通过节点来达成共识并记录在区块中，区块链技术使得上述记录在区块内的信息和交易很难被篡改，因此，底层资产交易信息篡改问题显著减少，错漏风险也能够有效避免。从监管层的角度来看，基于区块链技术的资产证券化管理模式能够达到实时穿透监管的目的，从而大大降低了底层资产的监管成本，也提升了监管的效率。

表6-1　区块链证券交易的优势

参与方	优势
基金管理人/交易平台	①基于区块链不可篡改性，提升平台公信力 ②支持数据跨平台共享，提高交易效率 ③保障项目透明度，提升风险能力
监管机构	①简化并规范监督审计流程 ②通过智能合约实行事中监管，提升监管力度
项目方/融资方	①资产权益透明，避免重复质押 ②多链架构实行跨区域，跨领域链接，拓展融资渠道 ③降低融资成本，加快资金周转
投资方	①简化投资流程，避免重复审核 ②拓展投资面，进行跨领域、跨地域投资 ③所投项目数据、信息真实可信，投资权益得到保障

（二）实训操作

在支付宝、天天基金网或微信理财通中选取四款不同类型的基金并描述（按照投资对象进行描述）。

描述内容：基金的名称、代码、类型、风险。日涨跌幅（近1天、7天）单位净值、持仓比例（写出持仓百分比前五名），买入卖出费率。

在四款基金中选取一只投资，并阐述理由。

模块二

互联网基金

【内容简介】

本模块主要介绍了互联网基金的概念、特点、分类；货币市场基金的特点和典型代表。

【案例导入】

影响超7亿人！余额宝、易方达易理财或迎“重要货币市场基金”监管新规

影响超7亿投资人的货币市场基金监管新规来了。2023年2月17日，为强化重要货币市场基金监管，证监会联合中国人民银行共同发布《重要货币市场基金监管暂行规定》（以下简称《暂行规定》），自2023年5月16日起施行。《暂行规定》指出，满足规模大于2000亿元或者投资者数量大于5000万个等条件的货币市场基金，应纳入重要货币市场基金评估范围。对这些基金，《暂行规定》明确附加监管要求，增强抗风险能力，明确风险防控与处置机制。

表6-2 规模较大，持有人户数较多的货币基金一览

证券简称	基金规模（亿元）	持有人户数（2022中报）（户）	今年以来回报（%）	2022年回报（%）	成立以来回报（%）	基金成立日
天弘余额宝	6892.74	741423454	0.23	1.66	33.67	2013-05-29
易方达易理财A	2110.56	28065597	0.27	1.83	34.70	2013-10-24
建信嘉薪宝A	1965.67	13091169	0.27	1.90	30.11	2014-06-17
鹏华增值宝	1820.58	34846285	0.24	1.76	30.85	2014-02-26
兴全添利宝	1816.25	12952881	0.25	1.88	32.30	2014-02-27
平安日增宝	1738.01	46887854	0.24	1.71	31.40	2013-12-03

数据来源：Wind数据、21世纪经济报道记者整理，截止时间为2022年年底。

据Wind数据筛选，截至2022年四季度末，全市场满足上述条件的货币基金仅有两只：天弘余额宝（规模6892.74亿元，2022年年中基金份额持有人户数7.41亿户）、易方达理财（规模2110.56亿元）。此外，市场上还有多只产品接近重要货币市场基金的纳入标准。重要货币市场基金未来在投资运作中要满足《暂行规定》的多项监管要求，比如，重要货币市场基金投资运作时，持有一家公司发行的证券市值不得超过基金资产净值的5%；投资组合的平均剩余期限不得超过90天；投资组合的杠杆比例不得超过110%等。而货币市场基金作为现金管理类的普惠金融产品，具有安全性高、流动性好、投资成本低等特点，已成为公募基金的重要品种，积极服务于居民财富管理。同时，个别货币市场基金产品规模较大或涉及投资者数量较多，如发生风险易对金融市场产生负面影响，需提出更为严格审慎的监管要求。按照《暂行规定》的要求，“基金份额持有人数量”，是指持有份额大于1的投资者数量，因此，如果剔除持有份额小于1的投资者数量，持有人户数可能会有所下降。

资料来源：https：//new. qq. com/rain/a/20230218A03BP900

【基础知识】

一、基金概述

（一）基金的概念

基金（Fund）有广义和狭义之分。广义上，基金是指为了某种目的而设立的具有一

定数量的资金，主要包括信托投资基金、公积金、保险基金、退休基金，各种基金会的基金等类型。人们平常所说的基金主要是指狭义的证券投资基金，是一种间接的证券投资方式。基金管理公司通过发行基金单位集中投资者的资金，由基金托管人（一般为具有资格的银行）管理和运用资金，从事股票、债券等金融工具投资，共同分享收益，共担投资风险。

（二）证券投资基金的特点

（1）证券投资基金是由投资专家运作、管理并专门投资于证券市场的基金。这些投资专家不仅掌握了广博的投资分析和投资组合理论知识，而且在投资领域也积累了相当丰富的经验。

（2）证券投资基金是一种间接的证券投资方式。与直接购买股票相比投资者通过购买基金间接投资于证券市场，与上市公司没有任何直接关系，不参与公司决策和管理，只享有公司利润的分配权。

（3）证券投资基金具有投资小、费用低的优点。在我国，每份基金的单位面值为人民币 1 元。证券投资基金最低投资额一般较低，投资者可以根据自己的财力认购，从而解决了中小投资者“钱不多、入市难”的问题。

（4）证券投资基金具有组合投资、分散风险的好处。投资学上有一句谚语：“不要把鸡蛋放在同一个篮子里。”如果投资者把所有资金都投资于一家公司的股票，一旦这家公司破产，投资者便可能尽失所有。而证券投资基金通过汇集众多中小投资者的小额资金，形成雄厚的资金实力，可以把投资者的资金分散投资于各种股票，某些股票跌价造成的损失可以用其他股票涨价的盈利来弥补，分散了投资风险。

（5）流动性强。基金的买卖程序非常简便。对于封闭式基金，投资者可以直接在二级市场套现，买卖程序与股票相似；对于开放式基金，投资者既可以向基金管理人直接申购或赎回，也可以通过证券公司等代理销售机构交易，还可以委托投资顾问机构代为买卖。

（三）证券投资基金运作流程

第一步，投资者资金汇集成基金。

第二步，将该基金委托投资专家——基金管理人投资运作。①投资者、基金管理人、基金托管人通过基金契约方式建立信托协议，确立三者之间的信托关系：投资者出资并享有收益、承担风险，基金管理人受托负责理财，基金托管人负责保管资金。②基金管理人与基金托管人通过托管协议确立双方的责权。

第三步，基金管理人经过专业理财，将投资收益分予投资者。在我国，基金托管人必须由合格的商业银行担任，基金管理人必须由专业的基金管理人担任。基金投资人享受证券投资基金的收益，也承担其亏损风险。

（四）证券投资基金的分类

1. 根据基金单位是否可增加或赎回，证券投资基金可分为开放式基金和封闭式基金

封闭式基金是指发起人在设立时先确定发行总额，筹集到这个总额的 80% 以上时，即宣告成立并进行封闭，在封闭期内不再接受新投资的基金。例如，在深交所上市的开元基金（4688），1998 年设立，发行额为 20 亿基金份额，存续期限（封闭期）为 20 年。也

就是说，开元基金从1998年开始运作期限为20年，运作额度为20亿元，在此期限内，投资者不能要求退回资金，也不能增加新的份额。在封闭期限内虽然不允许投资者退回资金，但封闭式基金可以在市场上流通，投资者可以通过市场交易套现。

开放式基金是指发行总额不固定，单位总数随时增减，投资者可以按报价在基金管理人确定的营业场所申购或者赎回基金单位的基金。开放式基金可根据投资者的需求追加发行，也可按投资者的要求赎回。例如，我国首只开放式基金“华安创新”首次发行50亿份基金单位，设立时间为2001年，没有存续期，其基金单位也会在“开放”后随时发生变动，可能因为投资者赎回而减少，也可能因为投资者申购或选择“分红再投资”而增加。

我国开放式基金单位的交易通过在基金管理公司直销网点或代销网点（主要是银行营业网点）申购与赎回的办法进行，投资者的申购与赎回都要通过这些网点的柜台、电话或网站进行。

封闭式基金与开放式基金对比见表6－3。

表6－3 封闭式基金与开放式基金对比

类别	封闭式基金	开放式基金
交易场所和方式	在证券交易所上市交易	在销售机构的营业场所交易，不上市
基金存续期限	有固定期限	没有固定期限
赎回限制	在期限内不能直接赎回基金，需通过上市交易套现	可以随时提出申购或赎回申请
交易价格决定因素	主要由市场供求关系决定	依据基金的资产净值而定
分红方式	现金分红	现金分红、再投资分红
交易费用	手续费	申购费、赎回费
投资策略	封闭式基金不可赎回，无须提取准备金，能够充分运用资金进行长期投资，取得长期经营绩效	因投资者随时可能赎回，长期投资会受到一定限制，随时面临赎回压力，必须更注重流动性等风险管理，要求基金管理人具有更高的投资管理水平
信息披露	每周至少公告一次单位资产净值	每个开放日公布一次单位资产净值

2. 根据组织形态的不同，证券基金可分为公司型基金和契约型基金

通过发行基金股份成立投资基金公司的形式设立的，通常称为公司型基金；美国的基金多为公司型基金。由基金管理人、基金托管人和投资人三方通过基金契约设立的，通常称为契约型基金，目前，我国的证券投资基金均为契约型基金。

3. 根据投资风险与收益的不同，证券基金可分为成长型、收入型和平衡型

成长型基金以追求资本增值为目的，主要投资于具备良好成长潜力的上市公司股票，较少考虑当期收入。

收入型基金以追求稳定的经常性收入为基本目标，主要以大盘蓝筹股、政府债券、公司债券等稳定收益证券为投资对象。

平衡型基金兼顾资本增值和稳定收益的目标。一般而言，成长型基金的预期风险收益水平最高，收入型基金的预期风险收益水平最低，而平衡型基金介于二者之间。

4. 根据投资理念的不同，证券基金可分为主动型基金和被动型（指数）基金

主动型基金是一种力图超越基准表现的基金，预期风险和收益水平均高于被动型基金。被动型基金不主动寻求超越市场的表现，而是试图复制指数的水平，一般选取特定的指数作为跟踪的对象，通常也被称为指数型基金。

此外，还有其他分类方式，如根据投资对象的不同，证券基金可分为货币市场基金、债券型基金、股票型基金、混合型基金等。

货币市场基金，主要投资于安全性极高的短期金融产品，如国债、银行票据、商业票据、银行定期存单、银行承兑汇票、政府短期债券、企业债券等短期有价证券，具有风险低、流动性高、变现灵活等特点。支付宝里的余额宝背后其实就是一支货币基金，用户将资金转入余额宝，相当于购买了货币基金，之后可享货币基金收益。

债券型基金，基金资产80%以上投资于债券的是债券基金，投资对象主要是国债、金融债和企业债等，相较于股票基金。债券基金具有收益稳定、风险较低的特点。

股票型基金，是指基金持仓中股票占比大于80%的基金，属于高风险、高波动大投资品种，指数基金属于股票型基金。

混合型基金，是指投资于股票、债券以及货币市场工具的基金，且不符合股票型基金和债券型基金的分类标准，根据股票、债券投资比例以及投资策略的不同。混合型基金又可以分为偏股型基金、偏债型基金、股债平衡型基金和灵活配置型基金。

（五）货币市场基金

货币市场基金（Money Market Fund，MMF）是指投资于货币市场短期（一年以内，平均期限120天）有价证券的一种基金。该基金资产主要投资于短期货币工具（如国库券、商业票据、银行定期存单、银行承兑汇票、政府短期债券、企业债券等短期有价证券）。货币市场基金只有一种分红方式——红利转投资。

货币市场基金首先是开放式基金大家族中的一种，并且它是界于银行存款和其他各种证券投资基金（比如股票型基金、债券型基金等）之间的一种理财工具。也就是说，对于投资者而言，买货币市场基金所承担的风险是所有基金产品中最小的，而流动性却是开放式基金大家族里最高的，且收益十分稳定。总之，货币市场基金是一种具有高安全性、高流动性和高稳定性的投资基金品种。在很多发达国家，它几乎是家庭和企业最主要的投资理财工具。

货币市场基金的主要特点有：

（1）货币市场基金的基金单位资产净值固定不变，通常是每个基金单位1元。这是它与其他投资于股票的基金最主要的不同。投资该基金后，投资者可利用收益再投资，不断积累投资收益，增加投资者所拥有的基金份额。比如某投资者以100元投资于某货币市场基金，可拥有100个基金单位，1年后，若投资报酬是8%，那么该投资者就多8个基金单位，总共108个基金单位，价值为108元。

（2）衡量货币市场基金表现好坏的标准是收益率，这与其他基金以净资产价值增值获利不同。

(3) 风险低。货币市场基金投资组合的平均期限一般为4—6个月，到期日通常很短，风险较低，其价格通常只受市场利率的影响。

(4) 投资成本低。货币市场基金通常不收取赎回费用，其管理费用也比较低，货币市场基金的年管理费用大约为基金资产净值的0.25%～1%，比传统的基金年管理费率（1%～2.5%）低。

(5) 货币市场基金均为开放式基金，通常被视为无风险或低风险投资工具，适合资本短期投资生息以备不时之需。特别是在利率高、通货膨胀率高证券流动性下降、可信度降低时，货币市场基金可使本金免遭损失。

(6) 本金安全。大多数货币市场基金的投资品种具有安全性，这就决定了其在各类基金中风险最低，是最安全的投资工具之一，不过它的收益也偏低，适合偏好低风险、资金流动性高的投资者。

(7) 资金流动性强。货币市场基金买卖方便，到账时间短。一般基金赎回两三天资金就可以到账。目前，已有多只货币市场基金实现T+0赎回制度，流动性能够与活期存款相媲美。

(六) 互联网基金销售

2013年之前，我国开放式基金销售整体还延续着银行渠道为主、基金直销和券商为辅的局面。而在英美等金融业发达的国家，第三方机构已占据基金销售市场主导地位，拥有60%以上的市场份额，已经形成多渠道、多费率层次的基金销售模式。我国单一的销售渠道以及高额的费率，给基金公司和投资人带来了沉重的负担，也在很大程度上影响了基金的销售。面对基金销售的渠道瓶颈，各个基金公司都在尝试开拓多元化的销售渠道，试图摆脱这一行业困境。

随着大数据、云计算、移动互联等信息技术的快速发展，互联网与金融业的融合越来越深入。在金融业快速触网的同时，互联网企业也广泛运用大数据，深度挖掘数据资源中隐藏的海量信息，逐步将业务拓展到金融领域，推动了互联网与基金业的互相融合，创造了信息技术与金融资本相结合的新兴金融产品——互联网基金。

互联网基金销售的优势主要体现在如下方面。

1. 操作快捷方便

方便快捷的操作是互联网基金最大的特点及优势。相较于银行和证券公司代销等传统的基金购买方式，互联网基金按照现代管理模式，充分利用计算机和智能手机的优势，从客户申请转入资金到账采用全流程网络化、无纸化操作，尽量简化基金运行环节。

2. 互联网平台与基金公司高度融合

稳定而庞大的客户群是众多金融机构不懈追逐的目标。互联网基金最显著的特点是实现了互联网与基金的高度融合，拥有数量庞大的客户群。以余额宝为例，它的优势就在于与支付宝紧密地捆绑在一起，拥有规模化的客户资源，同时在客户发展方面具有可持续性。

3. 满足了新兴客户群体特殊的投资需求

还是以余额宝为例，它通过支付宝这个平台发掘出一个银行尚未重视的新兴客户群体。这个群体大致有三个基本特点：①客户在支付宝中的资金或闲置资金达不到银行理财要求的门槛；②客户对于基金及理财产品没有清晰的认识；③客户有投资需求，希望自己的闲散资金可以保值增值，对投资产品有很大兴趣。

4. 更好的客户体验

互联网基金采用互联网技术，用网络将信息与储户联系在一起，进行了许多人性化设计，给客户带来的使用体验超过了传统投资理财产品，这也是互联网金融得天独厚的优势。互联网基金每天都有收益提示，既增加了透明度，也让投资者得到了良好的客户体验。投资者可以随时随地查看自己的资产，这种体验是传统投资模式所不能比拟的。

二、互联网基金代表——余额宝

余额宝是蚂蚁集团旗下的余额增值服务和活期资金管理服务产品，于2013年6月推出。余额宝的特点是操作简便、低门槛、零手续费、可随取随用。除理财功能外，余额宝还可直接用于购物、转账、缴费还款等消费支付，是移动互联网时代的现金管理工具。余额宝依然是我国用户数量最多的货币基金。

2018年5月3日，余额宝新接入博时、中欧基金公司旗下的“博时现金收益货币A”“中欧滚钱宝货币A”两只货币基金产品。1元起购，定期也能理财——2013年余额宝的横空出世，被普遍认为开创了国人互联网理财元年，同时余额宝已经成为普惠金融最典型的代表。上线一年后，它不仅让数以千万从来没接触过理财的人萌发了理财意识，同时激活了金融行业的技术与创新，并推动了市场利率化的进程。余额宝的出现，一方面满足了居民日益增长的资产配置需求，对现有的投资产品是很好的补充，不仅提高了理财收益，降低了理财门槛，更唤醒了公众的理财意识。

余额宝已不仅是国民理财“神器”，它还在不断进入各种消费场景，为用户持续带来微小而美好的变化。2014年以来，余额宝先后推出了零元购手机、余额宝买车等项目，让余额宝用户能够享受特殊的优惠权益，也看到了余额宝在消费领域的想象力。2015年3月，余额宝又首创买房用途，这是余额宝在消费场景上的一次大突破，也是房地产行业首次引入互联网金融工具。当时，方兴地产联合淘宝网上线了余额宝购房项目，在北京、上海、南京等全国十大城市，放出了1132套房源支持余额宝购房。买房者通过淘宝网支付首付后，首付款将被冻结在余额宝中。在正式交房前或者首付后的3个月，首付款产生的余额宝收益仍然归买房人所有。这意味着，先交房再付款，首付款也能赚收益了。

正是由于余额宝的横空出世，拓展了大众理财的渠道，在余额宝强大的资金聚拢效应影响下，各大银行纷纷推出类余额宝产品以应对挑战，比如平安银行推出“平安盈”、民生银行推出“如意宝”、中信银行连同信诚基金推出“薪金煲”、兴业银行推出“兴业宝”和“掌柜钱包”等。这些银行系宝宝军团多为银行与基金公司合作的货币基金。

余额宝情绪指数的编制方法是基于余额宝的业务场景，将交易行为细分，筛选出用户直接或间接进入股市的资金，剥离IPO、节假日、收益影响后，对数据进行标准化指数构建。余额宝情绪指数反映了余额宝用户参与股市的意愿，当余额宝情绪指数上涨时，意味着余额宝用户入市意愿增加，反之亦然。作为全球首只大数据情绪指数，余额宝情绪指数的优势在于：能做到每日发布，发布频率比银证转账数据高，而且是纯粹参与股市不含IPO的情绪。这使得余额宝情绪指数有了更多的价值。

【案例拓展和实训操作】

（一）余额宝收益率怎么计算

余额宝收益是什么？余额宝是一种资金管理服务。资金转入余额宝，即购买货币基金，可享对应的货币基金收益。余额宝每日显示的收益，实际为昨天余额宝的产生的收益，因此页面上显示为“昨日收益”。

（二）转入余额宝何时有收益

转入余额宝的资金并非立即产生收益的，需等待下个交易日由基金公司进行份额确认，转入资金份额确认后会在次日 15：00 前后显示收益。交易日为不含节假日的周一到周五，且以 15：00 为界，如果超过 15 点的转入下一交易日。之前转入已确认的份额，每天都可以享受收益，包括周末和节假日；已确认份额的收益，也会在每日结算后计入下一日本金，并计入下一日收益计算。

转入时间	确认份额	收益发放
周一 15：00（含 15：00）~ 周二 15：00	周三	周四
周二 15：00（含 15：00）~ 周三 15：00	周四	周五
周三 15：00（含 15：00）~ 周四 15：00	周五	周六
周四 15：00（含 15：00）~ 周五 15：00	下周一	下周二
周五 15：00（含 15：00）~ 下周一 15：00	下周二	下周三

（三）余额宝收益计算方式

余额宝每天收益都不同，查询每日万份收益率，即可根据以下公式进行计算：

$$收益=\frac{已确认金额}{10000}\times 当日万份收益$$

例：您有 10 万元已确认金额，当日万份收益是 0.4，那么您的当日收益就是（10W/1W）×0.4 =4（元）。

万份收益查看路径：

1. 登录支付宝手机客户端 -【我的】-【余额宝】；

2. 点击【昨日收益】-【基金详情】；

3. 点击【万份收益】，即可查看万份收益走势。

温馨提醒：

1. 余额宝是复利的，每日收益会计入已确认金额，用来计算次日收益；

2. 已确认金额在周末和节假日同样能享受收益。

进入余额宝即可在页面查询昨日万份收益，也可点此查询昨日万份收益。

【项目练习】

一、单项选择题

1. 余额宝是蚂蚁金服旗下的余额增值服务和活期资金管理服务产品，于（　　）推出。

A. 2016 年 6 月　　B. 2014 年 6 月　　C. 2015 年 6 月　　D. 2013 年 6 月

2. 基金资产 80% 以上投资于债券的是（　　）。

A. 股票型基金　　B. 债券型基金　　C. 混合型基金　　D. 货币市场基金

3. 根据投资对象的不同，基金可分为（　　）。

A. 公司型基金和契约型基金

B. 成长型、收入型和平衡型

C. 主动型基金和被动型（指数）基金

D. 货币市场基金、债券型基金、股票型基金、混合型基金

4. 负责保管证券投资基金资金的是（　　）。

A. 基金管理人　　B. 基金托管人　　C. 投资者　　D. 证监会

5. 以下不是证券投资基金特点的是（　　）。

A. 投资小　　B. 组合投资、分散风险

C. 直接的证券投资方式　　D. 费用低

二、多项选择题

1. 互联网基金销售的优势主要体现在：（　　）。

A. 操作快捷方便　　B. 互联网平台与基金公司高度融合

C. 满足了新兴客户群体特殊的投资需求　　D. 更好的客户体验

2. 货币市场基金资产主要投资于短期货币工具（　　）。

A. 股票　　B. 国库券、商业票据

C. 银行定期存单　　D. 政府短期债券

3. 根据投资风险与收益的不同，证券基金可分为（　　）。

A. 成长型　　B. 收入型　　C. 平衡型　　D. 契约型

4. 我国证券公司的发展被大致分为三个阶段，分别是（　　）。

A. 早期设立与清理规范（1997—2003 年）

B. 早期设立与清理规范（1987—2003 年）

C. 综合治理与风险处置（2004—2007 年）

D. 多层次资本市场体系日益完善（2019 年至今）

5. 根据投资对象的不同，证券基金可分为（　　）。

A. 股票基金　　B. 债券基金

C. 货币市场基金　　D. 混合型基金

三、判断题

1. 货币市场基金的基金单位资产净值固定不变，通常是每个基金单位1元。（ ）

2. 货币市场基金投资组合的平均期限一般为4—6年。（ ）

3. 货币市场基金均为开放式基金。（ ）

4. 目前，尚未有货币市场基金能实现T+0赎回制度。（ ）

5. 广义上，基金是指为了某种目的而设立的具有一定数量的资金。主要包括信托投资基金、公积金、保险基金、退休基金，各种基金会的基金等类型。（ ）

6. 狭义的证券投资基金，是一种间接的证券投资方式。（ ）

四、简答题

1. 金融科技在证券领域的应用有哪些？

2. 区块链证券交易的优势有哪些？

项目七 金融科技在其他行业的应用

项目七 PPT

【知识目标】了解征信、财富管理的内涵；熟悉金融科技在征信、财务管理领域的应用；熟悉网络小额贷款、互联网消费金融业务的特征；熟悉网络小额贷款、互联网消费金融的现状；了解金融科技在其他互联网行业的应用。

【能力目标】能够识别金融科技在征信行业中的应用创新；能够比较智能投顾与传统投顾的优势；能够识别网络小额贷款与网络贷款诈骗；能够分析互联网消费金融的现状。

【素养目标】通过征信概念和发展的学习，理解守约的重要意义，深化诚信理念，懂得将个人信用视为金融交往中的重要财富。通过财富管理概念的学习，增强风险与收益并存的意识，形成正确的价值导向，增强社会主义核心价值观。

模块一 金融科技与征信

【内容简介】

本节主要介绍了征信的概念、我国的征信系统、征信行业的发展现状及问题；金融科技在征信行业的应用。

【案例导入】

珍爱信用记录，享受美好生活

个人信用报告是什么？个人信用报告是个人征信机构出具的、客观真实记录个人历史累积信用信息的“有形”载体，有效反映个人的信用状况。其主要包含以下信息内容：基本信息，包含个人姓名、身份证件、居住信息、职业信息等基本信息；信贷信息，包含个人向放贷机构借款、还款的历史信息，包括贷款、信用卡、对外担保等信息；其他信息，随着征信系统建设的推进，个人信用报告还在逐渐完善个人住房公积金缴存信息、社会保障信息、行政处罚信息、法院民事判决、欠税等信息；查询记录，自动记载查询信用报告的时间、原因和查询人等信息。

良好信用记录有什么作用？①增信誉，在不少社会场景中，良好的信用记录能有效提升个人的综合竞争力，在同等条件下获得更多的机会。②更优惠，可能获得金额更大和利率更低等各项信贷优惠政策。③更公平，减少了以往银行主观判断的影响，可以得到更公平的贷款机会。④更省时，节约调查核实个人信息和信用状况的时间，大大提升了信贷审批的时效。⑤早提醒，定期查询个人征信报告，及时了解个人信用状况，避免有信贷需求时，征信逾期或错误带来的损失。

如何维护良好的信用记录？如实填报信息，如有变动，第一时间告知银行更正。谨慎选择还款方式，记录还款日期，按时足额还款。妥善保管身份信息，防止身份盗用。定期查询信用报告，及时通过征信异议予以纠错。量入为出，不要过度负债。遵纪守法，自觉履行法定义务。

若有不良信息怎么办？《征信业管理条例》：征信机构对个人不良信息的保存期限，自不良行为或者事件终止之日起为5年；超过5年的，应当予以删除。在不良信息保存期限内，信息主体可以对不良信息作出说明，征信机构应当予以记载。发现逾期时，应第一时间补齐还款，重建良好信用记录。

请思考：良好的信用对我们有什么帮助？信用是否可被视为一种财富？

资料来源：中国人民银行官网

【基础知识】

一、征信概述

（一）征信的概念

征信一词最早在我国出现是在《左传·昭公八年》中，有“君子之言，信而有征，故怨远于其身”，其中，“信而有征”即为可验证其言为信实，或征求、验证信用。征信被广泛用作信用调查的同义词是在民国初期。近现代以来，中国大陆、香港地区、台湾地区等使用“征信”一词来概括企业和个人信用调查。

征信有一个重要的特点是尊重事实，让事实说话，即这条信息是可验证、有记录的。对于信息准确性不高的信息，坚决不能采集，因为异议处理将会使征信活动从经济层面看很不划算，并且会影响征信的公信力。

征信最为重要的作用是为了防范在非即付经济交往中受到损失，也就是说，征信最重要的目的是落在经济层面上。那么，什么最能反映一个人按期履约的能力和意愿呢？显然，是这个人以往的履约历史纪录。如果一个人平时说话、做事不是很坦诚，但是，其履约历史纪录却一直非常良好，作为牟利的经济人、授信机构（如银行）仍然会相信这个人在经济上是一个守约的人，值得与其进行非即付的经济交易。只有当这个人没有以往在非即付经济交往的履约历史时，才会依靠诸如说话、做事是否坦诚这类信息来进行判断。

所以，在预测一个人在非即付并无抵押的经济活动中是否会守约时，最主要的是观察其在赊销、借贷等活动的历史记录信息，因为这在非即付并无抵押经济活动中金额通常最大，对交易双方的影响也最大，如果受信方能够按时履约，那么其守约的可能性就越大。至于像电费、通信费、水费等，因为影响这些费用的原因很多，所以其参考价值相较而言并不大，当没有赊销、借贷等信息时，才不得不依靠电费、通信费、水费等信息来判断。

综上所述，征信是指依法收集、整理、保存、加工自然人、法人及其他组织的信用信息，并对外提供信用报告、信用评估、信用信息咨询等服务，帮助客户判断、控制信用风险，进行信用管理的活动。相应的，依法经营征信业务的机构，就是征信机构。

（二）我国的征信系统

中国人民银行从20世纪90年代初开始推动全国集中统一的企业和个人征信系统（以下简称“征信系统”）建设。根据党中央、国务院关于加快社会信用体系建设、加快建设征信系统的重要战略部署，中国人民银行组织商业银行于2004—2006年建成征信系统并实现全国联网运行。2006年，中国人民银行设立中国人民银行征信中心（以下简称“征信中心”），专门负责征信系统的建设、运行和维护。2013年3月15日施行的《征信业管理条例》，明确了征信系统是由国家设立的金融信用信息基础数据库的定位。

目前我国的征信系统已经建设成为世界规模最大，收录人数最多，收集信贷信息最全，覆盖范围和使用最广的信用信息基础数据库。征信系统收集的信息以商业银行信贷信息为核心，还包括企业和个人基本信息以及反映其信用状况的非金融负债信息、法院信息和政府部门公共信息等。为了全面反映企业和个人信用状况，中国人民银行从2005年开始积极推动工商、环保、质检、税务、法院等公共信息纳入征信系统，采集包括行政处罚与奖励信息、公积金缴存信息、社保缴存和发放信息、法院判决和执行信息、缴税和欠税信息、环保处罚信息、企业资质信息等信用信息。

信用报告作为我国征信系统的基础产品，系统地记录了企业或个人的信用活动，能够全面反映信息主体的信用状况，已经成为反映企业和个人信用行为的“经济身份证”。目前，征信中心可提供多种便捷的信用报告查询服务渠道：一是现场查询网点遍布全国人民银行分支机构；二是在全国实现通过互联网提供本人信用报告查询服务。在便捷化查询的基础上，征信中心每年向社会公众提供两次免费的信用报告查询服务。

征信系统已经建设成为我国重要的金融基础设施，立足金融，服务社会，取得显著成效：①为金融机构提高风险管理水平、促进信贷市场发展提供了重要支持。②为政府部门、金融监管机构依法履职提供信息支持，为促进行业、地方信用体系建设和执法管理创造了条件。③提高了社会信用意识和公众遵纪守法意识，在全社会形成“守信激励、失信惩戒”的激励约束机制。④征信系统的建成提升了我国的信用信息指数。

（三）征信行业的发展现状及问题

随着移动互联网时代的到来，中国人民银行征信中心所提供的征信服务已经远远无法满足社会金融活动对于征信服务的需求，一批互联网大数据征信公司应运而生。2015年1月中国人民银行发布了《关于做好个人征信业务准备工作的通知》，同意芝麻信用、腾讯征信、深圳前海征信、鹏元征信、中诚信征信、中智诚征信、拉卡拉信用、北京华道征信这8家私营征信机构开展个人征信业务，被视为是中国个人征信体系向商业机构开闸的信号。自此，我国征信行业进入了“政府+市场”双轮驱动的发展模式。2018年3月19日，由中国互联网金融协会牵头，与上述8家征信机构联合设立的百行征信有限公司在深圳成立，是中国人民银行批准的唯一一家有个人征信业务牌照的市场化个人征信机构。

中国人民银行征信中心采集的征信数据主要源于商业银行的信贷业务，由于商业银行借贷业务覆盖面有限，使得征信数据源头的覆盖面不足。市场化征信机构的发展壮大，有力的弥补了这部分空白，在增加征信行业整体供给水平的同时，也为中国人民银行征信系统的进一步完善提供了基础数据库。

虽然征信行业因这些生力军的加入而蓬勃发展，但也显现出以下普遍存在的问题。

1. 数据孤岛现象依旧存在

虽然百行征信自成立以来已经接入较多互联网金融机构，以实现信用信息共享合作。但是观其发展现状，并未取得预期效果。身处这样一个信息化的时代，各行各业均将数据视为其核心竞争力的一部分，这种现象在征信行业尤为突出。为了保持自身的市场竞争力，相互合作的征信机构都各自为政，更遑论各自为战的征信机构了。因为缺乏有效的手段来建立各征信机构间的数据通道，数据孤岛现象无法得到妥善解决，难以实现资源的有效共享。这一方面降低了征信数据的维度和征信服务的价值，另一方面会加剧征信机构之间的数据竞争。

2. 个人信息保护面临新的挑战

传统征信信息的采集有着明确的信息提供者，并且信息的采集有着明确的范围。不同于传统征信，互联网征信机构为了更广范围地采集用户信息，多采用技术手段多维度地采集用户信息。甚至部分互联网巨头凭借其近乎垄断的地位，辅以网络爬虫等技术手段，在移动智能设备上超出必需范围获取个人通讯录、摄像头、麦克风等权限，违规采集个人信息，严重侵犯个人隐私。另外，在信息开放共享的背景下，数据采集、使用以及其他互联网征信活动的成本很低，且一些敏感信息的所有权、使用权未能得到清晰界定，部分征信机构借助技术手段，通过互联网平台肆意采集大量敏感信息，个人信息安全和隐私保护受到了极大挑战。

3. 法律法规制度有待健全

当前我国征信业具有针对性的法律法规只有《征信业管理条例》（以下简称《条例》）和《征信机构管理办法》（以下简称《办法》），其中《条例》的规范对象主要是征信机构的业务活动及对征信机构的监督管理，《办法》是以征信机构公司治理、风险防控和信息安全为管理重点，两者主要是针对征信机构进行管理，在促进征信机构规范运行、保护信息主体合法权益等方面发挥重要作用。针对信息保护和个人隐私保护方面的法律法规呈现零散的状态，缺乏一套健全的有针对性的法律法规供征信行业依据，针对互联网金融个人征信方面的内容更是缺乏有效的法律法规进行规范。

二、金融科技在征信行业的应用

（一）大数据在征信行业的应用

征信离不开数据的集成和处理，如今数据爆炸式的增长倒逼征信行业从更多的信息源抓取数据，大数据征信由此产生。大数据征信是依据各类海量数据，结合大数据和云计算技术，对信息主体作出的信用预测和评估。相比传统的征信方式，大数据征信数据源更加广泛、种类更加丰富、时效性更强，数据处理手段也更加多样。大数据征信可通过依法采集电商数据、社交数据、支付数据、生活服务数据等来扩充个人征信的数据范畴，也可通过依法采集供货、销货、存货、现金流、物流、资产负债等数据来扩充企业征信的数据范畴。另外互联网时代征信数据具有广泛多维、实时有效等特点，大量的非结构化数据对数据的存储和挖掘、分析计算能力有极高的要求，而大数据和云计算是解决这一问题的技术基础，这些技术带来全新的信息处理方式，推动了传统征信模型的升级。传统征信和大数据征信的比较见表 7－1。

表 7－1　传统征信和大数据征信的比较

	传统征信	大数据征信
数据来源	商业银行信贷数据、第三方数据（工商处罚、司法判决等）	第三方数据：互联网借贷数据、工商处罚等； 互联网数据：电商、理财、社交平台等； 用户提交的数据：教育、职业等信息
数据格式	结构化数据	结构化数据和大量非结构化数据
服务人群	与商业银行有借贷往来的人群	与商业银行有借贷往来的人群以及在互联网环境中留下足够痕迹的人群
应用场景	商业银行借贷领域为主	商业银行借贷领域、互联网借贷、互联网消费等

（二）人工智能在征信行业的应用

对于以数据作为核心资产的征信行业来说，人工智能在征信行业的应用价值主要体现在以下两个方面。

1. 身份识别

传统征信的身份识别方式，主要通过身份证信息和个人授权来实现。随着人工智能技术的不断成熟，生物特征识别技术也实现了质的飞跃。未来在征信行业的交易场景中，可通过多样化的生物特征识别技术来实现快速的身份验证和授权，从而提升征信行业的服务效率。

2. 信用分析及预测

传统模式下征信只是客观地记录借贷信息及其他信用信息，对于这些信息的处理和加工更多地要依赖于使用者的经验，信用信息采集的不全面以及使用者经验的不足，都会影响信用信息的使用，从而导致征信服务的价值下降。在大数据和云计算的基础上，人工智能可通过短时高频的深度学习，从而计算出具有一定参考价值的信用分析报告及预测报告，提升信用信息的利用价值。

另外随着征信行业对于替代数据的日益重视，人工智能也有了新的应用价值。替代数据，也叫非传统信息，由美国最早提出并开始进行市场应用。美国政府问责局在报告中将其定义为“信用报告机构使用的，用于计算信用分数的非传统信息”。通俗理解就是非信贷数据，例如个人的水电费缴纳数据、社保缴纳数据、日常开销数据、职业信息及职业变动数据等，例如企业的水电费缴纳数据、税收缴纳数据、用工数据等。人工智能可通过高效开发替代数据来挖掘客户信用，为缺乏信贷信息的主体尤其是无信贷信息的“白户”提供有价值的信用参考信息，促进信贷市场发展，从而在风险可控的前提下实现普惠金融落地。

（三）区块链在征信行业的应用

区块链作为一种弱中心化的分布式数据库技术，其具备去中心化和不可篡改等特征，这对征信信息的安全性和隐秘性有着极大的补足。区块链技术在征信行业的应用主要发挥着以下作用：①借助区块链的智能合约技术，可以将信用信息的抓取范围严格控制在合法合规的范围内，有利于在允许范围内最大限度地拓展征信数据。②区块链中区块的生成均有时间戳作为数据储存的时间证明，另外已产生的区块数据很难进行篡改，鉴于以上两点能够保证征信数据的真实性和可追溯性。③传统征信受限于数据保护手段不完善，或多或少都面临着数据泄漏的风险，而区块链可以实现信用信息的确权，从而保证在没有消费者授权的情况任何人无法调用信用信息。④区块链的弱中心化特征，能够极大地降低征信机构滥用消费者信用信息的情况，保障消费者的合法权益。

随着我国大数据产业、人工智能技术和区块链技术的发展进一步成熟，征信机构将逐步突破传统征信手段的瓶颈，带来更方便更安全的金融科技时代下的征信服务。征信行业市场未来将对数据的集中度、渗透率、覆盖率进行提升，对数据资源的整合能力、信息化渠道、风控建模能力进行改进，在盈利模式上进行扩张。显然，这不是单一技术的应用就能带来的变革，而是多项技术的成熟应用才能引领的未来，更是金融与科技不断融合渗透从而形成金融科技合力才能抵达的未来。

拓展阅读：百行征信亮相首届深圳国际金融科技节

【案例拓展和实训操作】

芝麻信用，带你走进互联网征信

1. 产品简介

芝麻信用诞生于2015年1月28日，是离我们生活场景最近的互联网征信服务之一。芝麻信用是蚂蚁金服旗下独立的第三方征信机构，通过云计算、机器学习等技术客观呈现个人的信用状况，已经在信用卡、消费金融、融资租赁、酒店、租房、出行、婚恋、分类信息、学生服务、公共事业服务等上百个场景为用户、商户提供信用服务。

2. 产品优势

（1）广泛的实名用户。芝麻信用所有开通用户均为实名认证用户，覆盖广泛，许多原来传统征信没有信贷记录的人群，也开始有了属于自己的信用评价。

（2）独特的数据价值。芝麻信用数据覆盖借贷、支付、出行、住宿、公益等数百种场景，包括电商数据、互联网金融数据、公共机构数据、合作伙伴数据、用户上传数据等，能很好地刻画信用状况。

（3）强大的处理能力。芝麻信用已经具备同城灾备切换能力以及强大的商户信用信息查询调用能力，有效平稳支持了公测以来用户及各行业商户7×24小时的查询调用。

（4）敏锐的行业洞察。芝麻信用聚集了多位具备国际风险管理和信用管理系统建设经验的全球顶尖数据科学家和金融行业翘楚，深度融合了传统信用评估和互联网+创新信用评估，对行业具有丰富的经验和深刻的洞察。

（5）便利的场景应用。芝麻信用应用已经覆盖信用金融、信用租车、信用酒店、信用租房、信用婚恋、信用签证等多个领域，普通老百姓能够简单、直观地感受到信用的价值和便利。

3. 实训步骤

步骤 1：登录支付宝 App 查询自己的芝麻信用分数。

步骤 2：查看芝麻分的取值范围以及对应的等级。

步骤 3：查看芝麻分数的详细解读。

步骤 4：了解提升芝麻分的途径。

4. 实训目的

通过完成实训操作，可以查询芝麻分数。

请思考：怎样可以有效地保持甚至提升芝麻信用的分数。

模块二

金融科技与财富管理

【内容简介】

本节主要介绍了财富管理的基本知识、我国财富管理行业的发展现状；金融科技在财富管理行业的应用。

【案例导入】

ChatGPT 告诉你为什么财富管理很重要

由"美国 AI 梦工厂"OpenAI 制作的聊天机器人软件 ChatGPT，于一夜之间风靡国内互联网。那么，ChatGPT 对于财富管理是怎么理解的呢？这不，一份由 ChatGPT 站在普通投资者视角的理解新鲜出炉，让我们一起看看它是如何理解的。

问：为什么财富管理很重要？

答：财富管理之所以重要，是因为它涉及我们的财务状况和未来的经济安全。以下从几个方面解释了为什么财富管理很重要。

①未来的经济安全。财富管理可以帮助我们规划未来的经济安全，包括投资规划、退休计划、紧急储备金等，这些都能为我们的未来提供经济上的保障。

②风险管理。财富管理可以帮助我们评估和管理风险，例如投资风险、保险风险、信用风险等，帮助我们减少经济上的损失。

③财务状况的改善。财富管理可以帮助我们分析和改善我们的财务状况，例如消费支出、储蓄计划、债务管理等，从而提高我们的财务状况和资产积累。

④目标实现。财富管理可以帮助我们实现我们的财务目标，例如购买房产、创业、子女教育等，帮助我们更好地实现自己的梦想和目标。

总之，财富管理的重要性在于它可以帮助我们更好地管理我们的财务状况、规划未来、降低风险、实现目标，为我们的未来提供更加稳定和可靠的经济基础。

请思考：是什么原因让我们产生了财富管理的想法？

资料来源：https：//new. qq. com/rain/a/20230219A02M6X00

【基础知识】

一、财富管理概述

（一）财富管理的内涵

一般认为，财富管理是以客户为中心，由专业机构设计出一套全面的财富规划，通过向客户提供现金、信用、保险、投资组合等一系列金融服务，对客户的资产、负债、流动性进行管理，以满足客户不同阶段的财务需求，帮助客户达到降低风险、实现财富保值增值和传承等目的。

（二）我国财富管理行业的发展历程

我国的财富管理行业经历了萌芽、初步发展、快速发展三个阶段。

改革开放之后，我国步财富管理行业进入萌芽期，居民逐渐摆脱单一的银行存款，国家为筹措建设资金而发行的国库券成为居民追捧的理财产品。

20 世纪 90 年代后，随着上交所和深交所的成立，我国证券市场快速发展起来，我国财富管理行业步入了初步发展阶段。这一时期，居民理财需求开始增加。1995 年，招商银行推出集本外币、定期存款、代收付等功能于一体的“一卡通”，标志着国内首次出现了以客户为中心的个人理财产品。1998 年我国诞生了第一支证券投资基金，2001 年我国第一支开放式基金发行，从此，基金和股票成为我国财富管理的两个重要组成部分。

进入 21 世纪后，我国财富管理的内容逐渐丰富起来，从存款、债券、股票扩展到基金、信托、定增、股权投资等领域，我国财富管理行业步入快速发展阶段。这一时期诞生了我国首批第三方财富管理公司。2005 年 8 月，诺亚财富脱离湘财证券独立运作，标志国内第三方财富管理机构的兴起。2013 年是我国互联网理财具有里程碑意义的一年，该年 6 月，余额宝横空出世，成为国民理财“神器”，开启了我国互联网财富管理时代。

（三）我国财富管理行业现状

随着居民可支配收入的逐年攀升，兼之金融科技在财富管理行业的应用日益广泛，使得我国财富管理行业呈现出前所未有的活力。

首先，居民财富管理需求日益旺盛。随着我国经济由高速发展迈向高质量发展，私人财富市场的规模也越来越大。截至 2020 年年末，可投资资产在 1000 万元以上的人群突破 260 万人。财富人群的投资理念也逐渐因时代的发展和政策的转向而发生改变。一方面，产业技术的更迭带给企业高管、技术人才等人群新的财富机会，这类人群在财富管理方面更倾向于委托管理；另一方面，“房住不炒”的政策声音越来越强，极大地降低了房地产的投资性功能，居民财富配置方面存在着由房产向金融资产转变的可能。

其次，财富管理工具日益丰富。银行理财方面，产品发行量保持平稳增长，风格逐渐向“低风险 + 固收类”转变，刚性兑付时代的结束使净值型产品的占比逐渐提升，互联网的融入使得 FOF 等产品成为销售热点；公募基金方面，已基本实现对权益、固收、大宗商品、海外市场等大类资产全覆盖，投资方式也从主动管理拓展到被动指数、FOF 等多样化投资方式；互联网行业也在积极与基金公司等金融机构寻求合作，诸如余额宝、零钱通等互联网基金产品，也在不断丰富着财富管理服务的获取渠道。

最后，金融科技的发展给财富管理行业带来新机遇。第一，大数据分析手段提高了筛选效率，除了对传统文本资料的数据化整理和挖掘，还可以分析处理移动智能设备提供的数据，在进行服务和产品推销过程中，可最大化地提高筛选效率，以精准地锁定目标客户。第二，智能化管理方式增加了客户黏性，智能投顾是近年来金融科技发展的热点领域，智能投顾的特征之一是具有成本优势，这使得财富管理服务得以向长尾客户延伸，服务形式也表现得更加便利化，可帮助平台分析客户整个生命周期中对财富管理的真实需求，更好地为客户提供投资规划和资产配置服务，提高客户黏性。第三，便捷性支付工具扩大了市场规模，便捷性支付工具的广泛应用大幅降低了资产变现的时间，特别是互联网企业与财富管理公司的合作有效平衡了家庭资产计划内的消费需求和投资需求，使得居民在分配家庭资产时，可以将更多的财富分配到财富管理工具上，有效提升了财富管理行业的市场规模。

二、金融科技在财富管理行业的应用

（一）个性化决策和精准营销

传统财富管理行业场景下，无论是投资人还是投资咨询顾问，指定的财富管理方案最多只能涵盖五年的时间，也就是说对于财富的规划最长以五年为一个周期。而在金融科技背景下，利用人工智能不仅可以设计包括退休在内的长期财富规划，还可以根据不同投资者的财富积累状况设计个性化的财富管理方案，甚至能随着生活状况的变化不断更新财富管理目标。一些金融科技公司的应用平台，能将个人的所有财务账户关联起来，并实时收集财务账户的信息，以这些数据为基础给用户提供个性化的财富管理建议。

另外互联网企业与财富管理公司的合作，为财富管理实现精准营销奠定了基石。互联网企业大多沉淀了海量的用户交易数据，而财富管理公司具备专业的财富管理咨询能力和多样化的财富管理产品，利用大数据技术能从海量的用户数据中心洞察用户的偏好，再结合财富管理公司的咨询业务和产品信息，可以实现个性化的产品信息推送，提升营销成功率，实现精准营销。

（二）智能投资顾问

投资顾问业务是基于投资者年龄、风险容忍度、回报预期、金融知识、初始或周期性投资额、时间跨度等一系列因素，根据投资者设定的预期回报率而制定的金融产品的投资组合。传统投资顾问受限于知识水平、金融产品信息获取速度以及人类信息处理的极限等因素，所提供的投资建议一方面无法涵盖过多的金融产品，另一方无法根据金融产品的价格进行投资组合的及时调整。不过随着人工智能的快速发展，智能投资顾问的问世可极大地改善上述情况。

首先，智能投顾涵盖的品种非常全面，既包括传统金融产品如股票、债券、期货等，也包括金融市场衍生品如期权、ETF等，还包括许多另类投资产品如对冲基金、资产证券化产品等，能够真正实现立体化智能资产管理的效果。

其次，智能投顾可以不分昼夜地监测国内外金融产品的价格，一旦资产组合的价格偏离了预期价格时，可以根据目前金融市场的情况，基于机器学习算法优化资产组合，利用计算机程序语言使交易指令下达自动化、智能化，一方面极大地缩短了变动资产组合的响应时间。另一方面也可有效降低投资顾问情绪波动对投资组合收益的影响。

最后，相较于传统投资顾问，智能投顾的服务费用更加低廉，这有利于推动普惠金融的尽快落地，让更多的长尾群体加入到财富管理行业中。

金融科技在财富管理行业的应用极大地降低了人力资本的投入，但这并不代表着财富管理行业在营销端和投资顾问端不再需要引进人才。诸如大客户的营销、高净值财富客户的财富管理方案等，这些依然要靠人与人之间的沟通来搭建信任的桥梁。让金融科技来承担低附加值的工作，将人才的精力释放出来，让他们有更好的环境去从事创造性的工作，这是金融科技的应有之义。

知识拓展

多家银行暂停智能投顾产品购买功能 大数据时代如何突围?

工商银行、招商银行和平安银行属于基金投顾试点银行，从 2020 年 2 月开始获得基金投顾试点资格。

据了解，多家银行暂停智能投顾相关业务，主要是因为与监管部门此前出台的一些基金管理办法有关。该管理办法出台后将对智能投顾业务有一定的政策限制，出于政策风险的考虑，各大银行相继下架该类产品。

智能投顾则是在基金投顾服务的基础上，利用机器学习算法，根据客户风险承受能力和拟投资期限，帮助客户进行基金组合投资，解决基金选择、组合配置、持仓调整等问题。与传统的基于“卖方代理”的基金销售模式相比，基金投顾采用“买方代理”模式。

此次政策变动主要是由于证监会《关于规范基金建议活动的通知》。

《通知》提出六点要求：一是业务开展主体为基金销售机构；二是标的基金为基金销售机构代理销售的基金产品；三是服务对象限于该机构的基金销售业务客户；四是不得就提供基金投资建议与客户单独签订合同；五是不得就提供基金投资建议服务单独收取费用；六是不具有基金投资顾问业务资格的机构不得提供基金投资组合策略投资建议，不得提供基金组合中具体基金构成比例建议，不得展示基金组合的业绩，不得提供调仓建议。

基金投资顾问机构应于 2022 年 12 月 31 日前让存量基金投资组合策略建议活动符合上述六大要求。不具有基金投资顾问业务资格的基金销售机构应当于 2022 年 6 月 30 日前将存量提供基金投资组合策略建议活动整改为符合前述要求的基金销售业务。

新政规对新规其实是将销售机构跟投顾机构的身份作了清晰的定义，明确需要投顾机构才可为客户提供基金投资建议相关的服务。以往销售机构可以通过基金组合的形式为客户提供类投顾服务，此后则需要通过与投顾机构的协同来一起完成对客户的基金投顾建议服务。

智能投顾目前也属于较为初级的阶段，大数据自动生成的交易模型实际上并不能完全反映投资企业的发展基本面，所以该领域仍然有较大风险。随着大数据智能化的不断发展，智能投顾肯定会更有前景，但这个前景基于交易模型的准确率为核心，所以该领域的大数据收集整理，企业基本盘的判断仍然需要加大精力去摸索。

资料来源：https：//www. sypassword. com/ninfo/859

【案例拓展和实训操作】

体验蚂蚁财富智能投顾——帮你投

1. 实训背景

蚂蚁金服和全球最大公募基金公司 Vanguard 集团（先锋领航集团）独家合作的基金投资顾问服务“帮你投”上线支付宝，这是首家合资的基金投顾正式上线。先锋领航成立于 2019 年 6 月 5 日，是由蚂蚁金服与 Vanguard 集团合资成立，二者分别持股 51% 和 49%，注册资本 2000 万元。

Vanguard 是世界第一大公募资管机构，在线理财投顾市场占到 50% 以上市场份额，服务超过 3000 万投资者，截至 2018 年年底 Vanguard 管理资产总规模达到 6.2 万亿美元，相当于国内公募基金行业规模 3 倍，或者国内前十大基金公司规模 6.7 倍。

2. 实训步骤

步骤 1：下载蚂蚁财富 App 并完成注册和登录。

步骤 2：滑动“发现”页面最上面的服务，找到“帮你投”。

步骤 3：进行“风险测评”，并根据提示按照自己的真实情况完成人工智能系统设置的随机问题。

步骤 4：获取投资方案并查看具体的投资策略是否符合自己的理财需求，注意不要进行资金的转入。

3. 实训目的

请同学们思考，三个随机问题是否能够全面真实地反映一个投资者的风险偏好、预期收益要求等理财信息。如果不能，请同学们结合所学知识，设计一张你们心目中的智能投顾风险测评调查问卷。

模块三

金融科技与互联网企业

【内容简介】

本节主要介绍了网络小额贷款和互联网消费金融的概念、特征、发展现状；其他互联网企业金融科技的应用现状。

【案例导入】

天峻县真实案例！让人“越贷越穷”的网络贷款类诈骗

网络贷款虽方便快捷吸引人，但这往往是骗局的开始，如果不小心踩入坑中，“刷流水、保证金、解冻费”一道道手续，连番“轰炸”，可能你将越贷越穷……

2022 年 8 月 2 日，居民德某，因资金紧缺便从京东 App 金条借款中申请了 20 万元的贷款额度准备贷款，后京东 App 客服为其推荐一网络贷款公众号客服群，德某加入该群后，群里有客服找德某聊贷款事宜。德某在客服的指导下下载注册App、填报及提供个人信息后，客服称德某银行卡内流动资金不足，先后要求德某在个人银行卡内存入3万余元流动资金，与此同时客服要求德某及时提供手机短信验证码给客服，经客服各种操作后，德某发现自己银行卡内的3万余元流动资金已被转走，立即找客服咨询，客服已将群解散，无法联系。德某才意识到自己被骗打电话向公安局报警。

资料来源：https：//m. thepaper. cn/baijiahao_19778891

请思考：为什么一提到网络贷款就能想到诈骗？网络贷款和网络小额贷款一样吗？你真的了解网络小额贷款吗？

【基础知识】

一、网络小额贷款

（一）网络小额贷款的概念

网络小额贷款的概念，多散落在各种规范性文件当中。最新的规范性文件是2020年11月2日发布的《网络小额贷款业务管理暂行办法（征求意见稿）》，其中对网络小额贷款作出如下定义：本办法所称网络小额贷款业务，是指小额贷款公司利用大数据、云计算、移动互联网等技术手段，运用互联网平台积累的客户经营、网络消费、网络交易等内生数据信息以及通过合法渠道获取的其他数据信息，分析评定借款客户信用风险，确定贷款方式和额度，并在线上完成贷款申请、风险审核、贷款审批、贷款发放和贷款回收等流程的小额贷款业务。

（二）网络小额贷款的特征

网络小额贷款是在小额贷款业务的基础上发展起来的，传统小额贷款业务的特点如下：贷款额度小（一般认为自然人30万元以下，法人100万元以下）、不吸收公众存款、主要服务三农和中小微企业、不得跨省经营小额贷款业务。传统小额贷款由于业务范围受限、风控能力较差，加之商业银行普惠金融的发展和互联网金融的普及，压缩了传统小额贷款的生存空间，促使小额贷款公司谋求业务的创新发展，互联网企业也有意积极拓展业务版图，将小贷业务与互联网结合，在这样的背景下，网络小额贷款应运而生。网络小额贷款在发展过程中，主要具备以下特点：

1. 具备金融机构的部分权限

此前，小额贷款公司并未纳入金融机构体系，因此不享有金融机构权限，导致小贷公司在融资渠道和经营杠杆上面临压力。网络小额贷款公司的出现，一定程度上缓解了这种压力，网络借贷业务纳入原银保监会（现为国家金融监督管理总局）监管，逐步取得发行资产支持证券（ABS）的权限，还可以通过联合贷款、助贷业务进一步丰富业务结构，具备了部分金融机构权限。

2. 业务范围突破地域限制

2020年发布的《中国银保监会办公厅关于加强小额贷款公司监督管理的通知》中明确提出，小额贷款公司应注重服务当地，适当条件下可将业务范围拓展到省内，但绝不允许经营省外小额贷款业务。但是“互联网+小额贷款”打破了原有的区域限制，使得传统的小额贷款立足当地业务的规定要求流于形式，网络小贷公司经批准甚至可以布局全国业务，由此给地方政府带来新的管理难题，同时小贷公司也不再主要服务本地经济。

3. 数字化业务办理

传统小额贷款主要开展线下业务，获客难度大、成本高、流程长，客户体验较差；网络小额贷款则将业务完全转移到线上，从产品设计、获客渠道到大数据搜集、授信审批再到风险防控、贷后管理，整个信贷流程都可以实现线上化，金融科技成为核心竞争力。

4. 多元化的融资渠道

传统小额贷款公司从银行业金融机构获得融入资金的余额，不得超过资本净额的50%。网络小额贷款诞生以后，地方政府层面允许其开展资产证券化等业务，其本质是拓展了网络小额贷款的融资渠道，不过随之而来的是网络小额贷款行业整体的风险水平显著提升。

（三）网络小额贷款的发展现状

2010年3月，浙江阿里巴巴小额贷款股份有限公司（以下简称阿里小贷公司）在浙江杭州正式成立，是全国首家专门面向网商放贷的网络小额贷款公司，2011年2月通过特批方式获准开展跨省贷款服务。由于贷款风险可控，用户反映良好，在监管部门的审批下，阿里小贷公司的业务很快在全国推广开来。但是由于P2P平台的野蛮生长，网络小额贷款在2015年之前发展得较为缓慢。随着P2P平台的风险不断暴露，金融监管不断加码，这才给了网络小额贷款快速发展的契机。自2015年以来，我国网络小贷业务快速发展，服务广大群众，但与此同时，伴随着高利放贷、信息侵权、暴力催收、非法经营等不良事件的发生，网络小额贷款也暴露出诸多问题和风险。

为了规范网络小额贷款的经营行为，监管的步伐迅速跟上。2017年11月21日，互联网金融风险专项整治工作领导小组办公室下发特急文件《关于立即暂停批设网络小额贷款公司的通知》要求各级小贷公司监管部门即日起一律不得新批设网络（互联网）小额贷款公司，禁止小贷公司跨区域经营。同年12月1日，《关于规范整顿“现金贷”业务的通知》发布，要求暂停新批设网络（互联网）小额贷款公司，暂停新增批跨省业务。同年12月8日《小额贷款公司网络小额贷款业务风险专项整治实施方案》发布，对网络小贷业务进行专项整治，以摸底排查结果为基础，进行分类处置。2020年11月2日原银保监会（现为国家金融监督管理总局）会同人民银行等部门起草了《网络小额贷款业务管理暂行办法（征求意见稿）》对网络小贷业务作出了较为细致的规定，网络小额贷款业务监管趋严。

严格的监管必定会给网络小额贷款带来一段冷静的时期，这个时期网络小额贷款行业应该慎重思考未来的走向。不忘服务三农、服务小微的初心，扎根于当地的金融市场，从资本的逐利狂热中冷静下来，回归本源从而谋求发展，相信网络小额贷款的未来依旧有广阔的空间。

二、互联网消费金融

（一）互联网消费金融的概念

互联网消费金融泛指一切依靠互联网打造的金融服务平台，向各类消费者提供的以个人消费（不包括购买房屋和汽车）为目的，无担保、无抵押的短期、小额信用类消费贷款服务。

（二）互联网消费金融的特征

1. 参与主体多元化

目前我国互联网消费金融机构主要分为银行系、互联网系、实业系三种类型。银行系主要是商业银行通过参股或控股设立持牌消费金融公司提供消费信贷服务，但客户体验和场景开发较差，如招联消费金融、中邮消费金融。互联网系是依托自身建立起的大数据体系，通过技术的升级，实现了业务由赊销向消费信贷的延伸，如唯品富邦消费金融、蚂蚁消费金融。产业系是由零售企业主导设立的机构，其线下场景具备规模优势，获客成本较低，如马上消费金融、海尔消费金融。

2. 目标客户向长尾群体延伸

不同于传统消费金融以收入中等偏上的一般家庭为主要客户，近年来互联网消费金融产品的目标客户发展明显呈现下沉市场趋势。年轻化，普惠化的特点日趋显著，以中低收入家庭为主要目标客户的小额短期借贷持续扩张，业务范围主动向长尾群体覆盖。

3. 重视金融科技投入

对于互联网消费金融，其竞争力主要集中在风险管控、线上运营两个方面。为了提高竞争力，互联网消费金融非常重视金融科技的投入，既重视诸如 AI、云计算、区块链、大数据等前沿技术的投入，也重视传统科技的投入。金融科技的大力投入使智能支付、信用评分、智能催收、反欺诈识别等方面的管控均有加强。在金融科技的加持下，消费金融机构通过 App、客服电话、云平台、微信公众号等线上服务渠道，引导客户优先使用线上平台办理业务，加强了整个线上运营。

（三）互联网消费金融的发展现状

1. 互联网消费金融的规模增长迅速

2013—2014 年，我国互联网消费金融开始起步，互联网消费金融交易规模从仅有 60 亿元突破到 183.2 亿元，增速超过 200%。2015 年，原银监会（现为国家金融监督管理总局）放宽了消费金融公司的诸多政策约束，同时扩大了试点范围，互联网消费金融交易规模出现了井喷式的增长，达到了 1183.5 亿元。随着互联网产业的快速发展，使得网民数量不断增加，加上线上商业模式趋于成熟，使得 2016—2022 年互联网消费金融一直保持高速增长。在一系列政策鼓励支持下，我国互联网消费金融市场发展迅速，并取得了较好的成果。

2. 融资手段多种

消费金融公司作为非银行金融机构，是不能吸收公众存款的，因此，融资渠道建设对消费金融公司尤为重要。目前互联网消费金融最主要的融资方式为增资、金融机构借款、银行间同业拆借、资产证券化、金融债券与银团贷款等。其中，金融机构借款和银行间同业拆借为最重要的表现形式。

3. 互联网消费金融行业逐步规范

2020 年监管部门出台了一系列的规范互联网金融行业的措施。比如，市场监管总局发布《互联网平台反垄断指南征求意见》，明确要求互联网平台企业要依法合规经营，不断强化自我约束；原银保监会按照金融科技的金融属性，把所有的金融活动纳入统一的监管范畴中；为了拓宽融资渠道、严格控制不良贷款率，降低贷款利率，杜绝暴力催收，践行普惠金融，促进消费金融行业有序发展，原银保监会下发了《关于促进消费金融公司和汽车金融公司增强可持续发展能力、提升金融服务质效的通知》。以上背景下可以看出互联网消费金融行业未来将向合规化、高质量、健康可持续方向发展。

（四）其他互联网企业金融科技

互联网企业以技术服务为主业，具有创新和开拓的基因，大多数该类企业最初与金融并不相关，而是在后期发展中将业务逐步向金融行业倾斜，如阿里巴巴旗下的蚂蚁金服、京东旗下的京东数科等。

1. 蚂蚁金服

浙江蚂蚁金服小微金融服务集团股份有限公司（简称“蚂蚁金服”）的母公司是阿里巴巴，起始于支付宝。2014 年 10 月，蚂蚁金服正式成立。从成立至今，蚂蚁金服以移动互联网、大数据、云计算为基础，推出的产品与服务成为金融科技的重要实践。

区块链方面，蚂蚁金服依托阿里云的底层平台，给链上金融、链上零售和链上生活赋能。当前，蚂蚁金融已经落地供应链金融、数字资产流转、合同存证、跨境汇款、电子票据、药品追溯、广告营销、智慧租房等 17 个区块链应用场景。阿里巴巴是全球申请区块链专利最多的公司之一。

人工智能方面，蚂蚁金服基于支付宝等平台上海量的用户数据，利用深度学习算法，建立了一个金融智能大脑——Antzero，旨在提升风控信用决策的能力。降低金融服务成本，改善服务体验。Antzero 有三个典型应用场景：智能营销、定损宝、智能助理机器人。

物联网技术方面，蚂蚁金服旗下的蚂蚁技术实验室在虚拟现实、人工智能、传感融合和交互设计等多个领域寻求突破，已经实现在沉浸式虚拟现实中完成支付，并通过机器学习、传感融合等技术，在完全无人值守的超市中准确识别消费者和商品，无缝完成结账。

2. 京东数科

京东数字科技有限公司（简称“京东数科”），原名京东金融科技控股有限公司，我们所熟知的京东金融为京东数科旗下的子品牌。借助于大数据、人工智能、云计算、区块链、物联网等新兴科技，京东数科建立起了一整套金融底层基础设施，同时通过向金融机构开发其平台，为用户提供菜单式、嵌入式服务。京东数科是我国第一个提出金融科技定位的公司，也是当前市场上与金融机构合作范围最广的互联网科技公司。京东数科在金融科技方面的应用主要体现在供应链金融、消费金融等。

供应链金融方面，京东数科相继推出京宝贝、京小贷、企业金采等针对公司客户的一体化金融服务，助力实体经济的持续发展。

消费金融方面，京东数科发布了业内首个零售信贷全流程产品“北斗七星”，可帮助银行打造前、中、后端平台，涵盖从系统搭建到获客、风控、用户运营、贷后管理、资产处置等业务全流程的每个节点。

除了蚂蚁金服和京东数科以外，深耕于金融科技这片沃土的互联网企业还有很多。例如我们比较熟悉的度小满科技、腾讯金融科技、360 数科等，也有我们不太熟悉的融联易云、金融壹账通等。随着金融科技的发展，无论是传统金融行业还是互联网行业都将迎来更深刻的变革。

【项目练习】

一、单项选择题

1. 目前（　　）是中国最大的信用信息基础数据库。

A. 芝麻信用　B. 央行征信中心　C. 鹏远征信　D. 考拉征信

2. 大数据征信的数据结构包括（　　）。

A. 结构化数据　B. 半结构化数据　C. 非结构化数据　D. 以上所有

3.（　　）的诞生，开启了我国互联网财富管理时代。

A. 余额宝　B. 零钱通　C. 财付通　D. 花呗

4. 一般认为网络小额贷款公司对法人或其他组织及其相关方的单户网络小额贷款余额原则上不得超过人民币（　　）万元。

A. 100　B. 150　C. 200　D. 250

5. 互联网消费金融提供的金融服务，其贷款目的不包含以下哪一项消费内容(　　)?

A. 旅游　B. 买化妆品　C. 买车　D. 买服装

6.（　　）是当前市场上与金融机构合作范围最广的互联网科技公司。

A. 度小满金融　B. 京东数科　C. 蚂蚁金服　D. 腾讯金融科技

二、多项选择题

1. 个人应如何维护良好的信用记录（　　）?

A. 如实填报信息　B. 谨慎选择还款方式

C. 妥善保管身份信息　D. 尽量多借款

2. 目前，征信中心可提供的信用报告查询服务渠道有哪几种（　　）?

A. 第三方支付公司授权查询　B. 中国人民银行分支机构现场查询

C. 征信中心及授权金融机构互联网查询　D. 金融科技公司自助查询

3. 金融科技在财富管理的主要应用包括（　　）。

A. 智能投顾　B. 精准营销

C. 个人性决策　D. 取代人工

4. 以下属于网络小额贷款特点的是（　　）。

A. 具备金融机构的部分权限　B. 业务范围突破地域限制

C. 数字化业务办理　D. 多元化的融资渠道

5. 互联网消费金融的特征有（　　）。

A. 参与主体多元化　B. 目标客户向长尾群体延伸

C. 办理快捷秒到账　D. 重视金融科技投入

三、判断题

1. 相比传统征信，大数据征信数据来源更加广泛、种类更加丰富、时效性也更强。 （ ）

2. 传统征信行业，面对大数据产生的大量非结构化信息和碎片化信息，其处理方式较为高效。 （ ）

3. 互联网消费金融泛指一切依靠互联网打造的金融服务平台，向各类消费者提供的以个人消费（包括购买房屋和汽车）为目的，无担保、无抵押的短期、小额信用类消费贷款服务。 （ ）

4. 网络小额贷款业务应当主要在注册地所属省级行政区域内开展，未经原银保监会（现为国家金融监督管理总局）批准，不得跨省级行政区域开展。 （ ）

5. 相较于传统投资顾问，智能投顾由于科技元素的加入，其服务费用比较昂贵。 （ ）

四、简答题

1. 网络小额贷款和小额贷款有哪些异同？
2. 智能投顾相比传统投资顾问有哪些优劣？
3. 简述金融科技在金融行业的应用。

项目八 金融科技风险管理

项目八 PPT

【知识目标】了解金融科技风险的类型，熟悉金融科技风险的特征；了解金融科技风险控制的主要手段和内容，了解金融科技主要业务风险控制的流程；了解监管科技的概念和特征，熟悉监管科技的应用场景，了解监管科技未来的发展趋势。

【能力目标】能够判断具体风险种类是属于传统金融还是属于金融科技背景下新增的风险，能够简述金融科技风险的特征及原因，能够比较不同金融风险控制手段各自的适用范围，能够分析具体监管手段是传统监管还是监管科技，能够简要阐述监管科技的发展趋势。

【素养目标】通过对金融科技风险类型、特征、控制手段的学习，让学生认识到新兴事物在发展的过程中往往具有双面性，造福社会的同时也在制造新的风险，从而引导学生在择业时不能只关注眼前一行一业的发展态势，也要想到其隐藏的风险，由此帮助学生建立风险意识；通过对监管科技的学习，让学生知晓监管的意义，学会利用监管来保护自己；通过了解监管科技未来的发展趋势，让学生了解无论是产业发展还是监管发展，未来国际合作都将是一个趋势，帮助学生树立人类命运共同体的世界观和价值观。

模块一 金融科技的主要风险

【内容简介】

本节主要介绍了金融科技的风险类型和风险特征。

【案例导入】

从近期村镇银行事件看村镇银行的金融科技安全

2022 年 7 月 10 日许昌市公安局的警情通报："……2011 年以来，以犯罪嫌疑人吕奕为首的犯罪团伙通过河南新财富集团等公司，以关联持股、交叉持股、增资扩股、操控银行高管等手段，实际控制禹州新民生等几家村镇银行，利用第三方互联网金融平台和该犯罪团伙设立的君正智达科技有限公司开发的自营平台及一批资金掮客进行揽储和推销金融产品，以虚构贷款等方式非法转移资金，专门设立宸钰信息技术有限公司删改数据、屏蔽瞒报……”

2022年7月18日据中国银行保险报报道，公安机关已初步查明河南安徽5家村镇银行案件主要事实，河南新财富集团操纵河南、安徽5家村镇银行，通过内外勾结、利用第三方平台以及资金掮客等方式非法吸收并占有公众资金，篡改原始业务数据，掩盖非法行为。该案件中村镇银行通过三方平台以及微信小程序，大量异地揽储，资金高达400亿元，其中线上揽储约300亿元，而线下储户资金有100亿元。

从这次银行事件的初步调查结果来看，其发生的根源是由于这几家村镇银行高管股东互相勾结，用符合原银保监会规定的流程手续，做了一套假的系统，跟第三方公司搞了个不入真账的平台，以达到非法吸收并占有公众资金的目的。本次事件中涉事的储户之多，金额之大，都是前所未有的，引起了社会各界的震动和对村镇银行金融安全的思考。

此次事件不仅暴露了银行内部管理及外部监管等方面的巨大漏洞，而且金融科技管理方面的缺陷也对此事件发展起到了推波助澜的作用。

请思考：上述真实案例中，暴露出了金融科技的哪种风险？

资料来源：https：//www.163.com/dy/article/HE0P9SHL0511ALHJ.html

【基础知识】

一、金融科技风险的类型

金融科技具备科技性与金融性，这使得它不但具备传统金融所面临的各种常规风险，包括法律风险、操作风险、信用风险以及市场风险等，同时也面临着全新的其他风险。如果无法科学、全面地认识与识别它所潜在的各种风险，则一旦风险系统性爆发，必然对金融科技行业带来毁灭性的打击。

（一）金融科技常规风险

尽管金融科技面临的一般性风险类型与传统金融一致，但毕竟具备了互联网开放、共享、平等、自由的特征，同时大数据、云计算、人工智能和区块链技术的应用也将相应技术的风险带入到金融科技之中，因此它依旧不完全等同于传统金融一般性的风险。

1. 市场风险

金融科技依然主要面临着汇率波动、价格变化、利率波动等基础金融变量改变而造成金融资产减值的风险。利率波动影响着互联网基金、互联网银行和众筹平台等金融科技业态，股票价格波动对互联网股票基金、互联网证券影响更大。汇率波动一方面会对互联网智能投资顾问全球配置资产组合净值造成影响；另一方面由于很多的金融科技机构都有境外投资方，美元跌价的直接后果是导致金融科技机构的公信力下降。因为金融科技的交易成本对比传统金融来说更低一些，因此在资产价格和利率改变时，用户能便捷地退出。如市场利率较无风险利率价差收窄，首先，互联网货币基金净值降低，会引发大量基金份额的赎回，只是互联网用户更容易回撤；其次，市场利率大幅提升，会导致网络小额贷款融资客户提前还款，而选择传统金融信贷融资。

2. 信用风险

信用风险即以互联网作为媒介的情况下，交易对手无法完全或者不愿意履行合约所规定的义务而导致金融资产的持有者利益受损的风险。金融科技的信用风险是隐藏于其金融活动各阶段的，影响因素主要有借贷人行为、债权发行人行为、资产交易对手行为、信息不对称等。传统金融主要以实地调查为主，通过有效资产抵质押为风险缓释，或以市场认可的评级公司进行风险评估，利用评级可使得信用风险有效降低。金融科技风险因为会受到互联网交易虚拟化的影响，交易对手身份验证难度大，数据来源较少、数据失真以及风险控制模型缺乏完整设计等均会使得金融科技信用风险加剧。以网络小额贷款为例，具体表现：一是贷前借款人信用审核问题。因为银行征信系统并未与所有网贷平台打通，征信数据不能共享，电商平台的数据伪造现象时有发生，比如淘宝用户可以通过“水军”刷单提高自身交易额、交易量和销售额。借款人的逆向选择导致贷款人的信用风险陡增。二是贷后资金流向问题，网贷往往以现金贷为主，无场景、无特定用途，监管难度较大；另外，没有银行托管的网贷平台，容易出现资金挪用形成欺诈。

3. 流动性风险

金融机构与互联网银行、互联网理财等新兴金融业态合作，容易引发流动性风险。一方面，受监管程度较低的互联网理财等金融科技平台违规采用拆标（金额拆标、期限拆标）等手段，对投资者承诺高息保本、集中兑付，如通过第三方支付渠道投资多种网上基金、定期理财、保险理财、指数基金等，支付机构利用资金存管账户形成资金池，急剧扩大了备付金数额。支付机构违规操作挪用备付金，积聚了用户刚性兑付的困难。一旦资金链条断裂，容易引发流动性风险。另一方面，第三方支付账户存在资金期限错配的潜在风险，一定程度上挤占了风险低、流动性强的市场资金。一旦货币市场出现大的波动，就可能发生大规模资金挤兑风波，引发流动性风险。

4. 操作风险

伴随信息技术水平的日益提高，在金融业内时常会因为程序与人员行为等而出现各种操作风险，且其负面影响日益显著，这严重阻碍了现代金融业的健康发展。在巴塞尔协议中，曾经两次修订了操作风险相关规定，由此可知操作风险是何等重要。基于金融科技的操作风险与传统金融业态下的风险对比，其特性更加多样。一方面由于内部控制缺陷所带来的风险，如金融科技企业内部授权系统、网络安全系统未构建科学完善的防御控制机制，造成由于系统瘫痪和延迟等原因而引发了一系列不良后果，如财产损失、交易失败、信息拥堵、信息遗失等。此外，因外部入侵所造成的各种风险，也严重地威胁着金融科技的安稳运行，一旦遭受黑客入侵、病毒攻击等威胁，顾客交易异常情况就随时有可能发生，甚至出现各种重大的风险事故，如信息篡改、资金盗用、资料外泄等。

5. 法律风险

法律风险指的是金融科技机构由于违反相关的法律法规，抑或不能够满足法律规范的要求，或由于现行法律法规有时滞性，和现有金融创新或者金融市场之间存在冲突矛盾，导致金融科技机构本身、消费者乃至整个社会出现损失的风险。其表现在两个方面：一是违法违规风险。如数字货币是洗钱最好的工具，由于数字货币可以在全球无障碍流动，为各类赃款、黑钱转移提供便利的渠道。二是监管缺位风险。我国金融科技相关的法律法规几乎还停留在电子金融阶段，如《电子签名法》《网上证券委托管理办法》等，但欧美发达国家对金融科技准入、运作方式、业务范围等都有明确的规定。金融科技监管涉及面广，分业监管与我国金融科技发展不相适应，故产生监管缺位风险。

（二）金融科技特有风险

金融科技企业除了具备传统金融风险共性外，新技术投用势必会引发新的风险，如此即为金融科技特有风险之所在。

1. 长尾风险

长尾风险是指金融科技拓展金融服务边界，较传统金融而言服务了大量具有“长尾特征”客户，容易产生负外部性的社会影响风险。一是长尾客户均为弱势群体，风险承担能力有限，容易遭受不公平待遇。二是金融科技都是集合小而分散资金进行资金融通，作为个体投入具体监督成本高于收益，“搭便车”现象突出。三是个体非理性和群体非理性事件容易出现。四是一旦金融科技企业出现风险，牵扯面较大，涉及人数较多，容易引发社会负外部性。

2. 技术风险

技术风险是指支撑金融科技企业的计算机系统和外部网络系统技术支持缺陷，导致客户资料泄露、交易损失、客户流失等各种影响金融科技企业可能性。技术风险包括三方面：系统性安全风险、技术选择风险和技术外包风险。

（1）系统性安全风险。金融科技依靠发达的计算机网络进行，计算机网络技术是不是安全和金融科技的运作紧密相连，密钥管理及技术加密不完备，TCP/IP 协议安全性较差等都会影响到系统性安全风险。

（2）技术选择风险。它可能来自技术信息系统与客户终端兼容性较差、网络传输终端和速度较低、技术陈旧等。

（3）技术外包风险。大数据、云计算、人工智能和区块链都是专业性很强的技术，为降低各项成本，往往需要依赖外部技术支持来提高效率，技术外包终止服务和过度依赖于进口的金融科技设备都对金融安全形成了潜在威胁。

3. 网络风险

网络风险是指在互联网环境中，金融科技机构遭到网络攻击、渗透、窃听、计算机病毒等危险导致的风险。网络风险主要有以下三类。

（1）网络通信安全风险。在互联网环境下，用户的整个交易环节都在互联网上进行操作，一旦客户资金账号、密码等关键信息遭到篡改，将给金融科技客户财产安全带来严重威胁。

（2）网站的安全风险。网站的可靠性决定着网上支付、网上投资、网上借贷的安全性，随着金融科技产品开发，金融科技面临着 Web 应用安全问题趋向复杂，安全威胁也急剧增长。

（3）客户端安全的风险，许多金融风险事件源于客户端资金安全隐患，由于客户端操作系统的脆弱性和用户安全意识的缺乏，金融科技客户端极易受到恶意代码、钓鱼网站的侵害。

4. 数据风险

数据风险是指基于互联网传播速度快、范围广的特点，数据的真实性和可靠性在互联网放大下对客户、资产及市场造成负面影响的潜在风险。数据风险涉及三个方面的内容：一是数据噪声风险。依托于金融科技的一体化与高效性作用及特征，哪怕再微弱的资本市场问题所引发的影响都可能非常大，不管何时产生的危机，均会经由互联网而在整个金融体系中蔓延，即引发蝴蝶效应。二是数据库安全风险，因为在金融科技机构的数据库内储存着大量的且十分重要的内外部管理信息与交易信息，很多不法人员则会想方设法地去窃取其内部信息，导致风险发生。三是大数据应用的风险。大数据的确能在降低市场信息不对称方面起到关键性作用，一方面要谨防大数据陷阱，很多微弱有关的信息数据均会在大数据中变成显著相关，而不少实际毫无牵扯的数据则会呈现出有关表象，另一方面互联网是全民造数据，数据质量良莠不齐，所以谨防数据的伪规律，审慎区分数据的真实性和可靠性。

二、金融科技风险的特征

金融科技的迅猛发展导致金融体系的关联度急剧增加，进而放大了冲击在金融体系的扩散，增加了金融体系的脆弱性程度。虽然在微观层面，金融科技会有助于金融机构降低金融类型的风险，但在宏观层面，金融科技却存在引发系统性金融危机的可能性，这主要是因为金融科技的风险存在以下特征。

1. 内生性

任何金融市场都存在风险，金融科技的产生虽然深刻变革了金融行业的发展，但并未改变金融市场的本质，也就是说，虽然现代科技成果的运用能够降低金融交易成本，但诸如市场风险、信用风险、流动性风险、操作风险等内生于金融市场的风险并没有因为科技的加入而消失。金融科技的发展只是改变了风险的传递途径与传播速度，但不能改变金融风险的内在本质，这已然成为当前金融行业的共识。

2. 隐蔽性

金融科技飞速发展使得金融市场参与主体具备多重身份，移动网络的无限扩展使得金融科技的服务范围不断延伸，并且深入社会的各个领域。参与主体的多元性、服务范围的广泛性和深入性使其风险表现出极强的隐蔽性。同时，交易双方的信息不对称也极大地助长了风险潜伏隐蔽的时间。以第三方支付、网络借贷、消费金融等为主要模式的互联网金融平台，给数据与信息安全带来极大的隐蔽性风险。

3. 复杂性

金融科技的发展能够提升交易效率，降低交易成本。但不可忽略的是，在现代科技的加持下，赋予了金融科技高度虚拟化、远程化、网络化、数字化、移动端、分布式等特点，使得数字技术创新迭代周期缩短，业务流程不断调整优化，金融产品上线交付速度加快，不同类型金融资产的转换更加便捷高效，金融活动的实时性和不间断性越发明显。这打破了以往跨界壁垒和金融风险传递的范围限制，会加快金融风险的传播速度，使金融科技风险更加复杂难控。金融科技还可能带来第三方依赖、算法黑箱、责任主体模糊等传统金融风险之外的一些新型风险隐患，进一步提升了金融科技风险的复杂度。

4. 突发性

网络技术的高速发展使金融科技风险突破了时空限制，一旦风险暴露，在短时间内便可能迅速演变为大规模的系统性风险。系统性风险层级瞬间演进并波及多个领域，为事后处理带来重重困难。此外，数据成为金融机构新的核心竞争力。数据的高度集中也增加了系统性金融风险突发的可能。

5. 易变性

科技在金融领域的应用创新会放大监管不足问题，监管措施更新速度难以匹配金融科技发展速度。随着金融科技的外延逐渐扩大，金融市场的界限变得逐渐模糊，金融业务与产品创新关联性会进一步增大，这会加剧金融数据流的监测难度，导致风险本质难以被判别，给金融监管带来巨大挑战。

模块二

金融科技的风险控制

【内容简介】

本节主要介绍了金融科技风险的主要控制手段，并以邮政银行“邮享贷”产品为例了解金融科技的主要业务风险控制流程。

【案例导入】

“监管沙箱”试点全国领先 北京加速建设全球金融科技创新中心

北京金融科技创新监管工作组公布了北京市首批结束金融科技创新监管工具测试的三个创新应用，标志着北京金融科技创新监管试点完成对创新监管工具的全流程闭环测试，我国金融科技监管框架落地实施初见成效。

从2021金融街论坛年会获悉，北京正成为金融科技产业集聚、创新引领效应凸显的新高地，在2020年全球金融科技中心城市报告排名中，北京列全球第一。北京将以发展全球数字经济标杆城市为契机，加速打造具有全球影响力的金融科技创新中心。

首批成果正式“出箱”。

产品生产制造、质检、库存、物流、销售等全生命周期特征数据采集并记录在区块链上，接入银行物联网服务平台及企业智能管理系统，就能实现产品全链条质量管控与信息透明；将区块链技术和供应链紧密结合，银行帮助链上中小微企业有效融资；把金融服务嵌入消费互联网和产业互联网，提高金融服务交付效率和质量的同时还可以确保安全性和合规性……

中国工商银行“基于物联网的物品溯源认证管理与供应链金融”、中国银行“基于区块链的产业金融服务”、中信百信银行“AIBank Inside 产品”三个创新应用历经超六个月的上线运行，完成金融科技创新监管工具的全流程闭环验证，列入金融科技创新监管试点工作的项目首次顺利“出箱”。

早在2019年12月，在人民银行支持指导下，北京在全国率先启动金融科技创新监管试点，也就是俗称的“沙箱监管”。2020年1月14日，首批创新应用向社会公示。北京已累计公示了3批次共计22项应用，在创新应用数量、技术应用场景及申请主体多元化方面保持全国领先。2021年4月，在前期分阶段征集金融科技创新应用的基础上，北京金融科技创新监管工作组向社会公告开展创新应用长期征集工作。

金融监管机构相关负责人认为，北京金融科技创新监管工具首批项目成功完成测试，有利于金融科技企业的聚集和发展，对北京市建设国际一流的金融科技生态、形成具有全球影响力的金融科技产业具有重要意义。

请思考：根据案例分析未来金融科技发展的重点工作是侧重于行业发展，还是侧重于行业监管？为什么？

资料来源：北京日报。

【基础知识】

一、金融科技风险控制的主要手段

（一）政策手段

金融科技在给世界各国带来变革、创新、发展之际，也给各国加强对金融科技的风险控制提供了诸多挑战。

1. 其他国家及国际性组织为控制金融科技风险制定的政策

2014年，英国金融行为监管局（FCA）发布了有关金融科技的监管创新计划，针对金融科技制定了“创新中心”，并由创新中心从监管角度向持牌金融科技企业提出合规性建议。国际保险监督官协会（IAIS）出台了《普惠保险业务准则》，旨在加强对金融科技领域的消费者保护和数据保护。国际证监会组织（IOSCO）出台了《金融科技研究报告》，全面评估了金融科技在证券市场以及资本市场的运用及其影响。

美国国家经济委员会（NEC）在2017年1月颁布了《金融科技框架白皮书》，为监管机构提出了10条评估金融科技生态系统的原则，使得金融科技的风险控制有法可依，也给监管机构思考、参与和评估金融科技生态圈提供了政策依据。在该白皮书出台的两个月后，美国货币监理署（OCC）出台了《金融科技企业申请评估章程》，通过了向金融科技企业发放许可牌照的草案，该草案以向美国金融科技公司发放银行牌照的方式，加强了对这些金融科技企业的监管。美国财政部于2018年7月发布了《创造经济机会的金融体系：非银金融、金融科技和创新》报告，内容涉及金融监管体系改革、金融科技业态监管、监管沙盒和监管科技等。美国议会代表在2019年3月和10月，分别提交了《金融科技保护法案》和《金融科技法案2019》，旨在构筑针对金融科技的法律框架，在创设新的监管议事机构、厘清监管协调机制的基础上，加强对金融科技的监管。美国国会代表在2020年5月提交了《推进区块链法》的提案。

2. 我国各部门为控制金融科技风险制定的政策

我国在鼓励发展金融科技的同时，为了引导和规范金融科技发展、防范化解其可能产生的风险，相继出台了一些政策。工信部于2017年1月出台了《大数据产业发展规划》，该规划在大力推动金融领域跨行业大数据应用的同时，也强调了要警惕其潜在的风险。

2017年5月，中国人民银行等国家十七部委联合印发的《关于进一步做好互联网金融风险专项整治清理整顿工作的通知》提出要加大对互联网金融风险专项整治工作的力度。2017年6月中国人民银行出台了《中国金融业信息技术“十三五”发展规划》，该规划指出要健全网络安全防护体系，增强安全生产和安全管理能力，优化金融信息技术治理体系，提升信息技术服务水平。2017年9月中国人民银行、工信部等七部委联合出台的《关于防范代币发行融资风险的公告》，强调要规范互联网金融和金融科技的发展，旨在将风险扼杀在萌芽状态。

2020年，我国的金融科技行业进入了强监管时代。2020年5月，中国人民银行金融科技委员会2020年第1次会议强调，要强化监管科技应用实践，积极运用大数据、人工智能、云计算、区块链等技术加强数字监管能力建设，不断增强金融风险技防能力，提升监管专业性、统一性和穿透性，为坚决打赢金融风险防控攻坚战和复工复产工作贡献科技力量。2020年9月中国人民银行联合八部委发布了《关于规范发展供应链金融 支持供应链产业链稳定循环和优化升级的意见》，意见指出防范金融科技应用风险，供应链金融各参与方应合理运用区块链、大数据、人工智能等新一代信息技术，持续加强供应链金融服务平台、信息系统等的安全保障、运行监控与应急处置能力，切实防范信息安全、网络安全等风险。2020年10月中国人民银行出台了《金融科技创新应用测试规范》（JR/T 0198—2020）、《金融科技创新安全通用规范》（JR/T 0199—2020）、《金融科技创新风险监控规范》（JR/T 0200—2020）三项金融行业标准，从不同的角度对金融科技创新进行监管。2021年2月原银保监会（现为国家金融监督管理总局）出台了《关于进一步规范商业银行互联网贷款业务的通知》，通知中提出要深入贯彻落实中央关于规范金融科技和平台经济发展的有关要求，坚持金融创新必须在审慎监管下进行的基本前提充分体现了既要依法加强监管、切实防范金融风险。

（二）技术手段

金融科技不仅可以运用到金融业的创新中，还可以运用到风险控制的环节。简言之，就是将金融科技转变为风控科技，以提升监管机构的监管效率及金融机构的管理水平和风险控制能力。

监管机构可以利用技术手段实现金融科技风险控制。例如可以借助人工智能、大数据等现代化技术手段，完善实控账户和交易行为分析、异常交易识别等功能，在此基础上，利用金融数据分析来全面掌握金融科技风险的集中度以及关联度，对风险偏好与限额加以评估，以进一步提升风险动态监管水平。监管机构还可以通过构建图谱分析、风险大脑来加强对金融科技风险的预警能力，并将风险有针对性地分级分类处理。

金融机构自身也可以利用金融科技来降低风险的发生。例如可以推广更强大的数字加密传输技术，切实保障客户数据不被窃取；还可以使用无监督机器学习建模方式，以快速识别申请欺诈、交易欺诈等风险事件。

综合来看，使用技术手段来控制金融科技风险就是将金融科技转变为风控科技，利用金融科技把监管机构的监管规则以及金融机构的内控规则嵌入管理流程，摒弃以往传统的风险管理方式，将大数据和人工智能等技术贯穿到整个管理流程，进而提高风险控制水平，使风险管理机制更具有前瞻性和有效性。

（三）协同手段

伴随着互联网和信息技术的快速发展，金融科技的适用范围也在不断扩张并渗透到各行业各领域。金融科技的这种突破行业、突破地域的深入发展使其风险更加具有隐蔽性和潜伏性，相应地，给风险控制带来了一定的难度。在这种情况下，分业监管的监管模式已经无法有效的控制金融科技风险，所以需要国内各部门之间的协同配合，甚至需要各国摒弃成见共同搭建金融科技风险的防火墙。

1. 国内协同监管，防范本土金融科技风险

（1）需要在国务院金融稳定发展委员会的统筹领导下，加强金融部门和其他部门间、宏观管理部门和监管部门间的联动配合，不但要做到各司其职，还要确保各部门之间的协同合作；重视财政政策、产业政策以及金融政策间的协调性，不断增强政策合力；提高行为监管、微观审慎监管以及宏观审慎监管的协调效率，加快构筑跨行业和跨市场风险防线。另外，除监管部门的协同监管外，还可调动行业协会和社会监督的力量，引导金融科技企业和金融机构强化内部监督机制，从而形成外有监管部门、行业协会、社会监督，内有自身监督的四元化协同监管框架，来有效预防金融科技风险的发生。

（2）需要根据我国现有金融监管体系以及金融科技创新发展的大趋势，构建契合我国国情的“监管沙盒”制度。银行业作为我国金融创新最重要的主体，并且在信息系统、机构资质以及风险管控等方面具有较大的比较优势。所以银行业应是我国“监管沙盒”制度先行先试的试点行业，在试点基础上逐渐扩大申请主体与业务范围。另外，考虑到金融科技的发展已经突破了区域和行业的限制，因而跨地区和跨行业“监管沙盒”制度的探索也显得尤为重要。

2. 形成国际范围的协同监管，防止金融科技风险外溢。

传统金融场景下，金融风险已经具备了跨国传播的条件，2007 年的次贷危机便是最好的证明。彼时金融风险的跨国传播，仍要通过国际贸易借由实体经济环境的改变影响金融领域。但是互联网和金融科技的飞速发展，使得各国的金融领域在数据层面形成了越来越密切的联系，而金融科技所产生的风险便可借由数据层面的关联直接波及各个国家的金融领域。所以，跨越国界的协同监管模式，日益受到各国的重视。若要形成国际范围的监管框架，以下问题应慎重考虑并得到妥善解决。

（1）各国金融监管要协同各国监管规则。不同国家金融监管当局之间的跨国合作对于金融功能的运转至关重要，金融科技导致的跨境贷款、跨境交易和跨境支付在很多情况下，与各国的法律法规不相容，甚至分布式账本技术的初衷就是为了规避法律法规，因此捋顺各国之间的监管法规，使各国之间在监管上能够相互协同，是防范金融科技风险外溢的重要一环。

（2）各国金融监管应在数据保护、消费者保护、公平竞争、网络安全、经营合规等方面加强合作。从某种意义上讲，这些方面已经超出了一个国家审慎监管的范畴，但商业银行一旦出现这些问题，势必会影响偿付能力。所以，如何建立统一的标准，对于建立国际范围的监管框架意义重大。

（3）具有跨国经营模式的金融科技企业，接受着不同地域的监管条件，在它们完善信息共享机制、积极配合各国金融监管的基础上，应充分发挥它们的纽带作用，借此加深

各国监管机构的合作，以共同应对可能存在的金融科技风险。

二、金融科技主要业务风险控制实例

以邮政储蓄银行“邮享贷”产品为例，探讨金融科技的主要业务风险控制。

（一）产品简介

“邮享贷”是邮政储蓄银行向消费者提供的个人贷款，贷款用途用于除买房外的消费场景，具有线上申请、审批、放款的便捷功能。

“邮享贷”是邮政储蓄银行应用天冕科技的银行信贷全流程解决方案推出的金融产品，是典型的金融科技在银行领域的应用创新产品。该产品具备传统银行信贷产品的全流程，如贷款额度、用途、对象以及客户的相关资料等均需符合相关监管机构的要求，相应的调查、审核、审批、放款的贷款流程不能有所缺失，客户身份验证的步骤也同样不能缺失；同时它又具备金融科技的特点，如利用大数据技术采集分析客户消费能力，借助人工智能系统完成风险审核，依托电子合同和电子签章技术完成合同的签订等，兼具传统金融和金融科技的特点，相应的也兼具了双方的风险。

（二）贷前审查风险控制

“邮享贷”产品主要通过线上获客，贷款申请人也主要通过邮政储蓄银行网上银行或手机银行 App 提交贷款申请资料，线上收集的申请人资料范围包括但不限于：身份证明、资产证明、收入证明、贷款用途证明、征信授权书等。在收集完毕相关资料后，首先通过用户行为风险识别引擎技术，关联征信以及行业黑名单数据库，对申请人进行反欺诈行为判定。在系统判定不存在欺诈行为后，天冕科技通过结合自身数据库和邮政储蓄银行的数据库，在依法依规的前提下兼之其他科技手段来获取申请人在其他平台的数据，利用大数据分析方法对申请人的资质进行第一轮审查，满足系统规则的申请人的数据会进入贷中审核阶段。

在传统金融场景下，贷前审核工作所涵盖的审核范围相对金融科技背景下要小很多，一方面受制于银行人员的精力，另一方面也受制于信息获取的渠道。在“邮享贷”产品中，大数据分析可以弥补人工审核中精力不足和失误所产生的风险；另外金融机构与金融科技公司的数据库共享，大大提升了信息容量，从而降低由于信息不足产生的风险；最后，由金融科技提供的技术服务相比于金融机构自研的技术而言，其安全性和稳定性都有明显的优势，这对于控制金融科技所产生的技术风险、数据风险等风险颇有益处。

（三）贷中审批风险控制

传统金融场景下，贷中审批均为人工审批。随着金融科技的发展，大数据和人工智能等技术开始应用于贷中审批，但受限于金融机构自身数据库容量以及人工智能技术水平，在经过系统智能审批后往往也要再经过人工审批环节。而“邮享贷”这种金融机构和金融科技公司联营的模式是一种积极的探索，这或许会让金融科技更为广泛深入地应用到贷中审批环节，并降低贷中审批环节可能出现的风险。

首先是对数据库的扩充，邮政储蓄银行和天冕科技的数据库共享再辅以深度学习，会让人工智能迅速地通过海量的学习具备较高的风险识别能力，提升智能风控系统的风险甄别能力，有助于风险隐患的筛选。其次是邮政储蓄银行风险模型的优化，通过人工智能决策建议的反馈，邮政储蓄银行可以根据反馈信息不断优化自身风控模型，借此来降低由于风控模型不健全导致的风险。再次是邮政储蓄银行和天冕科技的联合建模，天冕科技借由与不同金融机构多年的合作，萌生了自己对贷中审核的独特理解，由此建立了自己的风控模型，在此基础上和邮政储蓄银行的风控模型进行联合建模，这能够极大地帮助邮政储蓄银行在审核环节提前发现风险隐患。最后是预警机制的引入，基于人工智能技术和双方的联合建模，对于不满足系统规则和模型规则的申请人信息，不是直接过滤掉，而是以预警的形式展现出来，此时邮政储蓄银行可选择拒绝或加入人工审核环节，一方面可通过人工来判断风险情况减少客户流失，另一方面也可以借助预警信号向邮政储蓄银行发出提示，若同意发放贷款应注意对贷款额度、期限、还款方式等进行合理安排，另外也应强化对该申请人的贷后管理措施，由此来强化风险管理手段的有效性，做到风险隐患早发现早干预，尽量降低风险事件发生时带来的损失。

（四）贷后管理风险控制

传统场景下金融机构的贷后管理以人工为主，而且属于事后管理，即在贷款出现实质性风险后介入干预，如在贷款刚刚出现逾期还款时主要以电话催收为主，在贷款出现逾期还款但未超过 90 天前采用现场催收为主，在贷款出现逾期且超过 90 天后采用外包催收为主律师函催收为辅，在贷款出现逾期且超过 180 天后考虑移交司法机关，在贷款出现逾期且已经依法起诉但仍未追回损失时考虑核销手段等。在金融科技发展起来后，金融机构贷后管理的金融科技应用，也只是简单地用于人工客户还款提醒以及电话催收。不过“邮享贷”的贷后管理模式，是金融机构与金融科技公司深度融合后产生的，是天冕科技在充分考虑到邮政储蓄银行的贷后管理需求以及监管要求而设立的贷后管理模式。

智能化的贷后管理模式，可以结合贷后管理模型和监管要求，利用 AI 催收平台在贷款没出现实质风险前，一方面向邮政储蓄银行发出风险预警信号，另一方面 AI 催收平台会依照系统规则通过短信息和电话的方式向借款人发出提醒。相较于传统的事后监管，这种事前的贷后管理方案优势尤为明显。另外天冕科技在邮政储蓄银行“邮享贷”产品的贷后管理环节，对接了第三方数据平台和常用的第三方支付场景数据，通过大数据分析来洞察借款人在日常交易中的异常数据。相较于以前商业银行只是监控银行账户的做法，对于第三方支付平台的异常监控更加符合时代的需求，第三方支付平台的异常数据也能够更加真实地反映出借款人的财务变动情况。这种更广范围的数据监控，可以及时准确地将风险隐患暴露给邮政储蓄银行，再配合 AI 催收平台的人工智能算法可以给出相应的风险管理措施建议，这对于邮政储蓄银行及时有效地处理风险贷款留出了宝贵的提前量。

模块三

监管科技

【内容简介】

本节主要介绍了金融监管科技的概念、特征、主要应用场景以及未来的发展趋势。

【案例导入】

区块链监管科技准独角兽企业——金丘科技

金丘科技成立于2013年，是一家区块链监管科技准独角兽企业，以区块链及数据智能为特色，专注在交易合规、账户合规、运营合规、政务监管方面提供基于监管科技解决方案。其核心团队拥有十余年银行金融支付清算、税务、信贷、监管科技领域的系统建设经验，参与了商业银行现代化支付CNAPS系统、跨境人民币支付系统、、监管报送系统等业务系统建设。

监管科技“中央厨房”RDMS系统作为其主要产品之一，是在海星链、数据协同平台基础上建立的，融入了区块链、云架构、人工智能、大数据技术模块支持，为监管报送、经营报表、风控业务、合规业务等高频多变的监管合规需求提供支持，满足监管部门要求，为金融机构提供一站式监管数据合规业务支撑，提高金融机构内部分析决策能力。

在区块链底层技术的支持下，该系统能自动化采集数据，并使数据可追溯、可审计，能轻松对接监管要求、降低内部运营、内控、审计成本，大幅提升效率。

在灵活性方面，系统支持工作流客户自定义，以满足分级审核要求；还提供可配置的校验方案，可实现线上用户身份认证、电子合同签署、数字材料线上存证等服务；通过大数据整合，可为客户构建风险模型，充分挖掘数据潜在价值。

目前，该产品已被超过80家银行、保险、券商、基金公司采用，提供了涉及2500多个监管点的监管数据服务。

请思考：“中央厨房”RDMS的应用场景是适合内部监管还是更适合外部监管？

资料来源：壹零财经·壹零智库

【基础知识】

一、监管科技的概念

自英国金融行为监管局（FCA）于2015年提出监管科技（Regulatory Technology，Reg Tech）的概念以来，监管科技得到了各国金融监管当局、金融机构、新型金融组织、科技企业等有关各方的高度重视。

监管科技自诞生至今时日尚短，仍处于初期发展阶段，各国发展情况差异明显，对于监管科技这一概念也尚无统一规范的定义。2015年11月，FCA在《支持监管科技发展和应用的征求意见稿》中，将监管科技定义为“运用新技术促进监管要求的达成”。2016年6月，FCA在上述文件的反馈意见总结报告中，将监管科技进一步明确为“金融科技的一个子集，重点关注能够比现有技术更加高效地促进监管要求达成的新技术”。

也有学者认为狭义的监管科技仅仅指金融机构内部的合规程序通过使用科技辅助手段变得更加高效，广义的监管科技还包括监管机构对技术创新加以利用以提高监管效率。

更有学者认为监管科技不仅是一种效率工具，还将引领金融监管的未来演变，并可能引发金融监管的范式转变；监管科技不仅有助于降低合规成本、节约监管资源，还将显著提升持续监测能力并进行实时分析，将推动金融监管模式从事后监管逐步转变为实时监管和前瞻性监管。

另外有些学者从应用领域出发，认为监管科技除了在金融领域有广阔的应用前景，还可应用于环保监测、汽车超速监控、飞行器实时定位、医疗服务等方面。因此，如果仅用金融科技子集来限定监管科技的概念，未免有坐井观天、以偏概全之嫌。

本教材认为监管科技的适用范围理应不仅限于金融领域，为了结合本教材内容暂且将监管科技视为金融监管科技的简称。在此之上监管科技的概念界定过窄或过宽都不适宜。概念界定过窄可能限制监管科技的应用和发展，界定过宽则容易使监管科技与一般性的监管技术和手段相混淆。故本教材将监管科技界定为：金融机构、监管机构和监管科技公司运用科技手段，服务监管需求，提高监管效率。

二、监管科技的特征及主要应用场景

（一）监管科技的特征

1. 监管科技具有较强的系统灵活性

在数据处理方面，监管当局如果仅仅依靠传统技术手段，将无法及时有效地挖掘数据价值。不过借助大数据、云计算、人工智能等技术，金融机构和监管当局能够高效地收集、索引、存储、处理复杂的数据，并捕捉传统分析方法无法获取的有用信息。监管科技能够处理不同大小、结构和类型的数据，尤其是非结构化、低质量的数据，例如电子邮件、电子文档、口头语言等。在强调数据整体性的同时，监管科技还降低了对数据质量的要求，借助技术手段，在海量的数据面前，少量劣质数据的存在不会影响最终的分析结果，从而在一定程度上提升了数据处理结果的抗干扰性。

在系统兼容性方面，由于数字化系统升级需要大量资金投入且蕴含着一定的技术风险，系统升级大多采用局部升级或叠加功能模块的方式。特别是在金融机构的并购中，被并购公司的原有系统通常会部分甚至全部保留。由此，金融行业数字化系统容易出现新旧系统混用，系统性能越来越好的同时其兼容性却越来越差。监管科技依托应用程序编程接口（API）服务，可跨越系统不兼容的障碍，实现不同程序之间、程序与数据之间的互操作性，可满足金融机构和金融科技企业的多元化合规需求，以最小的扰动快速嵌入现有操作系统，并且能够根据监管环境的变化进行系统更新升级。

2. 监管科技有助于推动合规管理的持续优化

商业银行信贷业务全流程管理的解决方案已经问世，相信随着金融科技的发展，金融机构可实现大多数业务的全流程管理。在此基础上，可在全流程管理中心嵌入监管规则，从而形成金融科技和监管科技的有机结合。在事前调查环节，可利用人工智能等金融科技手段实现自动化审批，同时嵌入监管机构要求事前必须要调查的内容，从而实现贷前合规；在贷后管理环节，监管科技可就违规行为、可疑交易和异常情况生成分析报告和解决方案，自动报送风险数据和监管报告，早发现早处理，实现贷后合规的同时也能为金融机构降低违约损失。

除此之外，可借助监管科技自动对金融交易、客户行为及其业务往来进行连续、非侵入式的监测，对风险事件和非法行为进行识别并预警。另外人工智能和认知技术可使金融机构的业务系统能够根据用户的输入，自动对系统流程进行评估和优化，代替人工完成某些重复性的合规性操作。还可以通过 API 在无须人工干预的情况，实现不同系统之间的信息互转和协同工作，例如金融机构可通过API实现系统自动向监管当局报送风险数据。

3. 监管科技可有效降低合规管理的操作风险

员工违规或失误是金融机构操作风险的重要来源之一。监管科技可以使金融机构以一种更加系统化、自动化的方式来贯彻落实监管规则的具体要求，从而降低主观违规和人为失误的情况，这样既能降低金融机构违反监管要求的概率，也有助于保障金融产品和服务的质量。以投资者适当性管理为例，智能投顾可对客户的经济实力、风险偏好、投资经验等情况进行在线评估，然后根据评估结果自动为客户推荐合适的金融产品和服务，既可提高服务效率、扩大客户群体，也能较好地满足投资者适当性管理的要求。

（二）监管科技的主要应用场景

人工智能、区块链、大数据等技术在推动金融科技发展的同时，为解决金融科技监管难点提供了路径。如人工智能能够将当前大部分的监管任务依据现有的监管规则集中处理，使得监管人员可集中攻克复杂的监管难题；区块链技术能够迅速捕捉监管对象的信息，使监管无须突击检查就能准确获取监管对象的一举一动；大数据系统将金融市场上存在的所有金融创新产品归类记录，监管者可以依据数据信息，针对相同类别的产品制定一般性的监管规则。根据监管的需求，监管科技主要应用于以下四个场景。

1. 通过客户身份认证，识别交易的真实性

以往，客户身份认证主要依靠人工，而通过生物识别技术等现代科技手段，可以大大提升金融机构对客户的认证水平和效率，要加强对交易行为真实性的辨别能力。当前金融机构可以使用大数据、人工智能等技术分析客户提供的个人资料，结合客户日常交易轨迹和信贷情况，通过区块链等技术打破不同部门、行业间的信息壁垒，提升对可疑用户、可疑交易行为的识别预警能力。如民生银行建设了人脸识别软件系统，作为现有客户身份认证体系的补充和完善。该平台基于统一生物识别云平台SmartBIOS，可同时为多个应用系统提供统一、集中的人脸识别服务，从银行基础业务流程再造、银行创新服务拓展两个维度建立全新的客户身份认证体系。

2. 通过市场交易行为监控，发掘关联账户的异常操作

数字金融发展给金融运行带来的挑战与日俱增，为了确保金融体系运行稳定、维护金融消费者的合法权益，需加强对关联交易、洗钱等行为的监控。监管科技可对可疑交易行为进行实时监控、全程监控，并以可视化方式进行呈现。在金融交易前，金融机构将风险评估工具、合规条文内嵌到实时监测系统中，并搭建风险监测平台；在金融交易中，金融机构对交易数据进行挖掘、分析，通过网络技术和计算机程序自动生成合规报告，并及时上传至实时监测平台，进一步提高金融监管报告的准确性、及时性；在金融交易后，金融机构借助可视化工具对多维度金融交易数据进行图表化处理，增强金融交易数据的可读性、可理解性，不断改善优化人机交互体验。如2019年6月，人民银行深圳市中心支行联合国家税务总局深圳市税务局、腾讯科技有限公司设立“猎鹰”创新实验室。该实验室作为智慧反洗钱实验室的重要组成部分，通过大数据、人工智能等技术实现部门间高效的数据共享，并依托辖内义务机构实现高效识别线索、快速预警风险、精准打击涉税违法犯罪。

3. 通过智能化的监管法规信息分析，提升合规能力

随着金融法治体系不断完善，相关监管法规法律日益增多，合规管理人员应对监管压

力的成本持续上升，使得金融机构越来越难以应对监管合规性带来的挑战。借助人工智能、大数据等现代技术对数量庞大的法律法规进行自然语言处理，可改变传统依靠人工监管的合规处理模式，降低金融机构的合规成本。目前，有些金融机构通过人机交互，及时跟进并反馈法律法规跟踪学习情况，监测跟踪学习法律法规的实际效果；也有通过机器学习，让机器观测大量法律法规并寻找内在规律性联系，并利用这些规律对未来数据或无法观测的数据进行预测，从而不断修正误差、提高准确率。如美国金融业监管局积极推动高级监测系统（ADS）以及证券检查、新闻分析和市场监管系统（SONAR）的应用，充分利用科技力量辅助监管。其中，高级监测系统可编制详细的交易和报价数据、内部报价和订单信息，以提高风险监测的自动化水平；证券检查、新闻分析和市场监管系统每天可处理上万条信息，并及时生成预警信号，用于监测潜在的内幕交易和误导交易者的行为。

4. 通过风险数据融合分析，实现对系统性风险的洞察

金融监管有合规性要求，现实中金融数据统计的维度与口径是有差异的，这就使得金融机构推动合规数据标准化、数字化的成本比较高。在合规数据未能标准化的前提下，金融机构和监管部门难以对金融风险数据进行融合分析。然而监管科技的出现使得合规数据标准化工作有了新的捷径，可以利用现代科技手段提高清洗加工数据的效率，增强监管合规报告生成的自动化水平。以监管 API 这一新型监管科技工具为例。监管部门通过该种工具向金融机构提供数据接口，可以将有关监管政策、规定和合规性要求进行数字化转接，实现“机器可读”“可编程”，从而提升监管部门分析金融风险数据的能力。如原银保监会搭建了现场检查分析系统（EAST），并制订了《中国银保监会银行业金融机构监管数据标准化规范》，而 EAST 数据具备标准化、覆盖面广、关联性好、穿透性强等特点，透过 EAST 可以全面分析银行各类业务，精准定位银行业务违规问题，评估银行各类风险。该系统在市场准入、非现场检查及现场检查方面都发挥了重要作用。对银行而言，EAST 为银行合规管理提供了监管新思路，为数据治理提供了重要参考和契机，而标准化与海量的数据也是银行重要的数据资产。

三、监管科技的未来发展趋势

（一）金融科技将在微观和宏观层面重塑金融监管流程

金融稳定理事会（FSB）预测，在未来 3 年至 5 年内，人工智能、云计算和区块链应用将成为重点工具。麦肯锡预测，人工智能将每年为全球银行业创造高达 1 万亿美元的附加值。云服务将使金融企业获得弹性存储空间和强大的计算能力，支持开放银行业态和金融科技产业的数字化，预计金融云服务的平均年增速将超过 20%。例如，监管当局利用人工智能和机器学习技术来分析处理日益庞大和复杂的监管数据集，并使用云服务来为不同监管部门之间建立更有效的信息存储、分类和共享机制。超过 85% 的被监管机构预计，技术进步将导致监管流程变化，被监管机构的主要科技应用则集中在运用人工智能进行欺诈检测、报告、风险管理方面，在识别客户和身份验证领域也有上升趋势。在防范风险方面，金融机构由传统的注重财务数据分析转向依靠大数据综合分析违约概率，由事后处置来减少违约损失转向运用大数据进行事前预警监测、事中实时监控等，利用监管科技新技术实时动态调整资产、负债业务结构和期限，提升处理金融产品流动性风险的能力。而大

数据科技可以帮助被监管机构加强风险监控和压力测试。

（二）监管端与合规端合作发展监管科技成为主要路径

监管机构与银行等金融机构、金融科技公司合作研发逐渐成为趋势。金融监管机构一直高度重视科技发展对其监管领域和监管方式的影响。传统上，金融监管机构提升自身科技实力的主要方式是建立金融科技部门，加强自身技术研发。但是，随着近年来科技、创新能力由政府主导逐渐转向市场主导，特别是在人工智能等领域，金融监管机构开始寻求与银行等金融机构、金融科技公司合作的研发模式。以此模式推动监管机构科技升级，一方面，可以节省研发成本，缩短研发周期；另一方面，可以实时跟进合规端的监管科技建设，保障其合法、合理、有序推进起到一定程度的事前事中监督的作用。由于金融监管机构运用监管科技的重要目的就是提升监管效率，更有针对性地对被监管机构进行监督管理，因此在与被监管机构进行合作的过程中，也更容易发现其存在的问题并有针对地、及时地进行相应指导，帮助其做好合规端的监管科技建设。例如，纳斯达克和花旗集团合作，宣布共同创建一种新的全球性支付解决方案，花旗通过 CitiConnect for Blockchain 平台与纳斯达克金融组支持的 Ling 平台之间的链接自动处理跨境支付。这两家机构利用其各具特色的监管科技平台为机构银行间合作提供了新的可能，对监管效率的提升起到重要推动作用。

（三）“人工智能+金融监管”的新监管范式将成为主流

现代监管哲学建立在对被监管机构行为预测和监管者人为判断之上。使用人工智能和机器学习等工具来分析监管数据，有助于监管机构将其重点转移到人类优于机器的方面，如判断决策和趋势分析。人工智能在金融监管中的应用变革了现行金融监管范式，为解决监管滞后、提高监管效率探索了新的路径。美国证券交易委员会、新加坡金融监管局等国际监管机构都尝试使用人工智能进行可疑交易识别，通过分析用户的交易轨迹、行为特征及关联信息以更准确地打击金融犯罪活动。人工智能具有更强的全局优化计算能力，在监管系统中运用人工智能和机器学习技术，能在分析非结构化的数据过程中，找到“隐藏”或“深层”的联系，自动识别更多隐藏的监管漏洞和违规行为，克服监管信息不对称难题，提高处理系统性金融风险的前瞻性和及时性。

（四）区块链技术成为监管科技的重要组成部分

区块链技术在金融监管领域（如智能合约、智能监管报告等）得到进一步开发与运用，在移动支付、证券、保险、票据、数据确权等方面都取得了较为显著的应用效果。把区块链作为现有监管的辅助工具，作为建立信任机制的基础，而并非推翻现有中心化监管网络，建立以区块链为底层的分布式网络趋势渐显。例如，英国金融行为监管局（FCA）未来计划实施的一个项目 BARAC，旨在调研区块链技术运用于自动化监管和合规的可能性。国际商业机器公司（IBM）已经与外汇市场基础设施公司 CLS 合作，创建了一个名叫 Ledger Connect 的平台，这是为金融服务机构专门设计的概念平台。它的目标是将区块链技术运用于多种金融领域。目前，包括巴克莱银行和花旗银行在内的 9 家金融服务机构都参与了这一概念平台的验证和测试。德勤等公司也抓住机遇，加大区块链应用于监管科技的投入，比如通过区块链技术帮助北爱尔兰银行达到《欧盟金融市场法规》的合规要求，将其业务数据整合上链建立起区块链分布式报表系统。这使得银行内部各部门间、银行与其他金融机构间建立起跨链联系，实现了报表和数据在节点之间的传输。

（五）监管数据提取方式将从“推式”转向“拉式”。

多个监管部门已经尝试将当前的“推式”解决方案转变为更精简的“拉式”解决方案。“推式”技术自动将预定义数据从被监管机构传送给监管机构。“拉式”技术则源于监管部门按需求从被监管机构提取数据。被监管机构可以通过 API 提供其数据，监管当局可以连接到 API 并提取数据。这将减少被监管机构数据提交的重复和冗余，提高及时性，并节省存储和处理成本，更容易满足数据安全和隐私规则。

（六）加强监管科技国际合作和跨部门交流是大势所趋。

监管部门可以利用监管沙盒、创新实验室等资源进行试点，向被监管的机构和技术专业人员学习。全球标准制定机构和其他国际组织（如国际清算银行的创新中心）也为监管当局提供了平台，以便就科技在监管领域的应用交流信息，这些平台可用于加强跨部门和跨境（如数据本地化）方面的合作。

【项目练习】

一、单项选择题

1.（　　）是指金融交易一方由于某种原因，违反合同事先的约定，导致交易对方遭受损失的可能性。

A. 信用风险　　B. 流动性风险　　C. 市场风险　　D. 操作风险

2. 由于各类市场主体预见金融科技市场利益而进行过度投机导致的过热问题，当市场泡沫暴涨到一定程度而破灭时，将会引发（　　）。

A. 信用风险　　B. 流动性风险　　C. 市场风险　　D. 操作风险

3. 第三方支付机构违规操作挪用备付金，积聚了用户刚性兑付的困难。一旦资金链条断裂，容易引发（　　）。

A. 信用风险　　B. 流动性风险　　C. 市场风险　　D. 操作风险

4.（　　）是最早出台金融科技监管政策的国家。

A. 英国　　B. 美国　　C. 法国　　D. 德国

5.（　　）应是我国“监管沙盒”制度先行先试的试点行业。

A. 金融行业　　B. 监管行业　　C. 银行业　　D. 金融科技行业

6.（　　）在未来很有可能会成为监管科技的重要组成部分。

A. 区块链技术　　B. 云计算技术　　C. 大数据技术　　D. 人工智能技术

二、多项选择题

1. 金融科技特有的风险有（　　）。

A. 长尾风险　　B. 技术风险　　C. 操作风险　　D. 数据风险

2. 金融科技风险的特征有（　　）。

A. 隐蔽性　　B. 复杂性　　C. 内生性　　D. 突发性

3. 技术手段作为金融科技风险控制手段之一，其主要的实施主体是（　　）。

A. 监管机构　　B. 金融科技企业
C. 第三方支付平台　　D. 金融机构

4. 监管科技的特征有（　　）。

A. 监管科技具有较强的系统灵活性
B. 监管科技有助于推动合规管理的持续优化
C. 监管科技有助于金融机构保持高盈利水平
D. 监管科技可有效降低合规管理的操作风险

5. 监管科技的主要应用场景有（　　）。

A. 通过客户身份认证，识别交易的真实性
B. 通过市场交易行为监控，发掘关联账户的异常操作
C. 通过智能化的监管法规信息分析，提升合规能力
D. 通过风险数据融合分析，实现对系统性风险的洞察

三、判断题

1. 金融科技不仅强化了传统金融的固有风险，还将风险复杂化，但是并没有改变风险分布的形态。（　　）

2. 数据的高度集中降低了系统性风险突发的可能。（　　）

3. “人工智能 + 金融监管”是监管科技的重要组成部分。（　　）

4. 区块链技术能够迅速捕捉监管对象的信息，使监管无须突击检查就能准确获取监管对象的一举一动。（　　）

5. 对于金融科技风险的控制，各国之间的协同监管没有实质意义。（　　）

四、简答题

1. 金融科技风险控制的主要手段有哪些？

2. 试列举监管科技未来的发展趋势，并展开说明至少一个趋势。

3. 浅谈邮政储蓄银行“邮享贷”相较于传统商业银行信贷产品有哪些优势？能降低哪些风险？

参考文献

[1] 郭福春，吴金旺．金融科技概论［M］．北京：高等教育出版社，2021.

[2] 中国信息通信研究院．《中国金融科技生态白皮书2022》［M］．2022.

[3] 荀小菊．金融科技概论［M］．北京：中国人民大学出版社，2022.

[4] 吕勇，张蓓，单俊．金融科技［M］．北京：中国人民大学出版社，2021.

[5] 周雷．金融科技理论与应用［M］．北京：人民邮电出版社，2022.

[6] 中国信息通信研究院．《中国金融科技生态白皮书2021》［M］．2021.

[7] 中国信息通信研究院．《区块链白皮书》［M］．2022.

[8] 中国信息通信研究院．《人工智能白皮书》［M］．2022.

[9] 杨望，魏志恒．金融科技：发展背景、国际现状及未来展望［J］．2022（4）.

[10] 吴小平．财富管理行业发展现状与趋势［J］．山东工商学院学报，2020（2）：9－20.

[11] 车政璘．财富管理行业中大数据的应用探索［J］．商展经济，2022（6）：089－091.

[12] 段玉．互联网金融背景下我国个人征信现状及问题研究［J］．时代金融，2020（8）：130－131.

[13] 杨金朋．互联网金融视角下财富管理行业的新机遇与新挑战［J］．中国市场，2022（12）：45－47.

[14] 黄铖颉．互联网金融下网络小额贷款发展优化对策［J］．现代企业，2021（10）：107－108.

[15] 王红满．互联网消费金融创新发展及对策探究［J］．现代商业，2022（10）：3－6.

[16] 黄锦宁，南士敬．互联网征信发展与个人信息保护问题探讨［J］．征信，2023（1）：65－69.

[17] 龙运云．基于互联网金融背景下的金融创新和财富管理［J］．商展经济，2020（10）：71－73.

[18] 黄锐生，赖昊莹．加强监管科技应用 防范金融科技风险［J］．金融科技时代，

2022 (5): 46 - 50.

[19] 傅强. 监管科技理论与实践发展研究 [J]. 金融监管研究, 2018 (11): 32 - 49.

[20] 张凯. 金融科技: 风险衍生、监管挑战与治理路径 [J]. 西南金融, 2021 (2): 39 - 51.

[21] 刘志洋. 金融科技的主要功能、风险特征与规范监管 [J]. 南方金融, 2021 (12): 63 - 71.

[22] 张贺. 金融科技风险一般性与特殊性探究 [J]. 中国市场, 2022 (8): 72 - 74.

[23] 孔文佳. 科技如何应用于金融监管? [J]. 金融市场研究, 2022 (9): 127 - 134.

[24] 柏茹. 网络小额贷款的法律规制 [D]. 甘肃省: 西北师范大学, 2022.

[25] 肖谢. 网络小额贷款公司: 发展历程及监管政策 [J]. 金融市场研究, 2021 (3): 98 - 107.

[26] 杨亚仙, 庞文静. 我国大数据征信行业的发展现状、问题与对策 [J]. 征信, 2020 (3): 49 - 52.

[27] 从宝辉. 我国征信业发展的现状、问题与对策 [J]. 银行家, 2020 (10): 95 - 97.

[28] 费宪进, 汪雨, 朱秋琪, 游碧芙, 卜泽芯. 征信视角下的替代数据应用研究 [J]. 征信, 2020 (5): 8 - 12, 51.

[29] 郭福春, 吴金旺. 金融科技概论 [M]. 北京: 高等教育出版社, 2021.

[30] 靖研, 曹文芳, 吴金旺. 金融科技合规实务 [M]. 北京: 中国人民大学出版社, 2021.

[31] 中国人民银行. 金融科技 (FinTech) 发展规划 (2022 - 2025).

[32] 网络小额贷款业务管理暂行办法 (征求意见稿). 2020 - 11 - 02.

[33] 郑红梅, 刘全宝. 区块链金融 [M]. 西安交通大学出版社, 2020.

[34] 郭福春, 吴金旺. 金融科技概论 [M]. 高等教育出版社, 2021.

[35] 郭福春, 吴金旺. 区块链金融 [M]. 高等教育出版社, 2021.

[36] 郭福春, 史浩. 互联网金融基础 [M]. 高等教育出版社, 2020.

[37] 崔红蕊. 我国商业银行引入区块链技术的动因、场景及风险研究 [D]. 北京: 中国社会科学院研究生院博士学位论文, 2019.

[38] 搜狐新闻. 北京股权交易中心受邀参加资本市场金融科技创新试点 (北京) 总结暨第二批试点动员大会 [EB/OL]. https: //www. sohu. com/a/586843128_121123898.